# 文化和旅游企业纾困帮扶
## 政策汇编

本书编写组 编

中国旅游出版社

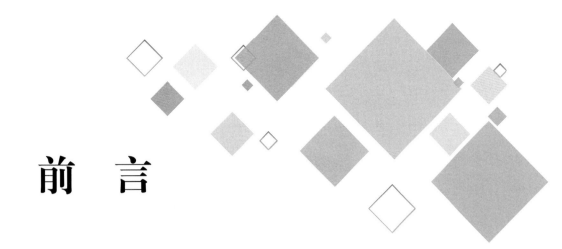

# 前　言

　　新冠肺炎疫情持续影响下，我国文化和旅游企业经营活动受到严重冲击，行业发展承受巨大压力。党中央、国务院高度重视文化和旅游行业纾困发展工作，中央和地方各级政府部门密集出台了一系列纾困帮扶政策措施，涵盖税费、社保、金融、房租、水电气网成本、政府采购、政务服务等多个方面，积极帮助企业缓解经营困难，全力稳住行业发展基本盘。为方便广大读者工作学习参考使用，我们对疫情发生以来各级政府部门出台的纾困帮扶政策措施进行了系统梳理，将其中可适用于文化和旅游行业的有关政策文件整理汇编成这本《文化和旅游企业纾困帮扶政策汇编》。

　　本汇编内容共分三个部分，较为全面地辑录了疫情发生以来至 2022 年 9 月期间出台实施的帮扶文化和旅游行业纾困发展政策文件。第一部分主要收录了中央有关部门出台的、目前还在实施的纾困帮扶政策文件 48 份，并根据政策措施主要内容进行了分类。第二部分主要收录了 2021 年以来部分省（区、市）政府部门制定的文化和旅游行业专项纾困帮扶政策文件共 31 份。第三部分为附录，以索引形式列出从疫情发生至 2022 年 9 月中央有关部门出台的所有惠及文化和旅游行业的阶段性纾困帮扶政策文件，以供读者参阅。

　　本汇编既可供广大文化和旅游行业从业人员、各级文化和旅游行政部门管理干部查阅掌握各项纾困帮扶政策措施使用，也为关心支持文化产业和旅游业发展的各界人士了解和研究有关政策提供了较为翔实的资料。由于编者水平有限，不足之处敬请读者批评指正。

本书编写组

2022 年 9 月 30 日

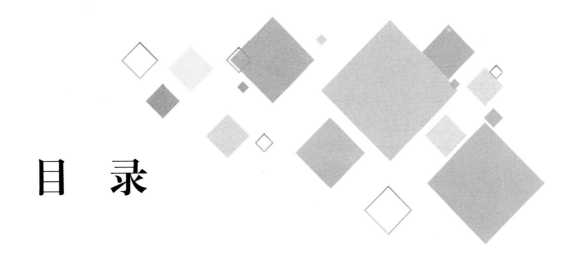

# 目　录

## 中央政策文件

## 三、财政金融支持政策文件 ………………………………………………… 67

# 附　录

中央政策文件

# 一、综合性政策文件

## 国务院办公厅关于进一步加大对中小企业
## 纾困帮扶力度的通知

国办发〔2021〕45号

各省、自治区、直辖市人民政府，国务院各部委、各直属机构：

中小企业是国民经济和社会发展的主力军，在促进增长、保障就业、活跃市场、改善民生等方面发挥着重要作用。近期，受原材料价格上涨、订单不足、用工难用工贵、应收账款回款慢、物流成本高以及新冠肺炎疫情散发、部分地区停电限电等影响，中小企业成本压力加大、经营困难加剧。为贯彻落实党中央、国务院决策部署，进一步加大助企纾困力度，减轻企业负担，帮助渡过难关，经国务院同意，现就有关事项通知如下：

一、加大纾困资金支持力度。鼓励地方安排中小企业纾困资金，对生产经营暂时面临困难但产品有市场、项目有前景、技术有竞争力的中小企业，以及劳动力密集、社会效益高的民生领域服务型中小企业（如养老托育机构等）给予专项资金支持，减轻房屋租金、水电费等负担，给予社保补贴等，帮助企业应对原材料价格上涨、物流及人力成本上升等压力。落实创业担保贷款贴息及奖补政策。用好小微企业融资担保降费奖补资金，支持扩大小微企业融资担保业务规模，降低融资担保成本。有条件的地方要发挥好贷款风险补偿机制作用。（财政部、工业和信息化部、人力资源社会保障部、人民银行等国务院相关部门及各地区按职责分工负责）

二、进一步推进减税降费。深入落实月销售额 15 万元以下的小规模纳税人免征增值税、小型微利企业减征所得税、研发费用加计扣除、固定资产加速折旧、支持科技创新进口等税收优惠政策。制造业中小微企业按规定延缓缴纳 2021 年第四季度部分税费。研究适时出台部分惠企政策到期后的接续政策。持续清理规范涉企收费，确保政策红利落地。（财政部、税务总局、海关总署、市场监管总局等国务院相关部门及各地区按职责分工负责）

三、灵活精准运用多种金融政策工具。加强再贷款再贴现政策工具精准"滴灌"中小企业，用好新增 3000 亿元支小再贷款额度。加大信用贷款投放，按规定实施普惠小微企业信用贷款支持政策。对于受新冠肺炎疫情、洪涝灾害及原材料价格上涨等影响严重的小微企业，加强流动资金贷款支持，按规定实施普惠小微企业贷款延期还本付息政策。（人民银行、银保监会按职责分工负责）

四、推动缓解成本上涨压力。加强大宗商品监测预警，强化市场供需调节，严厉打击囤积居奇、哄抬价格等违法行为。支持行业协会、大型企业搭建重点行业产业链供需对接平台，加强原材料保供对接服务。推动期货公司为中小企业提供风险管理服务，助力中小企业运用期货套期保值工具应对原材料价格大幅波动风险。稳定班轮公司在中国主要出口航线的运力供给。发挥行业协会、商会及地方政府作用，引导外贸企业与班轮公司签订长约合同，鼓励班轮公司推出中小企业专线服务。（国家发展改革委、工业和信息化部、市场监管总局、中国证监会、交通运输部、商务部等国务院相关部门及各地区按职责分工负责）

五、加强用电保障。加强电力产供储销体系建设，科学实施有序用电，合理安排错峰用电，保障对中小企业尤其是制造业中小企业的能源安全稳定供应。推动产业链龙头企业梳理上下游重点企业名单，保障产业链关键环节中小企业用电需求，维护产业链供应链安全稳定，确保企业已有订单正常生产，防范订单违约风险。加快推进电力市场化改革，充分考虑改革进程和中小企业承受能力，平稳有序推动中小企业进入电力市场。鼓励有条件的地方对小微企业用电实行阶段性优惠。（国家发展改革委、工业和信息化部及各地区按职责分工负责）

六、支持企业稳岗扩岗。落实失业保险稳岗返还及社保补贴、培训补贴等减负稳岗扩就业政策，支持中小企业稳定岗位，更多吸纳高校毕业生等重点群体就业。推动各级政府公共服务平台、人力资源服务机构为中小企业发布实时有效的岗位信息，加强用工供需信息对接。（人力资源社会保障部、财政部及各地区按职责分工负责）

七、保障中小企业款项支付。进一步落实《保障中小企业款项支付条例》，制定保障中小企业款项支付投诉处理办法，加强大型企业应付账款管理，对滥用市场优势地位逾期占用、恶意拖欠中小企业账款行为，加大联合惩戒力度。继续开展清理拖欠中小企业账款专项行动。推动各级政府部门、事业单位、大型企业及时支付采购中小企业货物、工程、服务的账款，从源头防范层层拖欠形成"三角债"。严禁以不签合同、在合同中不约定具体付款时限和付款方式等方法规避及时支付义务的行为。（工业和信息化部、国务院国资委、财政部、人民银行等国务院相关部门及各地区按职责分工负责）

八、着力扩大市场需求。加大民生领域和新型基础设施建设投资力度，进一步落实《政府采购促进中小企业发展管理办法》，鼓励各地因地制宜细化预留采购份额、价格评审优惠、降低投标成本、优先采购等支持措施。组织开展供需对接活动，促进大型企业扩大向中小企业采购规模。搭建政银合作平台，开展中小企业跨境撮合服务。依托跨境电商等外贸新业态，为中小企业提供远程网上交流、供需信息对接等服务。加快海外仓发展，保障外贸产业链供应链畅通运转。充分发挥境外经贸合作区作为中小企业"抱团出海"平台载体的作用，不断提升合作区建设质量和服务水平，引导和支持有合作需求的中小企业入区开展投资合作。（国家发展改革委、财政部、商务部、工业和信息化部按职责分工负责）

九、全面压实责任。各有关部门、各地区要进一步把思想认识行动统一到党中央、国务院决策部署上来，强化责任担当，勇于开拓创新，进一步细化纾困举措，积极采取针对性措施，帮助中小企业应对困难，推动中小企业向"专精特新"方向发展，不断提升市场竞争力。各有关部门要加强对中小企业面临困难和问题的调研，总结经验做法，加强政策储备，适时推动出台；要加大对地方的指导支持力度，扎实推动各项政策措施落地见效。落实情况要及时报送国务院促进中小企业发展工作领导小组办公室。（国务院相关部门及各地区按职责分工负责）

国务院办公厅

2021 年 11 月 10 日

# 国务院办公厅关于进一步释放消费潜力
# 促进消费持续恢复的意见

国办发〔2022〕9号

各省、自治区、直辖市人民政府，国务院各部委、各直属机构：

消费是最终需求，是畅通国内大循环的关键环节和重要引擎，对经济具有持久拉动力，事关保障和改善民生。当前，受新冠肺炎疫情等因素影响，消费特别是接触型消费恢复较慢，中小微企业、个体工商户和服务业领域面临较多困难。为深入贯彻习近平新时代中国特色社会主义思想，完整、准确、全面贯彻新发展理念，加快构建新发展格局，协同发力、远近兼顾，综合施策释放消费潜力，促进消费持续恢复，经国务院同意，现提出以下意见。

## 一、应对疫情影响，促进消费有序恢复发展

（一）围绕保市场主体加大助企纾困力度。深入落实扶持制造业、小微企业和个体工商户的减税退税降费政策。推动金融系统通过降低利率、减少收费等多种措施，向实体经济让利。引导金融机构优化信贷管理，对受疫情影响严重的行业企业给予融资支持，避免出现行业性限贷、抽贷、断贷。延续执行阶段性降低失业保险、工伤保险费率政策。对不裁员少裁员的企业，实施好失业保险稳岗返还政策。清理转供电环节不合理加价。采取切实有效措施制止乱收费、乱摊派、乱罚款行为。鼓励有条件的地区对零售、餐饮等行业企业免费开展员工定期核酸检测，对企业防疫、消杀支出给予补贴支持。落实好餐饮、零售、旅游、民航、公路水路铁路运输等特困行业纾困扶持措施。鼓励地方加大帮扶力度，支持各地区结合实际依法出台税费减免等措施，对特困行业实行用电阶段性优惠、暂缓缴纳养老保险费等政策，对承租非国有房屋的服务业小微企业和个体工商户给予适当帮扶，稳住更多消费服务市场主体。

（二）做好基本消费品保供稳价。结合疫情防控形势和需要，加快建立健全生活物资保障体系，畅通重要生活物资物流通道。在各大中城市科学规划建设一批集仓储、分拣、加工、包装等功能于一体的城郊大仓基地，确保应急状况下及时就近调运生活物资，切实保障消费品流通不断不乱。建立完善重要商品收储和吞吐调节机制，持续做好日常监测和动态调控，落实好粮油肉蛋奶果蔬和大宗商品等保供稳价措施。

（三）创新消费业态和模式。适应常态化疫情防控需要，促进新型消费，加快线上线下消费有机融合，扩大升级信息消费，培育壮大智慧产品和智慧零售、智慧旅游、智慧广电、智慧养老、智慧家政、数字文化、智能体育、"互联网＋医疗健康""互联网＋托育""互联网＋家装"等消费新业态。加强商业、文化、旅游、体育、健康、交通等消费跨界融合，积极拓展沉浸式、体验式、互动式消费新场景。有序引导网络直播等规范发展。深入开展国家电子商务示范基地和示范企业创建。深化服务领域东西协作，大力实施消费帮扶，助力中西部地区特别是欠发达地区提升发展能力和消费水平。

二、全面创新提质，着力稳住消费基本盘

（四）积极推进实物消费提质升级。加强农业和制造业商品质量、品牌和标准建设，推动品种培优、品质提升、品牌打造和标准化生产。推进食用农产品承诺达标合格证制度。支持研发生产更多具有自主知识产权、引领科技和消费潮流、应用前景广阔的新产品新设备。畅通制造企业与互联网平台、商贸流通企业产销对接，鼓励发展反向定制（C2M）和个性化设计、柔性化生产。促进老字号创新发展，加强地理标志产品认定、管理和保护，培育更多本土特色品牌。

（五）加力促进健康养老托育等服务消费。深入发展多层次多样化医疗健康服务，积极发展中医医疗和养生保健等服务，促进医疗健康消费和防护用品消费提质升级。实施智慧助老行动，加快推进适老化改造和智能化产品开发，发展适合老年人消费的旅游、养生、健康咨询、生活照护、慢性病管理等产品和服务，支持开展省际旅居养老合作。加快构建普惠托育服务体系，支持社会力量提供多元化、规范化托育服务，引导市场主体开发更多安全健康的国产婴幼儿用品。

（六）持续拓展文化和旅游消费。推动中华优秀传统文化传承创新，促进出版、电影、广播电视等高质量发展。大力发展全域旅游，推动红色旅游、休闲度假旅游、工业旅游、旅游演艺等创新发展，促进非遗主题旅游发展。组织实施冰雪旅游发展行动计划。优化完善疫情防控措施，引导公园、景区、体育场馆、文博场馆等改善设施和服务条件、结合实际延长开放时间。鼓励城市群、都市圈等开发跨区域的文化和旅游年票、联票等。深入推进文化和旅游消费试点示范。积极落实带薪休假制度，促进带薪休假与法定节假日、周休日合理分布、均衡配置。

（七）大力发展绿色消费。增强全民节约意识，反对奢侈浪费和过度消费，形成简约适度、绿色低碳的生活方式和消费模式。推广绿色有机食品、农产品。倡导绿色出行，提高城市公共汽电车、轨道交通出行占比，推动公共服务车辆电动化。推动绿色建筑规模化发展，大力发展装配式建筑，积极推广绿色建材，加快建筑节能改造。支持新能源汽车加快发展。大力发展绿色家装，鼓励消费者更换或新购绿色节能家电、环保家具等家居产品。加快构建废旧物资循环利用体系，推动汽车、家电、家具、电池、电子产品等回收利用，适当放宽废旧物资回收车辆进城、进小区限制。推进商品包装和流通环节包装绿色化、减量化、循环化。开展促进绿色消费试点。广泛开展节约型机关、绿色家庭、绿色社区、绿色出行等创建活动。

（八）充分挖掘县乡消费潜力。建立完善县域统筹，以县城为中心、乡镇为重点、村为基础的县域商业体系。深入实施"数商兴农""快递进村"和"互联网＋农产品出村进城"等工程，进一步盘活供销合作社系统资源，引导社会资源广泛参与，促进渠道和服务下沉。鼓励和引导大型商贸流通企业、电商平台和现代服务企业向农村延伸，推动品牌消费、品质消费进农村。以汽车、家电为重点，引导企业面向农村开展促销，鼓励有条件的地区开展新能源汽车和绿色智能家电下乡，推进充电桩（站）等配套设施建设。提升乡村旅游、休闲农业、文化体验、健康养老、民宿经济、户外运动等服务环境和品质。

**三、完善支撑体系，不断增强消费发展综合能力**

（九）推进消费平台健康持续发展。加快推进国际消费中心城市培育建设。积极建设一批区域消费中心，改善基础设施和服务环境，提升流通循环效率和消费承载力。支持有条件的地区依托自由贸易试验区等，与国（境）外机构合作建设涉外消费专区。鼓励各地区围绕商业、文化、旅游、体育等主题有序建设一批设施完善、业态丰富、健康绿色的消费集聚区，稳妥有序推进现有步行街设施改造和业态升级，积极发展智慧商圈。推动建设城市一刻钟便民生活圈，优化配置社区生活消费服务综合体。高水平办好"中国品牌日"、全国消费促进月等活动。支持各地区建立促消费常态化机制，培育一批特色活动品牌。持续办好中国国际进口博览会、中国进出口商品交易会、中国国际服务贸易交易会、中国国际消费品博览会。完善市内免税店政策，规划建设一批中国特色市内免税店。

（十）加快健全消费品流通体系。进一步完善电子商务体系和快递物流配送体系，加强疫情防控措施跨区域相互衔接，畅通物流大通道，加快构建覆盖全球、安全可靠、高效畅通的流通网络。支持智能快件箱（信包箱）、快递服务站进社区，加强末端环节及配套设施建设。加快发展冷链物流，完善国家骨干冷链物流基地设施条件，培育一批专业化生鲜冷链物流龙头企业。大力推广标准化冷藏车，鼓励企业研发应用适合果蔬等农产品的单元化包装，推动实现全程"不倒托""不倒箱"。健全进口冷链食品检验检疫制度，加快区块链技术在冷链物流智慧监测追溯系统建设中的应用，推动全链条闭环追溯管理，提高食品药品流通效率和安全水平。针对进口物品等可能引发的输入性疫情，严格排查入境、仓储、加工、运输、销售等环节，建立健全进口冻品集中监管制度，筑牢疫情外防输入防线。

（十一）增加就业收入提高消费能力。鼓励创业带动就业，支持各类劳动力市场、人才市场、零工市场建设，支持个体经营发展，增加非全日制就业机会，规范发展新就业形态，健全灵活就业劳动用工和社会保障政策。实施提升就业服务质量工程，加强困难人员就业帮扶，完善职业教育体系，开展大规模、多层次职业技能培训，加大普惠性人力资本投入力度。解决好高校毕业生等青年就业问题。健全工资决定、合理增长和支付保障机制，稳步提高劳动者工资性收入特别是城市工薪阶层、农民工收入水平，健全最低工资标准调整机制。接续推进乡村富民产业发展，落实和完善对农民直接补贴政策，拓宽乡村特别是脱贫地区农民稳定就业和持续增收渠道。

（十二）合理增加公共消费。健全常住地提供基本公共服务制度，合理确定保障标准。紧扣人民群众"急难愁盼"，多元扩大普惠性非基本公共服务供给。提高教育、医疗、养老、育幼等公共服务支出效率。完善长租房政策，扩大保障性租赁住房供给。支持缴存人提取住房公积金用于租赁住房，继续支持城镇老旧小区居民提取住房公积金用于加装电梯等自住住房改造。健全基本生活救助制度和专项救助制度，积极发展服务类社会救助，形成"物质＋服务"的多样化综合救助方式。落实好社会救助和保障标准与物价上涨挂钩联动机制。

**四、持续深化改革，全力营造安全放心诚信消费环境**

（十三）破除限制消费障碍壁垒。有序破除一些重点服务消费领域的体制机制障碍和隐性壁垒，促进不同地区和行业标准、规则、政策协调统一，简化优化相关证照或证明办理流程手续。稳定增加汽车等大宗消费，各地区不得新增汽车限购措施，已实施限购的地区逐步增加汽车增量指标数量、放宽购车人员资格限制，鼓励除个别超大城市外的限购地区实施城区、郊区指标差异化政策，更多通过法律、经济和科技手段调节汽车使用，因地制宜逐步取消汽车限购，推动汽车等消费品由购买管理向使用管理转变。建立健全汽车改装行业管理机制，加快发展汽车后市场。全面取消二手车限迁政策，落实小型非营运二手车交易登记跨省通办措施。对皮卡车进城实施精细化管理，研究进一步放宽皮卡车进城限制。

（十四）健全消费标准体系。健全消费品质量标准体系，大力推动产品质量分级。完善节能和绿色制造标准体系、绿色产品认证标识体系以及平台经济、跨境电商、旅游度假、餐饮、养老、冷链物流等领域服务标准。推进第五代移动通信（5G）、物联网、云计算、人工智能、区块链、大数据等领域标准研制，加快超高清视频、互动视频、沉浸式视频、云游戏、虚拟现实、增强现实、可穿戴等技术标准预研，加强与相关应用标准的衔接配套。

（十五）加强消费领域执法监管。深入实施公平竞争政策，强化反垄断和反不正当竞争执法，加快建立健全全方位、多层次、立体化监管体系，防止资本无序扩张。加大对虚假宣传、仿冒混淆、制假售假、缺斤短两等违法行为的监管和处罚力度。全面加强跨地区、跨部门、全流程协同监管，压实生产、流通、销售等各环节监管责任。加快消费信用体系建设，推进信用分级分类监管，组织开展诚信计量示范活动，依法依规实施失信惩戒。加强价格监管，严厉打击低价倾销、价格欺诈等违法行为，严格规范平台经营者自主定价。继续加强消费品质量安全监管，开展消费品质量合格率统计调查，加大缺陷产品召回监管力度。加强重点服务领域质量监测评价。

（十六）全面加强消费者权益保护。大力开展放心消费创建活动。完善平台经济消费者权益保护规则。持续优化完善全国12315平台，充分发挥地方12345政务服务便民热线作用，进一步畅通消费者投诉举报渠道。建立完善消费投诉信息公示制度。进一步优化消费争议多元化解机制，不断提升在线消费纠纷解决机制效能。完善公益诉讼制度，探索建立消费者集体诉讼制度，全面推行消费争议先行赔付。广泛引导线下实体店积极开展无理由退货承诺。

**五、强化保障措施，进一步夯实消费高质量发展基础**

（十七）加强财税支持。统筹利用现有财政资金渠道，支持消费相关基础设施和服务保障能力建设，符合条件的项目可纳入地方政府专项债券支持范围，更好以投资带消费。完善政府绿色采购标准，加大绿色低碳产品采购力度。鼓励有条件的地区对绿色智能家电、绿色建材、节能产品等消费予以适当补贴或贷款贴息。研究进一步降低与人民生活密切相关、需求旺盛的优质消费品进口关税。

（十八）优化金融服务。引导银行机构积极发展普惠金融，探索将真实银行流水、第三方平台收款数据、预订派单数据等作为无抵押贷款授信审批参考依据，提高信用状况良好的中小微企业和消费者贷款可得性。推动商业银行、汽车金融公司、消费金融公司等提升金融服务能力。强化县域银行机构服务"三农"的激励约束机制，丰富农村消费信贷产品和服务，加大对农村商贸流通和居民消费的金融支持力度。引导金融机构在风险可控和商业可持续前提下丰富大宗消费金融产品。鼓励保险公司针对消费领域提供保险服务。规范互联网平台等涉及中小微企业、个体工商户金融服务的收费行为。

（十九）强化用地用房保障。加大土地、房屋节约集约和复合利用力度，鼓励经营困难的百货店、老旧厂区等改造为新型消费载体。鼓励通过先租后让、租让结合等方式为快递物流企业提供土地。适应乡村旅游、民宿、户外运动营地及相关基础设施建设小规模用地需要，积极探索适宜供地方式，鼓励相关设施融合集聚建设。优化国有物业资源出租管理，适当延长租赁期限，更好满足超市、便利店等消费场所用地用房需求。支持利用社区存量房产、闲置房屋等建设便民网点。允许有条件的社区利用周边空闲土地或划定的特定空间有序发展旧货市场。

（二十）压实各方责任。国家发展改革委、商务部等有关部门要充分发挥完善促进消费体制机制部际联席会议制度作用，强化协同联动，加强督办落实。国家统计局要完善服务消费统计监测，建立健全网络消费等消费新业态新模式统计体系。各地区要加强组织领导，完善配套方案，切实推动本意见提出的各项任务措施落地见效。

国务院办公厅

2022 年 4 月 20 日

# 国务院关于印发扎实稳住经济
# 一揽子政策措施的通知

国发〔2022〕12号

各省、自治区、直辖市人民政府，国务院各部委、各直属机构：

今年以来，在以习近平同志为核心的党中央坚强领导下，各地区各部门有力统筹疫情防控和经济社会发展，按照中央经济工作会议和《政府工作报告》部署，扎实做好"六稳"工作，全面落实"六保"任务，我国经济运行总体实现平稳开局。与此同时，新冠肺炎疫情和乌克兰危机导致风险挑战增多，我国经济发展环境的复杂性、严峻性、不确定性上升，稳增长、稳就业、稳物价面临新的挑战。

疫情要防住、经济要稳住、发展要安全，这是党中央的明确要求。要坚持以习近平新时代中国特色社会主义思想为指导，完整、准确、全面贯彻新发展理念，加快构建新发展格局，推动高质量发展，高效统筹疫情防控和经济社会发展，最大程度保护人民生命安全和身体健康，最大限度减少疫情对经济社会发展的影响，统筹发展和安全，努力实现全年经济社会发展预期目标。为深入贯彻落实党中央、国务院决策部署，现将《扎实稳住经济的一揽子政策措施》印发给你们，请认真贯彻执行。

各省、自治区、直辖市人民政府要加强组织领导，结合本地区实际，下更大力气抓好中央经济工作会议精神和《政府工作报告》部署的贯彻落实，同时靠前发力、适当加力，推动《扎实稳住经济的一揽子政策措施》尽快落地见效，确保及时落实到位，尽早对稳住经济和助企纾困等产生更大政策效应。各部门要密切协调配合、形成工作合力，按照《扎实稳住经济的一揽子政策措施》提出的六个方面33项具体政策措施及分工安排，对本部门本领域本行业的工作进行再部署再推动再落实，需要出台配套实施细则的，应于5月底前全部完成。近期，国务院办公厅将会同有关方面对相关省份稳增长稳市场主体保就业情况开展专项督查。

各地区各部门要进一步提高政治站位，在工作中增强责任感使命感紧迫感，担当作为、求真务实，齐心协力、顽强拼搏，切实担负起稳定宏观经济的责任，以钉钉子精神抓好党中央、国务院各项决策部署的贯彻落实，切实把二季度经济稳住，努力使下半年发展有好的基础，保持经济运行在合理区间，以实际行动迎接党的二十大胜利召开。

国务院

2022 年 5 月 24 日

# 扎实稳住经济的一揽子政策措施

（六个方面 33 项措施）

## 一、财政政策（7 项）

1. 进一步加大增值税留抵退税政策力度。在已出台的制造业、科学研究和技术服务业、电力热力燃气及水生产和供应业、软件和信息技术服务业、生态保护和环境治理业、民航交通运输仓储和邮政业等 6 个行业企业的存量留抵税额全额退还、增量留抵税额按月全额退还基础上，研究将批发和零售业，农、林、牧、渔业，住宿和餐饮业，居民服务、修理和其他服务业，教育，卫生和社会工作，文化、体育和娱乐业等 7 个行业企业纳入按月全额退还增量留抵税额、一次性全额退还存量留抵税额政策范围，预计新增留抵退税 1420 亿元。抓紧办理小微企业、个体工商户留抵退税并加大帮扶力度，在纳税人自愿申请的基础上，6 月 30 日前基本完成集中退还存量留抵税额；今年出台的各项留抵退税政策新增退税总额达到约 1.64 万亿元。加强退税风险防范，依法严惩偷税、骗税等行为。

2. 加快财政支出进度。督促指导地方加快预算执行进度，尽快分解下达资金，及时做好资金拨付工作。尽快下达转移支付预算，加快本级支出进度；加大盘活存量资金力度，对结余资金和连续两年未用完的结转资金按规定收回统筹使用，对不足两年的结转资金中不需按原用途使用的资金收回统筹用于经济社会发展急需支持的领域；结合留抵退税、项目建设等需要做好资金调度、加强库款保障，确保有关工作顺利推进。

3. 加快地方政府专项债券发行使用并扩大支持范围。抓紧完成今年专项债券发行使用任务，加快今年已下达的 3.45 万亿元专项债券发行使用进度，在 6 月底前基本发行完毕，力争在 8 月底前基本使用完毕。在依法合规、风险可控的前提下，财政部会同人民银行、银保监会引导商业银行对符合条件的专项债券项目建设主体提供配套融资支持，做好信贷资金和专项债资金的有效衔接。在前期确定的交通基础设施、能源、保障性安居工程等 9 大领域基础上，适当扩大专项债券支持领域，优先考虑将新型基础设施、新能源项目等纳入支持范围。

4. 用好政府性融资担保等政策。今年新增国家融资担保基金再担保合作业务规模 1 万亿元以上。对符合条件的交通运输、餐饮、住宿、旅游行业中小微企业、个体工商户，鼓励政府性融资担保机构提供融资担保支持，政府性融资担保机构及时履行代偿义务，推动金融机构尽快放贷，不盲目抽贷、压贷、断贷，并将上述符合条件的融资担保业务纳入国家融资担保基金再担保合作范围。深入落实中央财政小微企业融资担保降费奖补政策，计划安排 30 亿元资金，支持融资担保机构进一步扩大小微企业融资担保业务规模，降低融资担保费率。推动有条件的地方对支小支农担保业务保费给予阶段性补贴。

5. 加大政府采购支持中小企业力度。将面向小微企业的价格扣除比例由 6%—10% 提高至 10%—20%。政府采购工程要落实促进中小企业发展的政府采购政策，根据项目特点、专业类型和专业领域合理划分采购包，积极扩大联合体投标和大企业分包，降低中小企业参与门槛，坚持公开公正、公平竞争，按照统一质量标准，将预留面向中小企业采购的份额由 30% 以上今年阶段性提高至 40% 以上，非预留项目要给予小微企业评审优惠，增加中小企业合同规模。

6. 扩大实施社保费缓缴政策。在确保各项社会保险待遇按时足额支付的前提下，对符合条件地区受疫情影响生产经营出现暂时困难的所有中小微企业、以单位方式参保的个体工商户，阶段性缓缴三项社会保险单位缴费部分，缓缴期限阶段性实施到今年底。在对餐饮、零售、旅游、民航、公路水路铁路运输等 5 个特困行业实施阶段性缓缴三项社保费政策的基础上，对受到疫情严重冲击、行业内大面积出现企业生产经营困难、符合国家产业政策导向的其他特困行业，扩大实施缓缴政策，养老保险费缓缴期限阶段性延长到今年底。

7. 加大稳岗支持力度。优化失业保险稳岗返还政策，进一步提高返还比例，将大型企业稳岗返还比例由 30% 提至 50%。拓宽失业保险留工补助受益范围，由中小微企业扩大至受疫情严重影响暂时无法正常生产经营的所有参保企业。企业招用毕业年度高校毕业生，签订劳动合同并参加失业保险的，可按每人不超过 1500 元的标准，发放一次性扩岗补助，具体补助标准由各省份确定，与一次性吸纳就业补贴不重复享受，政策执行期限至今年底。

二、货币金融政策（5 项）

8. 鼓励对中小微企业和个体工商户、货车司机贷款及受疫情影响的个人住房与消费贷款等实施延期还本付息。商业银行等金融机构继续按市场化原则与中小微企业（含中小微企业主）和个体工商户、货车司机等自主协商，对其贷款实施延期还本付息，努力做到应延尽延，本轮延期还本付息日期原则上不超过 2022 年底。中央汽车企业所属金融子企业要发挥引领示范作用，对 2022 年 6 月 30 日前发放的商用货车消费贷款给予 6 个月延期还本付息支持。对因感染新冠肺炎住院治疗或隔离、受疫情影响隔离观察或失去收入来源的人群，金融机构对其存续的个人住房、消费等贷款，灵活采取合理延后还款时间、延长贷款期限、延期还本等方式调整还款计划。对延期贷款坚持实质性风险判断，不单独因疫情因素下调贷款风险分类，不影响征信记录，并免收罚息。

9. 加大普惠小微贷款支持力度。继续新增支农支小再贷款额度。将普惠小微贷款支持工具的资金支持比例由 1% 提高至 2%，即由人民银行按相关地方法人银行普惠小微贷款余额增量（包括通过延期还本付息形成的普惠小微贷款）的 2% 提供资金支持，更好引导和支持地方法人银行发放普惠小微贷款。指导金融机构和大型企业支持中小微企业应收账款质押等融资，抓紧修订制度将商业汇票承兑期限由 1 年缩短至 6 个月，并加大再贴现支持力度，以供应链融资和银企合作支持大中小企业融通发展。

10. 继续推动实际贷款利率稳中有降。在用好前期降准资金、扩大信贷投放的基础上，充分发挥市场利率定价自律机制作用，持续释放贷款市场报价利率（LPR）形成机制改革效能，发挥存款利率市场化调整机制作用，引导金融机构将存款利率下降效果传导至贷款端，继续推动实际贷款利率稳中有降。

11. 提高资本市场融资效率。科学合理把握首次公开发行股票并上市（IPO）和再融资常态化。支持内地企业在香港上市，依法依规推进符合条件的平台企业赴境外上市。继续支持和鼓励金融机构发行金融债券，建立"三农"、小微企业、绿色、双创金融债券绿色通道，为重点领域企业提供融资支持。督促指导银行间债券市场和交易所债券市场各基础设施全面梳理收费项目，对民营企业债券融资交易费用能免尽免，进一步释放支持民营企业的信号。

12. 加大金融机构对基础设施建设和重大项目的支持力度。政策性开发性银行要优化贷款结构，投放更多更长期限贷款；引导商业银行进一步增加贷款投放、延长贷款期限；鼓励保险公司等发挥长期资金优势，加大对水利、水运、公路、物流等基础设施建设和重大项目的支持力度。

三、稳投资促消费等政策（6项）

13. 加快推进一批论证成熟的水利工程项目。2022 年再开工一批已纳入规划、条件成熟的项目，包括南水北调后续工程等重大引调水、骨干防洪减灾、病险水库除险加固、灌区建设和改造等工程。进一步完善工程项目清单，加强组织实施、协调推动并优化工作流程，切实提高水资源保障和防灾减灾能力。

14. 加快推动交通基础设施投资。对沿江沿海沿边及港口航道等综合立体交通网工程，加强资源要素保障，优化审批程序，抓紧推动上马实施，确保应开尽开、能开尽开。支持中国国家铁路集团有限公司发行 3000 亿元铁路建设债券。启动新一轮农村公路建设和改造，在完成今年目标任务的基础上，进一步加强金融等政策支持，再新增完成新改建农村公路 3 万公里、实施农村公路安全生命防护工程 3 万公里、改造农村公路危桥 3000 座。

15. 因地制宜继续推进城市地下综合管廊建设。指导各地在城市老旧管网改造等工作中协同推进管廊建设，在城市新区根据功能需求积极发展干、支线管廊，合理布局管廊系统，统筹各类管线敷设。加快明确入廊收费政策，多措并举解决投融资受阻问题，推动实施一批具备条件的地下综合管廊项目。

16. 稳定和扩大民间投资。启动编制国家重大基础设施发展规划，扎实开展基础设施高质量发展试点，有力有序推进"十四五"规划 102 项重大工程实施，鼓励和吸引更多社会资本参与国家重大工程项目。在供应链产业链招投标项目中对大中小企业联合体给予倾斜，鼓励民营企业充分发挥自身优势参与攻关。2022 年新增支持 500 家左右专精特新"小巨人"企业。鼓励民间投资以城市基础设施等为重点，通过综合开发模式参与重点领域项目建设。

17. 促进平台经济规范健康发展。出台支持平台经济规范健康发展的具体措施，在防止资本无序扩张的前提下设立"红绿灯"，维护市场竞争秩序，以公平竞争促进平台经济规范健康发展。充分发挥平台经济的稳就业作用，稳定平台企业及其共生中小微企业的发展预期，以平台企业发展带动中小微企业纾困。引导平台企业在疫情防控中做好防疫物资和重要民生商品保供"最后一公里"的线上线下联动。鼓励平台企业加快人工智能、云计算、区块链、操作系统、处理器等领域技术研发突破。

18.稳定增加汽车、家电等大宗消费。各地区不得新增汽车限购措施，已实施限购的地区逐步增加汽车增量指标数量、放宽购车人员资格限制，鼓励实施城区、郊区指标差异化政策。加快出台推动汽车由购买管理向使用管理转变的政策文件。全面取消二手车限迁政策，在全国范围取消对符合国五排放标准小型非营运二手车的迁入限制，完善二手车市场主体登记注册、备案和车辆交易登记管理规定。支持汽车整车进口口岸地区开展平行进口业务，完善平行进口汽车环保信息公开制度。对皮卡车进城实施精细化管理，研究进一步放宽皮卡车进城限制。研究今年内对一定排量以下乘用车减征车辆购置税的支持政策。优化新能源汽车充电桩（站）投资建设运营模式，逐步实现所有小区和经营性停车场充电设施全覆盖，加快推进高速公路服务区、客运枢纽等区域充电桩（站）建设。鼓励家电生产企业开展回收目标责任制行动，引导金融机构提升金融服务能力，更好满足消费升级需求。

**四、保粮食能源安全政策（5项）**

19.健全完善粮食收益保障等政策。针对当前农资价格依然高企情况，在前期已发放200亿元农资补贴的基础上，及时发放第二批100亿元农资补贴，弥补成本上涨带来的种粮收益下降。积极做好钾肥进口工作。完善最低收购价执行预案，落实好2022年适当提高稻谷、小麦最低收购价水平的政策要求，根据市场形势及时启动收购，保护农民种粮积极性。优化种粮补贴政策，健全种粮农民补贴政策框架。

20.在确保安全清洁高效利用的前提下有序释放煤炭优质产能。建立健全煤炭产量激励约束政策机制。依法依规加快保供煤矿手续办理，在确保安全生产和生态安全的前提下支持符合条件的露天和井工煤矿项目释放产能。尽快调整核增产能政策，支持具备安全生产条件的煤矿提高生产能力，加快煤矿优质产能释放，保障迎峰度夏电力电煤供应安全。

21.抓紧推动实施一批能源项目。推动能源领域基本具备条件今年可开工的重大项目尽快实施。积极稳妥推进金沙江龙盘等水电项目前期研究论证和设计优化工作。加快推动以沙漠、戈壁、荒漠地区为重点的大型风电光伏基地建设，近期抓紧启动第二批项目，统筹安排大型风光电基地建设项目用地用林用草用水，按程序核准和开工建设基地项目、煤电项目和特高压输电通道。重点布局一批对电力系统安全保障作用强、对新能源规模化发展促进作用大、经济指标相对优越的抽水蓄能电站，加快条件成熟项目开工建设。加快推进张北至胜利、川渝主网架交流工程，以及陇东至山东、金上至湖北直流工程等跨省区电网项目规划和前期工作。

22. 提高煤炭储备能力和水平。用好支持煤炭清洁高效利用专项再贷款和合格银行贷款。压实地方储备责任。

23. 加强原油等能源资源储备能力。谋划储备项目并尽早开工。推进政府储备项目建设，已建成项目尽快具备储备能力。

**五、保产业链供应链稳定政策（7项）**

24. 降低市场主体用水用电用网等成本。全面落实对受疫情影响暂时出现生产经营困难的小微企业和个体工商户用水、用电、用气"欠费不停供"政策，设立6个月的费用缓缴期，并可根据当地实际进一步延长，缓缴期间免收欠费滞纳金。指导地方对中小微企业、个体工商户水电气等费用予以补贴。清理规范城镇供水供电供气供暖等行业收费，取消不合理收费，规范政府定价和经营者价格收费行为，对保留的收费项目实行清单制管理。2022年中小微企业宽带和专线平均资费再降10%。在招投标领域全面推行保函（保险）替代现金缴纳投标、履约、工程质量等保证金，鼓励招标人对中小微企业投标人免除投标担保。

25. 推动阶段性减免市场主体房屋租金。2022年对服务业小微企业和个体工商户承租国有房屋减免3—6个月租金；出租人减免租金的可按规定减免当年房产税、城镇土地使用税，并引导国有银行对减免租金的出租人视需要给予优惠利率质押贷款等支持。非国有房屋减免租金的可同等享受上述政策优惠。鼓励和引导各地区结合自身实际，拿出更多务实管用举措推动减免市场主体房屋租金。

26. 加大对民航等受疫情影响较大行业企业的纾困支持力度。在用好支持煤炭清洁高效利用、交通物流、科技创新、普惠养老等专项再贷款的同时，增加民航应急贷款额度1500亿元，并适当扩大支持范围，支持困难航空企业渡过难关。支持航空业发行2000亿元债券。统筹考虑民航基础设施建设需求等因素，研究解决资金短缺等问题；同时，研究提出向有关航空企业注资的具体方案。有序增加国际客运航班数量，为便利中外人员往来和对外经贸交流合作创造条件。鼓励银行向文化旅游、餐饮住宿等其他受疫情影响较大行业企业发放贷款。

27. 优化企业复工达产政策。疫情中高风险地区要建立完善运行保障企业、防疫物资生产企业、连续生产运行企业、产业链供应链重点企业、重点外贸外资企业、"专精特新"中小企业等重点企业复工达产"白名单"制度，及时总结推广"点对点"运输、不见面交接、绿色通道等经验做法，细化实化服务"白名单"企业措施，推动部省联动和区域互认，协同推动产业链供应链企业复工达产。积极引导各地区落实属地责任，在发生疫情时鼓励具备条件的企业进行闭环生产，保障其稳定生产，原则上不要求停产；企业所在地政府要做好疫情防控指导，加强企业员工返岗、物流保障、上下游衔接等方面服务，尽量减少疫情对企业正常生产经营的影响。

28. 完善交通物流保通保畅政策。全面取消对来自疫情低风险地区货运车辆的防疫通行限制，着力打通制造业物流瓶颈，加快产成品库存周转进度；不得擅自阻断或关闭高速公路、普通公路、航道船闸，严禁硬隔离县乡村公路，不得擅自关停高速公路服务区、港口码头、铁路车站和民用运输机场。严禁限制疫情低风险地区人员正常流动。对来自或进出疫情中高风险地区所在地市的货运车辆，落实"即采即走即追"制度。客货运司机、快递员、船员到异地免费检测点进行核酸检测和抗原检测，当地政府视同本地居民纳入检测范围、享受同等政策，所需费用由地方财政予以保障。

29. 统筹加大对物流枢纽和物流企业的支持力度。加快宁波舟山大宗商品储运基地建设，开展大宗商品储运基地整体布局规划研究。2022年，中央财政安排50亿元左右，择优支持全国性重点枢纽城市，提升枢纽的货物集散、仓储、中转运输、应急保障能力，引导加快推进多式联运融合发展，降低综合货运成本。2022年，中央财政在服务业发展资金中安排约25亿元支持加快农产品供应链体系建设，安排约38亿元支持实施县域商业建设行动。加快1000亿元交通物流专项再贷款政策落地，支持交通物流等企业融资，加大结构性货币政策工具对稳定供应链的支持。在农产品主产区和特色农产品优势区支持建设一批田头小型冷藏保鲜设施，推动建设一批产销冷链集配中心。

30. 加快推进重大外资项目积极吸引外商投资。在已纳入工作专班、开辟绿色通道推进的重大外资项目基础上，充分发挥重大外资项目牵引带动作用，尽快论证启动投资数额大、带动作用强、产业链上下游覆盖面广的重大外资项目。加快修订《鼓励外商投资产业目录》，引导外资更多投向先进制造、科技创新等领域以及中西部和东北地区，支持外商投资设立高新技术研发中心等。进一步拓宽企业跨境融资渠道，支持符合条件的高新技术和"专精特新"企业开展外债便利化额度试点。建立完善与在华外国商协会、外资企业常态化交流机制，积极解决外资企业在华营商便利等问题，进一步稳住和扩大外商投资。

六、保基本民生政策（3项）

31. 实施住房公积金阶段性支持政策。受疫情影响的企业，可按规定申请缓缴住房公积金，到期后进行补缴。在此期间，缴存职工正常提取和申请住房公积金贷款，不受缓缴影响。受疫情影响的缴存人，不能正常偿还住房公积金贷款的，不作逾期处理，不纳入征信记录。各地区可根据本地实际情况，提高住房公积金租房提取额度，更好满足实际需要。

32. 完善农业转移人口和农村劳动力就业创业支持政策。加强对吸纳农业转移人口较多区域、行业的财政和金融支持，中央财政农业转移人口市民化奖励资金安排400亿元，推动健全常住地提供基本公共服务制度，将符合条件的新市民纳入创业担保贷款扶持范围。依据国土空间规划和上一年度进城落户人口数量，合理安排各类城镇年度新增建设用地规模。拓宽农村劳动力就地就近就业渠道。重大工程建设、以工代赈项目优先吸纳农村劳动力。

33. 完善社会民生兜底保障措施。指导各地落实好社会救助和保障标准与物价上涨挂钩联动机制，及时足额发放补贴，保障低收入群体基本生活。用好中央财政下拨的1547亿元救助补助资金，压实地方政府责任，通过财政资金直达机制，及时足额发放到需要帮扶救助的群众手中。做好受灾人员生活救助，精准做好需要救助保障的困难群体帮扶工作，对临时生活困难群众给予有针对性帮扶。针对当前部分地区因局部聚集性疫情加强管控，同步推进疫情防控和保障群众基本生活，做好米面油、蔬菜、肉蛋奶等生活物资保供稳价工作。统筹发展和安全，抓好安全生产责任落实，深入开展安全大检查，严防交通、建筑、煤矿、燃气等方面安全事故，开展自建房安全专项整治，切实保障人民群众生命财产安全。

# 国务院办公厅关于进一步优化营商环境降低市场主体制度性交易成本的意见

国办发〔2022〕30 号

各省、自治区、直辖市人民政府，国务院各部委、各直属机构：

优化营商环境、降低制度性交易成本是减轻市场主体负担、激发市场活力的重要举措。当前，经济运行面临一些突出矛盾和问题，市场主体特别是中小微企业、个体工商户生产经营困难依然较多，要积极运用改革创新办法，帮助市场主体解难题、渡难关、复元气、增活力，加力巩固经济恢复发展基础。为深入贯彻党中央、国务院决策部署，打造市场化法治化国际化营商环境，降低制度性交易成本，提振市场主体信心，助力市场主体发展，为稳定宏观经济大盘提供有力支撑，经国务院同意，现提出以下意见。

**一、进一步破除隐性门槛，推动降低市场主体准入成本**

（一）全面实施市场准入负面清单管理。健全市场准入负面清单管理及动态调整机制，抓紧完善与之相适应的审批机制、监管机制，推动清单事项全部实现网上办理。稳步扩大市场准入效能评估范围，2022 年 10 月底前，各地区各部门对带有市场准入限制的显性和隐性壁垒开展清理，并建立长效排查机制。深入实施外商投资准入前国民待遇加负面清单管理制度，推动出台全国版跨境服务贸易负面清单。（国家发展改革委、商务部牵头，国务院相关部门及各地区按职责分工负责）

（二）着力优化工业产品管理制度。规范工业产品生产、流通、使用等环节涉及的行政许可、强制性认证管理。推行工业产品系族管理，结合开发设计新产品的具体情形，取消或优化不必要的行政许可、检验检测和认证。2022 年 10 月底前，选择部分领域探索开展企业自检自证试点。推动各地区完善工业生产许可证审批管理系统，建设一批标准、计量、检验检测、认证、产品鉴定等质量基础设施一站式服务平台，实现相关审批系统与质量监督管理平台互联互通、相关质量技术服务结果通用互认，推动工业产品快速投产上市。开展工业产品质量安全信用分类监管，2022年底前，研究制定生产企业质量信用评价规范。（市场监管总局牵头，工业和信息化部等国务院相关部门及各地区按职责分工负责）

（三）规范实施行政许可和行政备案。2022年底前，国务院有关部门逐项制定中央层面设定的行政许可事项实施规范，省、市、县级编制完成本级行政许可事项清单及办事指南。深入推进告知承诺等改革，积极探索"一业一证"改革，推动行政许可减环节、减材料、减时限、减费用。在部分地区探索开展审管联动试点，强化事前事中事后全链条监管。深入开展行政备案规范管理改革试点，研究制定关于行政备案规范管理的政策措施。（国务院办公厅牵头，国务院相关部门及各地区按职责分工负责）

（四）切实规范政府采购和招投标。持续规范招投标主体行为，加强招投标全链条监管。2022年10月底前，推动工程建设领域招标、投标、开标等业务全流程在线办理和招投标领域数字证书跨地区、跨平台互认。支持地方探索电子营业执照在招投标平台登录、签名、在线签订合同等业务中的应用。取消各地区违规设置的供应商预选库、资格库、名录库等，不得将在本地注册企业或建设生产线、采购本地供应商产品、进入本地扶持名录等与中标结果挂钩，着力破除所有制歧视、地方保护等不合理限制。政府采购和招投标不得限制保证金形式，不得指定出具保函的金融机构或担保机构。督促相关招标人、招标代理机构、公共资源交易中心等及时清退应退未退的沉淀保证金。（国家发展改革委、财政部、市场监管总局等国务院相关部门及各地区按职责分工负责）

（五）持续便利市场主体登记。2022年10月底前，编制全国统一的企业设立、变更登记规范和审查标准，逐步实现内外资一体化服务，有序推动外资企业设立、变更登记网上办理。全面清理各地区非法设置的企业跨区域经营和迁移限制。简化企业跨区域迁移涉税涉费等事项办理程序，2022年底前，研究制定企业异地迁移档案移交规则。健全市场主体歇业制度，研究制定税务、社保等配套政策。进一步提升企业注销"一网服务"水平，优化简易注销和普通注销办理程序。（人力资源社会保障部、税务总局、市场监管总局、国家档案局等国务院相关部门及各地区按职责分工负责）

**二、进一步规范涉企收费，推动减轻市场主体经营负担**

（六）严格规范政府收费和罚款。严格落实行政事业性收费和政府性基金目录清单，依法依规从严控制新设涉企收费项目，严厉查处强制摊派、征收过头税费、截留减税降费红利、违规设置罚款项目、擅自提高罚款标准等行为。严格规范行政处罚行为，进一步清理调整违反法定权限设定、过罚不当等不合理罚款事项，抓紧制定规范罚款设定和实施的政策文件，坚决防止以罚增收、以罚代管、逐利执法等行为。2022年底前，完成涉企违规收费专项整治，重点查处落实降费减负政策不到位、不按要求执行惠企收费政策等行为。（国家发展改革委、工业和信息化部、司法部、财政部、税务总局、市场监管总局等国务院相关部门及各地区按职责分工负责）

（七）推动规范市政公用服务价外收费。加强水、电、气、热、通信、有线电视等市政公用服务价格监管，坚决制止强制捆绑搭售等行为，对实行政府定价、政府指导价的服务和收费项目一律实行清单管理。2022年底前，在全国范围内全面推行居民用户和用电报装容量160千瓦及以下的小微企业用电报装"零投资"。全面公示非电网直供电价格，严厉整治在电费中违规加收其他费用的行为，对符合条件的终端用户尽快实现直供到户和"一户一表"。督促商务楼宇管理人等及时公示宽带接入市场领域收费项目，严肃查处限制进场、未经公示收费等违法违规行为。（国家发展改革委、工业和信息化部、住房城乡建设部、市场监管总局、国家能源局、国家电网有限公司等相关部门和单位及各地区按职责分工负责）

（八）着力规范金融服务收费。加快健全银行收费监管长效机制，规范银行服务市场调节价管理，加强服务外包与服务合作管理，设定服务价格行为监管红线，加快修订《商业银行服务价格管理办法》。鼓励银行等金融机构对小微企业等予以合理优惠，适当减免账户管理服务等收费。坚决查处银行未按照规定进行服务价格信息披露以及在融资服务中不落实小微企业收费优惠政策、转嫁成本、强制捆绑搭售保险或理财产品等行为。鼓励证券、基金、担保等机构进一步降低服务收费，推动金融基础设施合理降低交易、托管、登记、清算等费用。（国家发展改革委、人民银行、市场监管总局、银保监会、证监会等国务院相关部门及各地区按职责分工负责）

（九）清理规范行业协会商会收费。加大对行业协会商会收费行为的监督检查力度，进一步推动各级各类行业协会商会公示收费信息，严禁行业协会商会强制企业到特定机构检测、认证、培训等并获取利益分成，或以评比、表彰等名义违规向企业收费。研究制定关于促进行业协会商会健康规范发展的政策措施，加强行业协会商会收费等规范管理，发挥好行业协会商会在政策制定、行业自治、企业权益维护中的积极作用。2022年10月底前，完成对行业协会商会违规收费清理整治情况"回头看"。（国家发展改革委、民政部、市场监管总局等国务院相关部门及各地区按职责分工负责）

（十）推动降低物流服务收费。强化口岸、货场、专用线等货运领域收费监管，依法规范船公司、船代公司、货代公司等收费行为。明确铁路、公路、水路、航空等运输环节的口岸物流作业时限及流程，加快推动大宗货物和集装箱中长距离运输"公转铁""公转水"等多式联运改革，推进运输运载工具和相关单证标准化，在确保安全规范的前提下，推动建立集装箱、托盘等标准化装载器具循环共用体系。2022 年 11 月底前，开展不少于 100 个多式联运示范工程建设，减少企业重复投入，持续降低综合运价水平。（国家发展改革委、交通运输部、商务部、市场监管总局、国家铁路局、中国民航局、中国国家铁路集团有限公司等相关部门和单位及各地区按职责分工负责）

**三、进一步优化涉企服务，推动降低市场主体办事成本**

（十一）全面提升线上线下服务能力。加快建立高效便捷、优质普惠的市场主体全生命周期服务体系，全面提高线下"一窗综办"和线上"一网通办"水平。聚焦企业和群众"办好一件事"，积极推行企业开办注销、不动产登记、招工用工等高频事项集成化办理，进一步减少办事环节。依托全国一体化政务服务平台，加快构建统一的电子证照库，明确各类电子证照信息标准，推广和扩大电子营业执照、电子合同、电子签章等应用，推动实现更多高频事项异地办理、"跨省通办"。（国务院办公厅牵头，国务院相关部门及各地区按职责分工负责）

（十二）持续优化投资和建设项目审批服务。优化压覆矿产、气候可行性、水资源论证、防洪、考古等评估流程，支持有条件的地方开展区域综合评估。探索利用市场机制推动城镇低效用地再开发，更好盘活存量土地资源。分阶段整合各类测量测绘事项，推动统一测绘标准和成果形式，实现同一阶段"一次委托、成果共享"。探索建立部门集中联合办公、手续并联办理机制，依法优化重大投资项目审批流程，对用地、环评等投资审批有关事项，推动地方政府根据职责权限试行承诺制，提高审批效能。2022 年 10 月底前，建立投资主管部门与金融机构投融资信息对接机制，为重点项目快速落地投产提供综合金融服务。2022 年 11 月底前，制定工程建设项目审批标准化规范化管理措施。2022 年底前，实现各地区工程建设项目审批管理系统与市政公用服务企业系统互联、信息共享，提升水、电、气、热接入服务质量。（国家发展改革委、自然资源部、生态环境部、住房城乡建设部、水利部、人民银行、银保监会、国家能源局、国家文物局、国家电网有限公司等相关部门和单位及各地区按职责分工负责）

（十三）着力优化跨境贸易服务。进一步完善自贸协定综合服务平台功能，助力企业用好区域全面经济伙伴关系协定等规则。拓展"单一窗口"的"通关＋物流""外贸＋金融"功能，为企业提供通关物流信息查询、出口信用保险办理、跨境结算融资等服务。支持有关地区搭建跨境电商一站式服务平台，为企业提供优惠政策申报、物流信息跟踪、争端解决等服务。探索解决跨境电商退换货难问题，优化跨境电商零售进口工作流程，推动便捷快速通关。2022年底前，在国内主要口岸实现进出口通关业务网上办理。（交通运输部、商务部、人民银行、海关总署、国家外汇局等国务院相关部门及各地区按职责分工负责）

（十四）切实提升办税缴费服务水平。全面推行电子非税收入一般缴款书，推动非税收入全领域电子收缴、"跨省通缴"，便利市场主体缴费办事。实行汇算清缴结算多缴退税和已发现的误收多缴退税业务自动推送提醒、在线办理。推动出口退税全流程无纸化。进一步优化留抵退税办理流程，简化退税审核程序，强化退税风险防控，确保留抵退税安全快捷直达纳税人。拓展"非接触式"办税缴费范围，推行跨省异地电子缴税、行邮税电子缴库服务，2022年11月底前，实现95%税费服务事项"网上办"。2022年底前，实现电子发票无纸化报销、入账、归档、存储等。（财政部、人民银行、税务总局、国家档案局等国务院相关部门及各地区按职责分工负责）

（十五）持续规范中介服务。清理规范没有法律、法规、国务院决定依据的行政许可中介服务事项，建立中央和省级行政许可中介服务事项清单。鼓励各地区依托现有政务服务系统提供由省级统筹的网上中介超市服务，吸引更多中介机构入驻，坚决整治行政机关指定中介机构垄断服务、干预市场主体选取中介机构等行为，依法查处中介机构强制服务收费等行为。全面实施行政许可中介服务收费项目清单管理，清理规范环境检测、招标代理、政府采购代理、产权交易、融资担保评估等涉及的中介服务违规收费和不合理收费。（国务院办公厅、国家发展改革委、市场监管总局等国务院相关部门及各地区按职责分工负责）

（十六）健全惠企政策精准直达机制。2022年底前，县级以上政府及其有关部门要在门户网站、政务服务平台等醒目位置设置惠企政策专区，汇集本地区本领域市场主体适用的惠企政策。加强涉企信息归集共享，对企业进行分类"画像"，推动惠企政策智能匹配、快速兑现。鼓励各级政务服务大厅设立惠企政策集中办理窗口，积极推动地方和部门构建惠企政策移动端服务体系，提供在线申请、在线反馈、应享未享提醒等服务，确保财政补贴、税费减免、稳岗扩岗等惠企政策落实到位。（各地区、各部门负责）

**四、进一步加强公正监管，切实保护市场主体合法权益**

（十七）创新实施精准有效监管。进一步完善监管方式，全面实施跨部门联合"双随机、一公开"监管，推动监管信息共享互认，避免多头执法、重复检查。加快在市场监管、税收管理、进出口等领域建立健全信用分级分类监管制度，依据风险高低实施差异化监管。积极探索在安全生产、食品安全、交通运输、生态环境等领域运用现代信息技术实施非现场监管，避免对市场主体正常生产经营活动的不必要干扰。（国务院办公厅牵头，国务院相关部门及各地区按职责分工负责）

（十八）严格规范监管执法行为。全面提升监管透明度，2022年底前，编制省、市两级监管事项目录清单。严格落实行政执法三项制度，建立违反公平执法行为典型案例通报机制。建立健全行政裁量权基准制度，防止任性执法、类案不同罚、过度处罚等问题。坚决杜绝"一刀切""运动式"执法，严禁未经法定程序要求市场主体普遍停产停业。在市场监管、城市管理、应急管理、消防安全、交通运输、生态环境等领域，制定完善执法工作指引和标准化检查表单，规范日常监管行为。（国务院办公厅牵头，国务院相关部门及各地区按职责分工负责）

（十九）切实保障市场主体公平竞争。全面落实公平竞争审查制度，2022年10月底前，组织开展制止滥用行政权力排除、限制竞争执法专项行动。细化垄断行为和不正当竞争行为认定标准，加强和改进反垄断与反不正当竞争执法，依法查处恶意补贴、低价倾销、设置不合理交易条件等行为，严厉打击"搭便车""蹭流量"等仿冒混淆行为，严格规范滞压占用经营者保证金、交易款等行为。（国家发展改革委、司法部、人民银行、国务院国资委、市场监管总局等国务院相关部门及各地区按职责分工负责）

（二十）持续加强知识产权保护。严格知识产权管理，依法规范非正常专利申请行为，及时查处违法使用商标和恶意注册申请商标等行为。完善集体商标、证明商标管理制度，规范地理标志集体商标注册及使用，坚决遏制恶意诉讼或变相收取"会员费""加盟费"等行为，切实保护小微商户合法权益。健全大数据、人工智能、基因技术等新领域、新业态知识产权保护制度。加强对企业海外知识产权纠纷应对的指导，2022年底前，发布海外重点国家商标维权指南。（最高人民法院、民政部、市场监管总局、国家知识产权局等相关部门和单位及各地区按职责分工负责）

**五、进一步规范行政权力，切实稳定市场主体政策预期**

（二十一）不断完善政策制定实施机制。建立政府部门与市场主体、行业协会商会常态化沟通平台，及时了解、回应企业诉求。制定涉企政策要严格落实评估论证、公开征求意见、合法性审核等要求，重大涉企政策出台前要充分听取相关企业意见。2022年11月底前，开展行政规范性文件合法性审核机制落实情况专项监督工作。切实发挥中国政府网网上调研平台及各级政府门户网站意见征集平台作用，把握好政策出台和调整的时度效，科学设置过渡期等缓冲措施，避免"急转弯"和政策"打架"。各地区在制定和执行城市管理、环境保护、节能减排、安全生产等方面政策时，不得层层加码、加重市场主体负担。建立健全重大政策评估评价制度，政策出台前科学研判预期效果，出台后密切监测实施情况，2022年底前，在重大项目投资、科技、生态环境等领域开展评估试点。（各地区、各部门负责）

（二十二）着力加强政务诚信建设。健全政务守信践诺机制，各级行政机关要抓紧对依法依规作出但未履行到位的承诺列明清单，明确整改措施和完成期限，坚决纠正"新官不理旧账""击鼓传花"等政务失信行为。2022年底前，落实逾期未支付中小企业账款强制披露制度，将拖欠信息列入政府信息主动公开范围。开展拖欠中小企业账款行为集中治理，严肃问责虚报还款金额或将无分歧欠款做成有争议欠款的行为，清理整治通过要求中小企业接受指定机构债务凭证或到指定机构贴现进行不当牟利的行为，严厉打击虚假还款或以不签合同、不开发票、不验收等方式变相拖欠的行为。鼓励各地区探索建立政务诚信诉讼执行协调机制，推动政务诚信履约。（最高人民法院、国务院办公厅、国家发展改革委、工业和信息化部、司法部、市场监管总局等相关部门和单位及各地区按职责分工负责）

（二十三）坚决整治不作为乱作为。各地区各部门要坚决纠正各种懒政怠政等不履职和重形式不重实绩等不正确履职行为。严格划定行政权力边界，没有法律法规依据，行政机关出台政策不得减损市场主体合法权益。各地区要建立健全营商环境投诉举报和问题线索核查处理机制，充分发挥12345政务服务便民热线、政务服务平台等渠道作用，及时查处市场主体和群众反映的不作为乱作为问题，切实加强社会监督。国务院办公厅要会同有关方面适时通报损害营商环境典型案例。（各地区、各部门负责）

各地区各部门要认真贯彻落实党中央、国务院决策部署，加强组织实施、强化协同配合，结合工作实际加快制定具体配套措施，确保各项举措落地见效，为各类市场主体健康发展营造良好环境。国务院办公厅要加大协调督促力度，及时总结推广各地区各部门经验做法，不断扩大改革成效。

国务院办公厅

2022年9月7日

# 国家发展改革委等部门印发《关于促进服务业领域困难行业恢复发展的若干政策》的通知

发改财金〔2022〕0271号

各省、自治区、直辖市人民政府，新疆生产建设兵团，国务院各部门、各直属机构：

《关于促进服务业领域困难行业恢复发展的若干政策》已经国务院同意，现印发给你们，请认真组织实施。

国家发展改革委　财政部

人力资源社会保障部　住房城乡建设部

交通运输部　商务部

文化和旅游部　卫生健康委

人民银行　国务院国资委

税务总局　市场监管总局

银保监会　民航局

2022年2月18日

## 关于促进服务业领域困难行业恢复发展的若干政策

按照党中央、国务院决策部署，为帮助服务业领域困难行业渡过难关、恢复发展，在落实好已经出台政策措施的基础上，经国务院同意，现提出以下助企纾困扶持政策措施。

— 28 —

一、服务业普惠性纾困扶持措施

1. 延续服务业增值税加计抵减政策，2022 年对生产、生活性服务业纳税人当期可抵扣进项税额继续分别按 10% 和 15% 加计抵减应纳税额。

2. 2022 年扩大"六税两费"适用范围，将省级人民政府在 50% 税额幅度内减征资源税、城市维护建设税、房产税、城镇土地使用税、印花税（不含证券交易印花税）、耕地占用税和教育费附加、地方教育附加等"六税两费"的适用主体，由增值税小规模纳税人扩展至小型微利企业和个体工商户。符合条件的服务业市场主体可以享受。

3. 鼓励各地可根据条例授权和本地实际，2022 年对缴纳房产税、城镇土地使用税确有困难的纳税人给予减免。符合条件的服务业市场主体可以享受。

4. 2022 年加大中小微企业设备器具税前扣除力度。中小微企业 2022 年度内新购置的单位价值 500 万元以上的设备器具，折旧年限为 3 年的可选择一次性税前扣除，折旧年限为 4 年、5 年、10 年的可减半扣除。企业可按季度享受优惠，当年不足扣除形成的亏损，可在以后 5 个纳税年度结转扣除。符合条件的服务业市场主体可以享受。

5. 2022 年延续实施阶段性降低失业保险、工伤保险费率政策。对不裁员、少裁员的企业继续实施普惠性失业保险稳岗返还政策，在 2022 年度将中小微企业返还比例从 60% 最高提至 90%。符合条件的服务业市场主体可以享受。

6. 2022 年被列为疫情中高风险地区所在的县级行政区域内的服务业小微企业和个体工商户承租国有房屋，2022 年减免 6 个月租金，其他地区减免 3 个月租金。各地可统筹各类资金，对承租非国有房屋的服务业小微企业和个体工商户给予适当帮扶。鼓励非国有房屋租赁主体在平等协商的基础上合理分担疫情带来的损失。对减免租金的房屋业主，2022 年缴纳房产税、城镇土地使用税确有困难的，鼓励各地可根据条例授权和地方实际给予减免。因减免租金影响国有企事业单位业绩的，在考核中根据实际情况予以认可。

7. 2022 年引导银行用好 2021 年两次降低存款准备金率释放的 2.2 万亿元资金，发挥好货币政策工具的总量和结构双重功能，优先支持困难行业特别是服务业小微企业和民营企业。

8. 2022 年发挥好支持普惠小微的市场化工具引导作用，对地方法人银行普惠小微贷款余额增量的 1% 提供激励资金，用好 4000 亿元再贷款滚动额度，引导金融机构加大对困难行业特别是服务业领域的倾斜力度。鼓励金融机构对符合续贷条件的服务业市场主体按正常续贷业务办理，不得盲目惜贷、抽贷、断贷、压贷，保持合理流动性。

9. 2022 年继续推动金融系统减费让利，落实好贷款市场报价利率（LPR）下行、支农支小再贷款利率下调，推动实际贷款利率在前期大幅降低基础上继续下行，督促指导降低银行账户服务收费、人民币转账汇款手续费、银行卡刷卡手续费，减轻服务业小微企业和个体工商户经营成本压力。

10. 采取切实有效措施制止乱收费、乱摊派、乱罚款行为，研究实施专项整治行动方案，完善整治涉企乱收费协同治理和联合惩戒机制，防止对服务业的各项助企纾困政策效果被"三乱"抵消。鼓励服务业行业采取多种手段开展促销活动。

**二、餐饮业纾困扶持措施**

11. 鼓励有条件的地方对餐饮企业免费开展员工定期核酸检测，对企业防疫、消杀支出给予补贴支持。2022 年原则上应给予餐饮企业员工定期核酸检测不低于 50% 比例的补贴支持。

12. 引导外卖等互联网平台企业进一步下调餐饮业商户服务费标准，降低相关餐饮企业经营成本。引导互联网平台企业对疫情中高风险地区所在的县级行政区域内的餐饮企业，给予阶段性商户服务费优惠。

13. 允许失业保险、工伤保险基金结余较多的省份对餐饮企业阶段性实施缓缴失业保险、工伤保险费政策，具体办法由省级人民政府确定。符合条件的餐饮企业提出申请，经参保地人民政府批准可以缓缴，期限不超过一年，缓缴期间免收滞纳金。

14. 引导金融机构加强与餐饮行业主管部门信息共享，运用中小微企业和个体工商户的交易流水、经营用房租赁以及有关部门掌握的信用信息等数据，提升风险定价能力，更多发放信用贷款。鼓励符合条件的餐饮企业发行公司信用类债券，拓宽餐饮企业多元化融资渠道。

15. 鼓励政府性融资担保机构为符合条件的餐饮业中小微企业提供融资增信支持，依法依约及时履行代偿责任，积极帮助受疫情影响企业续保续贷。支持有条件的地方向政府性融资担保机构注资、提供融资担保费用补贴。

16. 鼓励保险机构优化产品和服务，扩大因疫情导致餐饮企业营业中断损失保险的覆盖面，提升理赔效率，提高对餐饮企业的保障程度。鼓励有条件的地方给予保费补贴。

17. 鼓励餐饮企业为老年人提供助餐服务，地方结合实际因地制宜对老年人助餐服务给予适当支持。不得强制餐饮企业给予配套优惠措施。

### 三、零售业纾困扶持措施

18. 鼓励有条件的地方对零售企业免费开展员工定期核酸检测，对企业防疫、消杀支出给予补贴支持。2022年原则上应给予零售企业员工定期核酸检测不低于50%比例的补贴支持。

19. 中央财政通过服务业发展资金，支持开展县域商业体系建设。加强政策支持，发挥市场机制作用，推动"一个上行（农产品上行）"和"三个下沉（供应链下沉、物流配送下沉、商品和服务下沉）"。

20. 中央财政继续通过服务业发展资金，支持10个省（自治区、直辖市）进一步加强农产品供应链体系建设，完善农产品流通骨干网络等。

21. 允许失业保险、工伤保险基金结余较多的省份对零售企业阶段性实施缓缴失业保险、工伤保险费政策，具体办法由省级人民政府确定。符合条件的零售企业提出申请，经参保地人民政府批准可以缓缴，期限不超过一年，缓缴期间免收滞纳金。

22. 对于各地商务主管部门推荐的应急保供、重点培育、便民生活圈建设等名单企业，鼓励银行业金融机构加大信贷支持，适当降低贷款利率，鼓励有条件的地方给予贷款贴息。引导金融机构加强与零售行业主管部门信息共享，运用中小微企业和个体工商户的交易流水、经营用房租赁以及有关部门掌握的信用信息等数据，提升风险定价能力，更多发放信用贷款。鼓励符合条件的零售企业发行公司信用类债券，拓宽零售企业多元化融资渠道。

23. 鼓励政府性融资担保机构为符合条件的零售业中小微企业提供融资增信支持，依法依约及时履行代偿责任，积极帮助受疫情影响企业续保续贷。支持有条件的地方向政府性融资担保机构注资、提供融资担保费用补贴。

### 四、旅游业纾困扶持措施

24. 2022年继续实施旅行社暂退旅游服务质量保证金扶持政策，对符合条件的旅行社维持80%的暂退比例，鼓励有条件的地方进一步提高暂退比例。同时，加快推进保险代替保证金试点工作，扩大保险代替保证金试点范围。

25. 允许失业保险、工伤保险基金结余较多的省份对旅游企业阶段性实施缓缴失业保险、工伤保险费政策，具体办法由省级人民政府确定。符合条件的旅游企业提出申请，经参保地人民政府批准可以缓缴，期限不超过一年，缓缴期间免收滞纳金。

26. 加强银企合作，建立健全重点旅游企业项目融资需求库，引导金融机构对符合条件的、预期发展前景较好的A级旅游景区、旅游度假区、乡村旅游经营单位、星级酒店、旅行社等重点文化和旅游市场主体加大信贷投入，适当提高贷款额度。

27. 政府采购住宿、会议、餐饮等服务项目时，严格执行经费支出额度规定，不得以星级、所有制等为门槛限制相关企业参与政府采购。

28. 鼓励机关企事业单位将符合规定举办的工会活动、会展活动等的方案制定、组织协调等交由旅行社承接，明确服务内容、服务标准等细化要求，加强资金使用管理，合理确定预付款比例，并按照合同约定及时向旅行社支付资金。

29. 鼓励银行业金融机构合理增加旅游业有效信贷供给。建立重点企业融资风险防控机制。引导金融机构合理降低新发放贷款利率，对受疫情影响生产经营困难的旅游企业主动让利。鼓励符合条件的旅游企业发行公司信用类债券，拓宽旅游企业多元化融资渠道。

30. 对符合条件的、预期发展良好的旅行社、旅游演艺等领域中小微企业加大普惠金融支持力度。发挥文化和旅游金融服务中心的积极作用，建立中小微旅游企业融资需求库。鼓励银行业金融机构对旅游相关初创企业、中小微企业和主题民宿等个体工商户分类予以小额贷款支持。

**五、公路水路铁路运输业纾困扶持措施**

31. 2022年暂停铁路运输企业预缴增值税一年。

32. 2022年免征轮客渡、公交客运、地铁、城市轻轨、出租车、长途客运、班车等公共交通运输服务增值税。

33. 2022年中央财政对符合要求的新能源公交车，继续按照既定标准给予购置补贴，且退坡幅度低于非公共领域购置车辆。

34. 2022年中央财政进一步加大车辆购置税收入补助地方资金力度，支持公路、水运和综合货运枢纽、集疏运体系建设等。

35. 鼓励有条件的地方根据实际需要统筹安排资金，用于存在困难的新能源出租车、城市公交运营等支出。

36. 加强信息共享，发挥动态监控数据作用，引导金融机构创新符合道路水路运输企业特点的动产质押类贷款产品，盘活车辆、船舶等资产。鼓励金融机构按市场化原则对信用等级较高、承担疫情防控和应急运输任务较重的交通运输企业加大融资支持力度，相关主管部门提供企业清单供金融机构参考。鼓励符合条件的交通运输企业发行公司信用类债券，拓宽交通运输企业多元化融资渠道。

## 六、民航业纾困扶持措施

37. 2022 年暂停航空运输企业预缴增值税一年。

38. 地方可根据实际需要，统筹中央对地方转移支付以及地方自有财力，支持航空公司和机场做好疫情防控。

39. 统筹资源加大对民航基础设施建设资金支持力度。中央财政继续通过民航发展基金对符合条件的航空航线、安全能力建设等予以补贴。继续通过民航发展基金等对符合条件的中小机场和直属机场运营、安全能力建设等予以补贴，对民航基础设施贷款予以贴息，对机场和空管等项目建设予以投资补助。鼓励地方财政对相关项目建设予以支持。

40. 研究协调推动中国航空油料集团有限公司与上游企业协商取消航空煤油价格中包含的海上运保费（2 美元／桶）、港口费（50 元／吨）等费用。

41. 鼓励银行业金融机构加大对枢纽机场的信贷支持力度。鼓励符合条件的航空公司发行公司信用类债券，拓宽航空公司多元化融资渠道。对受疫情影响严重的航空公司和民航机场注册发行债务融资工具建立绿色通道。

## 七、精准实施疫情防控措施

42. 认真落实严格、科学、精准的疫情防控措施，坚决防止和避免"放松防控"和"过度防控"两种倾向，有效恢复和保持服务业发展正常秩序。一是建立精准监测机制，运用大数据手段建立餐厅、商超、景点、机场、港口、冷链运输等服务业重点区域、重点行业从业人员库，落实重点人员和高风险岗位人员核酸检测频次，做到应检尽检。二是提升精准识别能力，确保疫情在服务业场所发生时全力以赴抓好流调"黄金 24 小时"。三是强化精准管控隔离，科学精准定位服务业重点、高危人群，对密切接触者和密接的密接进行集中隔离医学观察，对其他人员按照相关规定进行分类管理。四是推广精准防护理念，餐饮、零售、旅游、交通客运、民航等行业和相关服务场所工作人员做到疫苗应接尽接，建立工作人员每日健康监测登记制度，增强从业人员和公众疫情防控意识。

43. 严格落实国务院联防联控机制综合组防疫政策"五个不得"的要求，即不得禁止低风险地区人员返乡；不得随意扩大中高风险地区范围；不得随意将限制出行范围由中、高风险地区及所在区（县）扩大到所在地市；不得擅自对低风险地区人员采取集中隔离管控、劝返等措施；不得随意延长集中隔离观察期限。在此基础上，进一步对服务业行业提出精准防疫要求。一是不得突破疫情防控相应规定进行封城、封区，不得非必要、不报批中断公共交通。二是不得非经流调、无政策依据对餐厅、商超、景区景点、电影院及相关服务业场所等实施关停措施、延长关停时间。三是不得在国务院联防联控机制政策要求基础上擅自增加对服务业的疫情防控措施。确有必要采取封城封区、中断交通等措施或在现行基础上加强疫情防控力度的，须报经国务院联防联控机制同意后实施。各省级人民政府要统筹本地区疫情防控措施总体要求，针对服务业行业特点，建立疫情防控措施层层加码问题反映、核实、纠正专项工作机制。

八、保障措施

发展改革委要切实发挥牵头作用，加强统筹协调，做好形势分析，加大协调推动有关政策的出台、执行落实工作力度，强化储备政策研究；国务院各有关部门要各司其职、加强配合，加大政策宣传贯彻力度，抓紧出台具体政策实施办法，及时跟进解读已出台政策措施，及时协调解决政策落实过程中的难点、堵点问题，及时回应社会诉求和关切。

各地区要结合实际情况和服务业领域困难行业特点，把握好政策时度效，抓好政策宣传贯彻落实，及时跟踪研判相关困难行业企业恢复情况，出台有针对性的专项配套支持政策，确保政策有效传导至市场主体，支持企业纾困发展。

各有关行业协会要充分发挥联系企业的桥梁和纽带作用，指导帮助企业用足用好相关纾困扶持措施，加强调查研究，及时了解和反馈行业发展动态、难点问题、企业诉求和政策落实情况。

# 文化和旅游部关于加强政策扶持进一步支持旅行社发展的通知

文旅市场发〔2021〕60号

各省、自治区、直辖市文化和旅游厅（局），新疆生产建设兵团文化体育广电和旅游局：

旅行社是旅游业发展的重要市场主体，是连接旅游供给和需求的重要纽带，在畅通旅游市场循环、扩大旅游消费、促进人文交流和社会文明等方面发挥着重要作用。为贯彻落实党中央、国务院对受新冠肺炎疫情持续影响行业企业加大扶持力度的决策部署，支持旅行社积极应对经营困难，有效降低经营成本，推动旅行社经营全面恢复和高质量发展，现就有关事项通知如下：

一、优化市场环境

按照国务院深入推进"放管服"改革工作要求，落实《优化营商环境条例》关于"推广以金融机构保函替代现金缴纳涉企保证金"的规定，创新旅游服务质量保证金（以下简称"保证金"）交纳方式，减轻企业现金流压力。加大政策和资金支持，拓展旅行社发展空间。

（一）推进保证金改革

1. 各地文化和旅游行政部门要积极与当地人民银行分支机构、银保监局建立工作协调机制，鼓励开发保证金履约保证保险产品，旅行社投保后可持保单向银行申请保证金担保。

2. 有条件的地区可积极开展保险直接替代现金或银行保函交纳保证金试点工作。试点前，应将工作方案报文化和旅游部市场管理司备案。

3. 支持旅行社根据自身经营条件，从存款、直接取得银行担保、凭保险保单取得银行担保方式中灵活选用一种方式交纳保证金，试点地区还可直接使用保险交纳保证金。

**（二）激发市场主体活力**

1. 鼓励各地设立旅行社转型升级资金，加强旅行社服务质量评价，建立和完善促进旅行社高质量发展的激励机制。

2. 鼓励各级国家机关、企事业单位、社会团体进行的党建活动和公务活动，委托旅行社代理安排交通、住宿、餐饮、会务等事项。

**二、抓好金融政策落实**

各地文化和旅游行政部门要积极落实《文化和旅游部中国人民银行中国银行保险监督管理委员会关于抓好金融政策落实进一步支持演出企业和旅行社等市场主体纾困发展的通知》（文旅产业发〔2021〕41号）要求，联合当地人民银行分支机构、银保监局、相关金融单位，抓好金融政策落实，着力纾解旅行社面临的阶段性困难。

**（一）加大金融支持**

1. 继续运用再贷款、再贴现、普惠小微企业贷款延期还本付息和信用贷款支持政策等，加大对符合条件的小微企业类旅行社的支持力度。

2. 对符合续贷条件的旅行社，鼓励金融机构在市场化、法治化原则下按正常续贷业务办理，不得盲目惜贷、抽贷、断贷、压贷。

3. 畅通银企对接渠道，引导旅行社主动向银行提供经营管理、资产负债、财务收支、税费缴纳等关键信息。鼓励金融机构创新授信调查方式，引导扩大对旅行社的信用贷款支持，推广随借随还贷款。

**（二）建立健全融资配套服务长效机制**

1. 适度拓展文化和旅游相关产业发展基金的运用范围，探索为旅行社提供融资增信、风险分担、贴息奖补、应急周转等融资配套服务。加大政府性融资担保、再担保机构对旅行社的融资增信力度。

2. 鼓励金融机构与各地融资担保机构加强合作，建立健全常态化金融机制，支持面临短期经营困难但发展前景良好的旅行社纾困发展。

**（三）支持各地文化金融服务中心发挥积极作用**

1. 鼓励有条件的地区设立文化和旅游企业纾困基金。鼓励银行业金融机构依托现有的首贷续贷服务中心，集中受理中小微企业类旅行社的首贷、续贷申请。

2. 支持各地有序探索优化首贷续贷服务中心模式，帮助银行业金融机构挖掘识别旅行社有效融资需求，提高首贷、续贷业务量。

### 三、指导用好普惠性纾困政策

各地文化和旅游行政部门要加强与人力资源社会保障、财政、税务等部门的沟通协调，指导旅行社进一步用好各类普惠性纾困政策，增强企业发展信心。

### （一）税收减免有关政策

1. 对于符合增值税小规模纳税人条件、月销售额15万元以下（含本数）的旅行社，可根据《财政部税务总局关于明确增值税小规模纳税人免征增值税政策的公告》（财政部税务总局公告2021年第11号）有关规定，享受免征增值税。

2. 对于符合小型微利企业条件的旅行社，年应纳税所得额不超过100万元部分，可根据《财政部税务总局关于实施小微企业和个体工商户所得税优惠政策的公告》（财政部税务总局公告2021年第12号），在《财政部税务总局关于实施小微企业普惠性税收减免政策的通知》（财税〔2019〕13号）规定的优惠政策基础上，享受再减半征收企业所得税。

### （二）社保及稳岗就业有关政策

1. 根据《中华人民共和国社会保险法》《实施〈中华人民共和国社会保险法〉若干规定》（人力资源社会保障部令第13号），指导发展困难、符合条件的旅行社按照规定办理社会保险费延期缴费。同时，指导旅行社申请享受阶段性降低失业保险、工伤保险费率政策。

2. 根据《人力资源社会保障部财政部关于实施企业稳岗扩岗专项支持计划的通知》（人社部发〔2020〕30号），协调人力资源社会保障、财政部门将旅行社纳入专项支持计划，指导旅行社按照通知要求开展以工代训并申请企业职业培训补贴。

3. 根据《人力资源社会保障部财政部关于充分发挥职业技能提升行动专账资金效能扎实推进职业技能提升行动的通知》（人社部函〔2021〕14号），协调人力资源社会保障、财政部门将旅行社、导游行业培训纳入职业技能提升行动专账资金保障范畴，加大培训补贴直补企业工作力度，抓好扩就业稳就业工作。

### （三）住房公积金政策

根据《住房公积金管理条例》规定，指导经营困难的旅行社按照规定申请降低住房公积金缴存比例或者缓缴，待经济效益好转后再提高缴存比例或者补缴缓缴金额。

### 四、工作要求

（一）提高政治站位。各地文化和旅游行政部门要深刻认识加强政策扶持、支持旅行社发展的重要意义，结合党史学习教育将支持旅行社应对阶段性困难、促进高质量发展作为"我为群众办实事"的具体举措。充分利用文化和旅游部政府门户网站"文化和旅游企业政策信息服务"专栏，及时跟进了解相关政策动态，广泛宣传普及，确保政策传导到位。

（二）形成工作方案。各地文化和旅游行政部门要对保证金改革工作形成专门工作方案，做好过渡衔接，明确专人负责，确保保证金改革工作顺利进行，要建立工作台账，指导督促旅行社在全国旅游监管服务平台及时完成保证金信息变更和备案工作。试点过程中，要积极稳妥开展相关工作，及时总结，形成可复制可推广的经验。

（三）建立协调机制。各地要建立健全工作协调机制，抓实抓细金融政策落实，用好用足各项帮扶政策。充分发挥政府部门组织协调优势，摸清企业需求，为金融机构支持企业纾困发展提供便利。持续跟踪落实成效，主动研究解决突出问题，认真梳理有关情况建议，及时总结经验做法。相关工作开展中遇到的重大情况，应及时报告文化和旅游部市场管理司。

特此通知。

文化和旅游部

2021 年 6 月 1 日

# 文化和旅游部办公厅关于进一步加强政策宣传落实支持文化和旅游企业发展的通知

办产业发〔2021〕171号

各省、自治区、直辖市文化和旅游厅（局），新疆生产建设兵团文化体育广电和旅游局，各计划单列市文化和旅游局：

为贯彻落实党中央、国务院决策部署，扎实做好"六稳"工作、全面落实"六保"任务，着力打通政策落实"最后一公里"，切实发挥纾困惠企政策的积极作用，支持文化和旅游企业有效应对新冠肺炎疫情持续影响，现就有关工作要求通知如下：

一、提高对纾困惠企政策落实工作重要性的认识。新冠肺炎疫情发生后，在党中央、国务院领导下，各级文化和旅游行政部门会同有关部门推出一系列纾困惠企政策，为文化和旅游企业应对疫情影响提供了有力帮扶。目前，受全球疫情发展和国内疫情时有散发的影响，文化和旅游企业生产经营活动仍面临较大困难。各地文化和旅游行政部门要把继续帮扶企业纾困和发展摆在当前工作的重要位置，结合党史学习教育，将宣传落实纾困惠企政策作为"我为群众办实事"的重要举措，想企业之所想，急企业之所急，着力推动各项纾困惠企政策落地落细落实，提升企业政策获得感，为疫情防控常态化条件下推动文化产业和旅游产业加快恢复和高质量发展奠定坚实基础。

二、着力推动已有政策宣传落地。各地文化和旅游行政部门要加大纾困惠企政策特别是2021年以来文化和旅游部出台的关于进一步支持演出企业和旅行社等市场主体纾困发展、加大开发性金融支持文化产业和旅游产业高质量发展等政策的宣传解读力度。用好文化和旅游部政府门户网站"文化和旅游企业政策信息服务专栏"及各级文化和旅游行政部门政府门户网站、政务信息平台，发挥新闻媒体、行业组织、产业园区、企业服务机构作用，扩大政策宣传覆盖面和知晓度。加强与本地区发展改革、财政、人力资源社会保障、金融、税务、市场监管等部门的对接合作，切实抓好普惠金融、减税降费、稳岗就业等政策在文化和旅游领域的落实工作。联合当地有关部门开展政策宣讲、培训辅导、走访调研等活动，主动为企业送政策、送服务，推动纾困惠企政策及时有效传导到文化和旅游企业。跟踪评估政策落实成效，着力推动解决政策落实难点、堵点问题。

三、增强落实措施的针对性。各地文化和旅游行政部门要在落实好已有政策基础上，积极推动文化和旅游企业纳入本地区纾困惠企政策重点支持范围。结合本地区实际进一步研究出台有针对性的支持措施，综合运用各类财政奖补、金融帮扶、项目投资等政策工具支持文化和旅游企业发展，鼓励有条件的地区设立文化和旅游企业纾困基金。进一步释放文化和旅游消费潜力，策划推出一批文化和旅游消费惠民措施和消费促进活动，发展夜间文化和旅游经济，打造沉浸式文化和旅游体验新场景，助力企业激活消费市场。积极拓展旅游客源市场，加强与有关部门的政策沟通协调，鼓励机关、企事业单位的公务、工会活动委托旅行社代理安排交通、食宿、会务等服务事项。搭建线上线下展览、展会、活动平台，帮助文化和旅游企业拓宽供应和销售渠道，稳定海外市场、扩大国内市场。

四、支持企业创新发展。引导文化和旅游企业主动适应疫情防控常态化条件下的市场需求变化，及时调整生产经营策略，积极探索新发展模式，创新有效匹配市场需求的产品和服务。鼓励文化和旅游企业"上线""上云"，与社交电商、网络直播、短视频等在线新经济结合，开展内容创作、产品展示、传播消费等环节合作，培育壮大文化和旅游消费新产品、新业态、新模式。支持文化和旅游企业发展线上演播、沉浸式体验、交互体验等新型业态。鼓励旅游企业充分挖掘本地游、周边游市场潜力，开发一批高品质的微旅游、微度假、小团游等创新产品和服务。进一步优化营商环境，深化"放管服"改革，适应文化和旅游新业态、新模式的发展需要，创新监管机制、优化服务方式，激发市场主体活力。

五、加强政策培训。进一步加大纾困惠企政策培训力度，增强政策把握和落实能力。各地要加强本地区政策培训辅导工作，及时跟进学习贯彻中央部门和本地区出台的各项纾困惠企政策，提高政策运用水平。充分发挥行业组织、产业园区、企业服务机构等在直接服务企业方面的优势，为文化和旅游企业精准提供政策培训和咨询服务，支持企业用好用足相关政策。

六、引导企业练好内功。鼓励文化和旅游企业利用经营淡季、临时停业期，开展经营管理和业务技能培训，实施文化场所、旅游景区基础设施、服务设施项目建设和改造升级，提高企业经营管理能力、产品供给质量和服务水平。引导文化和旅游企业提高数字化技术应用水平，加快推进传统业态企业数字化转型，拓展无接触式服务和设备应用场景，提升市场竞争能力。鼓励企业通过加强产品研发创新、优化业务流程、完善内部管理制度等方式，进一步开源节流、降本增效，提高企业抗风险能力。引导文化和旅游企业与境外产业链上下游企业加强互利合作，推进国际营销公共平台建设，培育外贸新动能。

七、提高科学精准防控疫情能力和水平。统筹做好本地区常态化疫情防控与推动文化产业和旅游产业发展工作，严格落实文化行业和旅游行业疫情防控工作指南要求，严格实施旅游景区"预约、错峰、限流"管理措施，引导文化和旅游企业安全有序生产经营。密切关注疫情形势，加强节假日、文化和旅游活动旺季期间以及人员相对密集的文化和旅游场所疫情防控管理，提升突发疫情应急处置能力。认真总结和用好疫情防控实践中行之有效的做法，提高疫情防控工作科学化、精细化水平，防止简单化、"一刀切"。

八、加强组织领导。各地文化和旅游行政部门要提高政治站位，强化责任意识，建立工作清单，明确任务分工，强化部门间协作，确保各项纾困惠企政策落到实处、取得实效。文化和旅游部将对各地宣传落实纾困惠企政策情况开展督促指导，分批推广各地文化和旅游行政部门好的经验做法和创新举措，并在2021年底对工作成效显著的地区予以通报表扬。对获得通报表扬的地区，将在下一年度国家级文化产业示范园区、国家文化和旅游消费示范城市、国家级夜间文化和旅游消费集聚区等的创建、认定、命名工作中予以重点支持。

特此通知。

附件①：1.中央部门惠及文化和旅游企业纾困政策文件清单
2.第一批落实纾困惠企政策工作典型经验

文化和旅游部办公厅

2021年9月16日

---

① 编者注：附件略。

# 文化和旅游部办公厅关于抓好促进旅游业恢复发展纾困扶持政策贯彻落实工作的通知

办产业发〔2022〕55号

各省、自治区、直辖市文化和旅游厅（局），新疆生产建设兵团文化体育广电和旅游局，本部各司局：

为帮助服务业领域困难行业渡过难关、恢复发展，经国务院同意，2022年2月18日，发展改革委、文化和旅游部等14部门联合印发《关于促进服务业领域困难行业恢复发展的若干政策》（以下简称《若干政策》），将旅游业作为重点帮扶行业，给予有力政策支持。为切实推动《若干政策》落细落地落实，增强旅游企业政策获得感，稳住行业恢复发展基本盘，现就有关要求通知如下：

一、做好普惠性减税降费政策在旅游业领域的落地服务。积极配合财政、人力资源社会保障、税务等部门，做好服务业增值税加计抵减、扩大"六税两费"适用范围、减免房产税和城镇土地使用税、中小微企业设备器具税前扣除、阶段性降低失业保险和工伤保险费率、失业保险稳岗返还、服务业小微企业和个体工商户房租减免等普惠性政策在旅游业领域的落实服务工作。梳理各项普惠性纾困扶持政策的适用范围、申请条件、办理流程等，面向旅游市场主体做好宣传解读工作，并为企业对接有关部门、申请政策帮扶提供必要帮助。

二、推动普惠金融政策在旅游业领域加快落实。主动对接金融管理部门，积极争取将旅游业列为当地金融优先支持行业，鼓励银行业金融机构合理增加旅游业有效信贷供给，丰富金融支持手段，持续推进金融服务创新。协调有关部门建立健全推动金融政策有效落实的保障机制，形成金融支持旅游业恢复发展的合力。

三、落实阶段性缓缴失业保险费和工伤保险费政策"免申即享"。实施阶段性缓缴失业保险费、工伤保险费政策的地区，文化和旅游行政部门要加强与人力资源社会保障、税务、市场监管等部门的信息共享，主动提供所掌握的本地区适用政策的旅游市场主体名单，推动名单内的参保企业按照有关规定纳入政策"免申即享"范围。积极协调有关部门，支持未在掌握名单范围内的、以直接面向游客提供旅游服务为主营业务的市场主体，按规定实行告知承诺制，不增加企业事务性负担。

四、完善旅游企业承接机关企事业单位相关活动实施细则。主动对接财政、商务等部门和地方工会组织，抓紧出台旅行社承接机关企事业单位工会活动、展会活动的实施细则，明确服务内容、服务标准等要求，完善细化服务合同订立、资金使用管理、财务票据报销等规定，规范业务流程，增强旅行社承接相关活动的可操作性。支持具备条件的星级旅游饭店、等级旅游民宿等旅游企业为机关企事业单位提供住宿、会议、餐饮等服务，积极协调有关部门对存在以星级、所有制等为门槛限制相关企业参与政府采购的情形及时予以清理，在严格执行经费支出额度规定的前提下，保障相关企业公平参与政府采购的权利。

五、用好旅游服务质量保证金扶持政策。严格执行《文化和旅游部办公厅关于用好旅游服务质量保证金政策进一步支持旅行社恢复发展的通知》（办市场发〔2021〕195号），延长旅游服务质量保证金（以下简称"保证金"）暂退期限至2022年12月31日。对提出暂退保证金申请的旅行社，符合条件的，做到应退尽退。在保障游客合法权益不减弱的前提下，有条件的地方可进一步提高保证金暂退比例，由省级文化和旅游行政部门提出具体方案，报文化和旅游部同意后实施。

六、加快推进保险替代保证金试点工作。支持有条件的地区开展保险直接替代现金或银行保函交纳保证金试点工作，进一步扩大试点范围。试点地区的旅行社可从存款、银行担保、直接使用保险等方式中灵活选用一种方式交纳保证金，不得加以限制、指定。已开展试点的地区，旅行社直接使用保险交纳保证金的，保险生效后，应及时退还已以现金方式交纳的保证金。

七、认真落实严格、科学、精准的疫情防控措施。严格落实服务业行业精准防控要求，统筹做好疫情防控和旅游业恢复发展工作，坚决防止和避免"放松防控"和"过度防控"两种倾向。文化和旅游部将进一步完善旅游领域疫情防控措施动态调整机制，根据疫情形势，适时研究调整相关措施。

八、加大政策宣传解读力度和精准度。梳理汇总国家和本地区出台的各项适用于旅游业的纾困扶持政策，积极组织媒体、专家、行业组织等广泛宣传解读，扩大政策宣传覆盖面和知晓度。探索运用网络信息平台和大数据技术手段，向企业精准推送政策。推广政策咨询热线、宣讲小分队等形式，针对不同类型市场主体分门别类开展政策宣传贯彻、培训辅导和答疑解惑，指导企业用好用足各项政策措施。

九、加强政策创新和行业引导。强化政策研究储备，持续关注疫情形势和对旅游业的影响，及时跟踪研判旅游企业恢复情况，结合本地区实际，综合运用财政奖补、金融支持、项目投资、消费促进、政务服务等措施手段，进一步创新推出更多有针对性的惠企政策措施，更大力度帮扶旅游企业降成本、稳经营、保就业。积极引导广大旅游企业正视困难、坚定信心，鼓励企业采取多种手段开展促销活动，主动适应疫情防控常态化下的市场需求变化，以创新激发内生动力，提升企业乃至行业的抗风险能力。

十、强化组织实施和跟踪评估。各地文化和旅游行政部门要增强责任感、使命感，切实将思想和行动统一到党中央、国务院部署要求上来，将帮扶旅游业纾困摆在当前工作重要位置，担负起政策落实落地的重要责任。要在当地党委、政府领导下，联合有关部门抓紧出台本地区落实《若干政策》的专项配套措施，建立完善专项工作机制，细化任务分工，建立工作台账，畅通政策落实渠道，确保《若干政策》不折不扣落地落实。要密切关注政策落实效果，加强沟通协调，积极协调有关部门解决落实过程中的难点堵点问题，及时调整、完善和优化落实举措，确保政策有效传导至市场主体，同时，鼓励各地结合实际推动出台更加优惠的惠及企业的政策举措。文化和旅游部将加强对各地政策落实情况的跟踪评估，及时总结和推广好的经验做法，对政策落实成效显著的地方在项目支持、品牌创建、人才培养等方面给予重点支持。落实纾困扶持政策情况及成效将作为对各地文化产业和旅游产业工作给予表扬、激励的重点评价内容。

各地出台的促进旅游业恢复发展的政策文件、推动纾困扶持政策落实工作进展情况、存在的问题和意见建议等，应及时报送文化和旅游部（产业发展司）。

特此通知。

文化和旅游部办公厅

2022 年 3 月 30 日

# 关于印发加力帮扶中小微企业纾困解难
# 若干措施的通知

工信部企业函〔2022〕103 号

各省、自治区、直辖市及计划单列市、新疆生产建设兵团促进中小企业发展工作领导小组，国务院促进中小企业发展工作领导小组各成员单位，国家外汇管理局，中国出口信用保险公司：

《加力帮扶中小微企业纾困解难若干措施》已经国务院促进中小企业发展工作领导小组第九次会议审议通过，现印发给你们，请结合实际，认真抓好贯彻落实。

国务院促进中小企业发展工作领导小组办公室

2022 年 5 月 9 日

## 加力帮扶中小微企业纾困解难若干措施

中小微企业是国民经济和社会发展的重要组成部分，是市场的主体，是保就业的主力军，是提升产业链供应链稳定性和竞争力的关键环节。近期，受外部环境复杂性不确定性加剧、国内疫情多发等影响，市场主体特别是中小微企业困难明显增加，生产经营形势不容乐观，迫切需要进一步采取有力措施帮扶中小微企业纾困解难，实现平稳健康发展。为此，制定以下措施：

一、各地要积极安排中小微企业和个体工商户纾困专项资金，优化支出结构，加大对受疫情影响暂时出现生产经营困难的中小微企业和个体工商户的支持，结合本地实际向困难企业和个体工商户提供房屋租金、水电费、担保费、防疫支出等补助并给

予贷款贴息、社保补贴等。（各地方负责）

二、2022年国有大型商业银行力争新增普惠型小微企业贷款1.6万亿元。对受疫情影响暂时出现生产经营困难但发展前景良好的中小微企业和个体工商户，银行根据自身风险管理能力和借款人实际情况，合理采用续贷、贷款展期、调整还款安排等方式予以支持，避免出现抽贷、断贷；其中，对2022年被列为中高风险地区所在地市级行政区域内餐饮、零售、文化、旅游、交通运输、制造业等困难行业，在2022年底前到期的普惠型小微企业贷款，银行如办理贷款展期和调整还款安排，应坚持实质性风险判断，不单独因疫情因素下调贷款风险分类，不影响征信记录，并免收罚息。进一步落实好小微企业不良贷款容忍度和尽职免责要求，支持银行按规定加大不良贷款转让、处置、核销力度。构建全国一体化融资信用服务平台网络，加强涉企信用信息共享应用，扩大中小微企业信用贷款规模。（人民银行、银保监会、财政部、发展改革委按职责分工负责）

三、发挥政府性融资担保机构作用，扩大对中小微企业和个体工商户的服务覆盖面，对受疫情影响较大行业的中小微企业和个体工商户加大服务力度。进一步落实银担风险分担机制，扩大国家融资担保基金、省级融资再担保机构对中小微企业和个体工商户的再担保业务覆盖面；对于确无还款能力的中小微企业和个体工商户，依法依约及时履行代偿义务。（财政部、银保监会、工业和信息化部会同各地方按职责分工负责）

四、支持银行为中小微企业提供汇率避险服务，支持期货公司为中小微企业提供风险管理服务。进一步扩大政策性出口信用保险覆盖面，针对性降低短期险费率，优化理赔条件，加大对中小微外贸企业的支持力度。鼓励保险机构针对中小微企业的风险特征和保险需求，丰富保险产品供给。（银保监会、证监会、外汇局、中国出口信用保险公司按职责分工负责）

五、开展防范和化解拖欠中小企业账款专项行动，集中化解存量拖欠，实现无分歧欠款应清尽清，确有支付困难的应明确还款计划，对于有分歧欠款要加快协商解决或运用法律手段解决。加大对恶意拖欠中小微企业账款、在合同中设置明显不合理付款条件和付款期限等行为的整治力度。开展涉企违规收费专项整治行动，建立协同治理和联合惩戒机制，规范收费主体收费行为，加强社会和舆论监督，坚决查处乱收费、乱罚款、乱摊派。（工业和信息化部、财政部、国资委、发展改革委、市场监管总局会同各地方按职责分工负责）

六、做好大宗原材料保供稳价，运用储备等多种手段，加强供需调节，促进价格平稳运行。加强大宗商品现货和期货市场监管，严厉打击串通涨价、哄抬价格等违法违规行为，维护市场价格秩序。鼓励有条件的地方对小微企业和个体工商户用电实行阶段性优惠，对受疫情影响暂时出现生产经营困难的小微企业和个体工商户用水、用电、用气"欠费不停供"，允许在 6 个月内补缴。制定出台减并港口收费项目、定向降低沿海港口引航费等政策措施。（发展改革委、工业和信息化部、市场监管总局、证监会、海关总署、交通运输部会同各地方按职责分工负责）

七、加强生产要素保障，将处于产业链关键节点的中小微企业纳入重点产业链供应链"白名单"，重点加强对企业人员到厂难、物料运输难等阻碍复工达产突出问题的协调解决力度。深入实施促进大中小企业融通创新"携手行动"，推动大中小企业加强创新合作，发挥龙头企业带动作用和中小微企业配套能力，助力产业链上下游中小微企业协同复工达产。各地方要综合施策保持中小微企业产业链供应链安全稳定，建立中小微企业人员、物流保障协调机制，引导企业在防疫措施落实到位的情况下采取闭环管理、封闭作业等方式稳定生产经营。（工业和信息化部、发展改革委、交通运输部会同各地方按职责分工负责）

八、2022 年中小微企业宽带和专线平均资费再降 10%。加强制造业中小微企业数字化转型培训，开展中小微企业数字化转型"把脉问诊"。鼓励大企业建云建平台，中小微企业用云用平台，云上获取资源和应用服务。鼓励数字化服务商为受疫情影响的中小微企业减免用云用平台的费用。通过培育具有较强服务能力的数字化服务平台，加大帮扶力度。（工业和信息化部、财政部会同各地方按职责分工负责）

九、鼓励开展绿色智能家电、绿色建材下乡活动和农产品产地市场建设，大力支持开展公共领域车辆电动化城市试点示范，努力扩大市场需求。（市场监管总局、发展改革委、农业农村部、商务部、工业和信息化部、交通运输部会同各地方按职责分工负责）

十、深入开展"一起益企"中小企业服务行动和中小企业服务月活动，组织和汇聚各类优质服务资源进企业、进园区、进集群，加强政策服务，了解中小微企业困难和诉求，帮助中小微企业降本增效。鼓励地方采取"企业管家""企业服务联络员"等举措，深入企业走访摸排，主动靠前服务，实行"一企一策""一厂一案"差异化举措，帮助企业解决问题。发挥各级中小企业公共服务示范平台和小型微型企业创业创新示范基地作用，健全完善"中小企助查"App 等政策服务数字化平台，为企业提供权威政策解读和个性化政策匹配服务，打通政策落地"最后一公里"。开展全国减轻企业负担和促进中小企业发展综合督查，压实责任、打通堵点，推动政策落地生效。（工业和信息化部会同各部门、各地方按职责分工负责）

各地、各有关部门要切实把思想和行动统一到党中央、国务院决策部署上来，充分发挥各级促进中小企业发展工作机制作用，结合实际进一步细化纾困举措，推动助企纾困政策落地见效；加强运行监测和分析研判，密切关注中小微企业运行态势，推动企业家参与制定涉企政策；建立横向协同、纵向联动的工作机制，强化组织领导和统筹协调，形成助企纾困支持合力。有关工作进展及时报送国务院促进中小企业发展工作领导小组办公室。

# 二、减税降费政策文件

# 财政部 税务总局关于明确增值税小规模纳税人免征增值税政策的公告

财政部 税务总局公告 2021 年第 11 号

为进一步支持小微企业发展，现将增值税小规模纳税人免征增值税政策公告如下：

自 2021 年 4 月 1 日至 2022 年 12 月 31 日，对月销售额 15 万元以下（含本数）的增值税小规模纳税人，免征增值税。

《财政部 税务总局关于实施小微企业普惠性税收减免政策的通知》（财税〔2019〕13 号）第一条同时废止。

特此公告。

财政部 税务总局

2021 年 3 月 31 日

# 财政部 税务总局关于实施小微企业和个体工商户所得税优惠政策的公告

财政部 税务总局公告 2021 年第 12 号

为进一步支持小微企业和个体工商户发展，现就实施小微企业和个体工商户所得税优惠政策有关事项公告如下：

一、对小型微利企业年应纳税所得额不超过 100 万元的部分，在《财政部税务总局关于实施小微企业普惠性税收减免政策的通知》（财税〔2019〕13 号）第二条规定的优惠政策基础上，再减半征收企业所得税。

二、对个体工商户年应纳税所得额不超过 100 万元的部分，在现行优惠政策基础上，减半征收个人所得税。

三、本公告执行期限为 2021 年 1 月 1 日至 2022 年 12 月 31 日。

特此公告。

财政部 税务总局

2021 年 4 月 2 日

# 财政部 商务部 文化和旅游部 海关总署 税务总局关于调整疫情期间口岸进、出境免税店经营和招标期限等规定的通知

财关税〔2022〕3号

各省、自治区、直辖市、计划单列市财政厅（局）、商务厅（局）、文化和旅游厅（局），海关总署广东分署、各直属海关，国家税务总局各省、自治区、直辖市和计划单列市税务局，财政部各地监管局：

为缓解疫情对市场主体的影响，现将《口岸进境免税店管理暂行办法》和《口岸出境免税店管理暂行办法》（财关税〔2016〕8号和财关税〔2019〕15号，以下统称管理办法）中有关免税店经营和招标期限规定调整如下：

**一、按照管理办法批准设立并已完成招标的免税店**

已按照管理办法批准设立并已完成招标（含经财政部会同有关部门核准的其他方式确定经营主体的情形，下同）的口岸进、出境免税店，免税品经营企业与招标人（或口岸业主，下同）可在友好协商的基础上，延长免税店招投标时确定的经营期限，仅能延期一次，最多延长2年。延期后的经营期限可超过10年。

免税品经营企业与招标人的延期协议应在2022年12月31日前签署。签署延期协议后，应按照管理办法规定进行备案。

**二、按照管理办法批准设立但尚未完成招标的免税店**

2020年7月至2022年6月期间，由财政部会同有关部门按照管理办法批准设立的口岸进、出境免税店，由地方政府按疫情防控要求，妥善安排招标工作，可不受批准设立之日起6个月内完成招标的时间限制，但最晚应于2022年12月31日前完成招标。

### 三、未按照管理办法批准设立的免税店

未按照管理办法规定批准设立的免税店，继续由口岸所属地方政府提出处理意见，报财政部、商务部、文化和旅游部、海关总署和税务总局批准。

财政部　商务部

文化和旅游部　海关总署

税务总局

2022 年 1 月 12 日

# 财政部 税务总局关于进一步实施小微企业"六税两费"减免政策的公告

财政部 税务总局公告 2022 年第 10 号

为进一步支持小微企业发展，现将有关税费政策公告如下：

一、由省、自治区、直辖市人民政府根据本地区实际情况，以及宏观调控需要确定，对增值税小规模纳税人、小型微利企业和个体工商户可以在 50% 的税额幅度内减征资源税、城市维护建设税、房产税、城镇土地使用税、印花税（不含证券交易印花税）、耕地占用税和教育费附加、地方教育附加。

二、增值税小规模纳税人、小型微利企业和个体工商户已依法享受资源税、城市维护建设税、房产税、城镇土地使用税、印花税、耕地占用税、教育费附加、地方教育附加其他优惠政策的，可叠加享受本公告第一条规定的优惠政策。

三、本公告所称小型微利企业，是指从事国家非限制和禁止行业，且同时符合年度应纳税所得额不超过 300 万元、从业人数不超过 300 人、资产总额不超过 5000 万元等三个条件的企业。

从业人数，包括与企业建立劳动关系的职工人数和企业接受的劳务派遣用工人数。所称从业人数和资产总额指标，应按企业全年的季度平均值确定。具体计算公式如下：

季度平均值 =（季初值 + 季末值）÷ 2

全年季度平均值 = 全年各季度平均值之和 ÷ 4

年度中间开业或者终止经营活动的，以其实际经营期作为一个纳税年度确定上述相关指标。

小型微利企业的判定以企业所得税年度汇算清缴结果为准。登记为增值税一般纳税人的新设立的企业，从事国家非限制和禁止行业，且同时符合申报期上月末从业人数不超过 300 人、资产总额不超过 5000 万元等两个条件的，可在首次办理汇算清缴前按照小型微利企业申报享受第一条规定的优惠政策。

四、本公告执行期限为 2022 年 1 月 1 日至 2024 年 12 月 31 日。

特此公告。

财政部 税务总局

2022 年 3 月 1 日

# 财政部 税务总局关于中小微企业设备器具所得税税前扣除有关政策的公告

财政部 税务总局公告 2022 年第 12 号

为促进中小微企业设备更新和技术升级，持续激发市场主体创新活力，现就有关企业所得税税前扣除政策公告如下：

一、中小微企业在 2022 年 1 月 1 日至 2022 年 12 月 31 日期间新购置的设备、器具，单位价值在 500 万元以上的，按照单位价值的一定比例自愿选择在企业所得税税前扣除。其中，企业所得税法实施条例规定最低折旧年限为 3 年的设备器具，单位价值的 100% 可在当年一次性税前扣除；最低折旧年限为 4 年、5 年、10 年的，单位价值的 50% 可在当年一次性税前扣除，其余 50% 按规定在剩余年度计算折旧进行税前扣除。

企业选择适用上述政策当年不足扣除形成的亏损，可在以后 5 个纳税年度结转弥补，享受其他延长亏损结转年限政策的企业可按现行规定执行。

二、本公告所称中小微企业是指从事国家非限制和禁止行业，且符合以下条件的企业：

（一）信息传输业、建筑业、租赁和商务服务业：从业人员 2000 人以下，或营业收入 10 亿元以下或资产总额 12 亿元以下；

（二）房地产开发经营：营业收入 20 亿元以下或资产总额 1 亿元以下；

（三）其他行业：从业人员 1000 人以下或营业收入 4 亿元以下。

三、本公告所称设备、器具，是指除房屋、建筑物以外的固定资产；所称从业人数，包括与企业建立劳动关系的职工人数和企业接受的劳务派遣用工人数。

从业人数和资产总额指标，应按企业全年的季度平均值确定。具体计算公式如下：

季度平均值＝（季初值＋季末值）÷2

全年季度平均值＝全年各季度平均值之和 ÷4

年度中间开业或者终止经营活动的，以其实际经营期作为一个纳税年度确定上述相关指标。

四、中小微企业可按季（月）在预缴申报时享受上述政策。本公告发布前企业在2022年已购置的设备、器具，可在本公告发布后的预缴申报、年度汇算清缴时享受。

五、中小微企业可根据自身生产经营核算需要自行选择享受上述政策，当年度未选择享受的，以后年度不得再变更享受。

财政部 税务总局

2022 年 3 月 2 日

# 财政部 税务总局关于促进服务业领域困难行业纾困发展有关增值税政策的公告

财政部 税务总局公告 2022 年第 11 号

为促进服务业领域困难行业纾困发展，现将有关增值税政策公告如下：

一、《财政部 税务总局 海关总署关于深化增值税改革有关政策的公告》（财政部 税务总局 海关总署公告 2019 年 39 号）第七条和《财政部 税务总局关于明确生活性服务业增值税加计抵减政策的公告》（财政部 税务总局公告 2019 年第 87 号）规定的生产、生活性服务业增值税加计抵减政策，执行期限延长至 2022 年 12 月 31 日。

二、自 2022 年 1 月 1 日至 2022 年 12 月 31 日，航空和铁路运输企业分支机构暂停预缴增值税。2022 年 2 月纳税申报期至文件发布之日已预缴的增值税予以退还。

三、自 2022 年 1 月 1 日至 2022 年 12 月 31 日，对纳税人提供公共交通运输服务取得的收入，免征增值税。公共交通运输服务的具体范围，按照《营业税改征增值税试点有关事项的规定》（财税〔2016〕36 号印发）执行。在本公告发布之前已征收入库的按上述规定应予免征的增值税税款，可抵减纳税人以后月份应缴纳的增值税税款或者办理税款退库。已向购买方开具增值税专用发票的，应将专用发票追回后方可办理免税。

特此公告。

财政部 税务总局

2022 年 3 月 3 日

# 财政部 税务总局关于进一步实施小微企业所得税优惠政策的公告

财政部 税务总局公告 2022 年第 13 号

为进一步支持小微企业发展，现将有关税收政策公告如下：

一、对小型微利企业年应纳税所得额超过 100 万元但不超过 300 万元的部分，减按 25% 计入应纳税所得额，按 20% 的税率缴纳企业所得税。

二、本公告所称小型微利企业，是指从事国家非限制和禁止行业，且同时符合年度应纳税所得额不超过 300 万元、从业人数不超过 300 人、资产总额不超过 5000 万元等三个条件的企业。

从业人数，包括与企业建立劳动关系的职工人数和企业接受的劳务派遣用工人数。所称从业人数和资产总额指标，应按企业全年的季度平均值确定。具体计算公式如下：

季度平均值＝（季初值＋季末值）÷2

全年季度平均值＝全年各季度平均值之和 ÷4

年度中间开业或者终止经营活动的，以其实际经营期作为一个纳税年度确定上述相关指标。

三、本公告执行期限为 2022 年 1 月 1 日至 2024 年 12 月 31 日。

特此公告。

财政部 税务总局

2022 年 3 月 14 日

# 财政部 税务总局关于进一步加大增值税期末留抵退税政策实施力度的公告

财政部 税务总局公告 2022 年第 14 号

为支持小微企业和制造业等行业发展，提振市场主体信心、激发市场主体活力，现将进一步加大增值税期末留抵退税实施力度有关政策公告如下：

一、加大小微企业增值税期末留抵退税政策力度，将先进制造业按月全额退还增值税增量留抵税额政策范围扩大至符合条件的小微企业（含个体工商户，下同），并一次性退还小微企业存量留抵税额。

（一）符合条件的小微企业，可以自 2022 年 4 月纳税申报期起向主管税务机关申请退还增量留抵税额。在 2022 年 12 月 31 日前，退税条件按照本公告第三条规定执行。

（二）符合条件的微型企业，可以自 2022 年 4 月纳税申报期起向主管税务机关申请一次性退还存量留抵税额；符合条件的小型企业，可以自 2022 年 5 月纳税申报期起向主管税务机关申请一次性退还存量留抵税额。

二、加大"制造业""科学研究和技术服务业""电力、热力、燃气及水生产和供应业""软件和信息技术服务业""生态保护和环境治理业"和"交通运输、仓储和邮政业"（以下称制造业等行业）增值税期末留抵退税政策力度，将先进制造业按月全额退还增值税增量留抵税额政策范围扩大至符合条件的制造业等行业企业（含个体工商户，下同），并一次性退还制造业等行业企业存量留抵税额。

（一）符合条件的制造业等行业企业，可以自 2022 年 4 月纳税申报期起向主管税务机关申请退还增量留抵税额。

（二）符合条件的制造业等行业中型企业，可以自 2022 年 7 月纳税申报期起向主管税务机关申请一次性退还存量留抵税额；符合条件的制造业等行业大型企业，可以自 2022 年 10 月纳税申报期起向主管税务机关申请一次性退还存量留抵税额。

三、适用本公告政策的纳税人需同时符合以下条件：

（一）纳税信用等级为 A 级或者 B 级；

（二）申请退税前 36 个月未发生骗取留抵退税、骗取出口退税或虚开增值税专用发票情形；

（三）申请退税前 36 个月未因偷税被税务机关处罚两次及以上；

（四）2019 年 4 月 1 日起未享受即征即退、先征后返（退）政策。

四、本公告所称增量留抵税额，区分以下情形确定：

（一）纳税人获得一次性存量留抵退税前，增量留抵税额为当期期末留抵税额与 2019 年 3 月 31 日相比新增加的留抵税额。

（二）纳税人获得一次性存量留抵退税后，增量留抵税额为当期期末留抵税额。

五、本公告所称存量留抵税额，区分以下情形确定：

（一）纳税人获得一次性存量留抵退税前，当期期末留抵税额大于或等于 2019 年 3 月 31 日期末留抵税额的，存量留抵税额为 2019 年 3 月 31 日期末留抵税额；当期期末留抵税额小于 2019 年 3 月 31 日期末留抵税额的，存量留抵税额为当期期末留抵税额。

（二）纳税人获得一次性存量留抵退税后，存量留抵税额为零。

六、本公告所称中型企业、小型企业和微型企业，按照《中小企业划型标准规定》（工信部联企业〔2011〕300 号）和《金融业企业划型标准规定》（银发〔2015〕309 号）中的营业收入指标、资产总额指标确定。其中，资产总额指标按照纳税人上一会计年度年末值确定。营业收入指标按照纳税人上一会计年度增值税销售额确定；不满一个会计年度的，按照以下公式计算：

增值税销售额（年）＝上一会计年度企业实际存续期间增值税销售额／企业实际存续月数 ×12

本公告所称增值税销售额，包括纳税申报销售额、稽查查补销售额、纳税评估调整销售额。适用增值税差额征税政策的，以差额后的销售额确定。

对于工信部联企业〔2011〕300 号和银发〔2015〕309 号文件所列行业以外的纳税人，以及工信部联企业〔2011〕300 号文件所列行业但未采用营业收入指标或资产总额指标划型确定的纳税人，微型企业标准为增值税销售额（年）100 万元以下（不含 100 万元）；小型企业标准为增值税销售额（年）2000 万元以下（不含 2000 万元）；中型企业标准为增值税销售额（年）1 亿元以下（不含 1 亿元）。

本公告所称大型企业，是指除上述中型企业、小型企业和微型企业外的其他企业。

七、本公告所称制造业等行业企业，是指从事《国民经济行业分类》中"制造业""科学研究和技术服务业""电力、热力、燃气及水生产和供应业""软件和信息技术服务业""生态保护和环境治理业"和"交通运输、仓储和邮政业"业务相应发生的增值税销售额占全部增值税销售额的比重超过50%的纳税人。

上述销售额比重根据纳税人申请退税前连续12个月的销售额计算确定；申请退税前经营期不满12个月但满3个月的，按照实际经营期的销售额计算确定。

八、适用本公告政策的纳税人，按照以下公式计算允许退还的留抵税额：

允许退还的增量留抵税额＝增量留抵税额 × 进项构成比例 ×100%

允许退还的存量留抵税额＝存量留抵税额 × 进项构成比例 ×100%

进项构成比例，为2019年4月至申请退税前一税款所属期已抵扣的增值税专用发票（含带有"增值税专用发票"字样全面数字化的电子发票、税控机动车销售统一发票）、收费公路通行费增值税电子普通发票、海关进口增值税专用缴款书、解缴税款完税凭证注明的增值税额占同期全部已抵扣进项税额的比重。

九、纳税人出口货物劳务、发生跨境应税行为，适用免抵退税办法的，应先办理免抵退税。免抵退税办理完毕后，仍符合本公告规定条件的，可以申请退还留抵税额；适用免退税办法的，相关进项税额不得用于退还留抵税额。

十、纳税人自2019年4月1日起已取得留抵退税款的，不得再申请享受增值税即征即退、先征后返（退）政策。纳税人可以在2022年10月31日前一次性将已取得的留抵退税款全部缴回后，按规定申请享受增值税即征即退、先征后返（退）政策。

纳税人自2019年4月1日起已享受增值税即征即退、先征后返（退）政策的，可以在2022年10月31日前一次性将已退还的增值税即征即退、先征后返（退）税款全部缴回后，按规定申请退还留抵税额。

十一、纳税人可以选择向主管税务机关申请留抵退税，也可以选择结转下期继续抵扣。纳税人应在纳税申报期内，完成当期增值税纳税申报后申请留抵退税。2022年4月至6月的留抵退税申请时间，延长至每月最后一个工作日。

纳税人可以在规定期限内同时申请增量留抵退税和存量留抵退税。同时符合本公告第一条和第二条相关留抵退税政策的纳税人，可任意选择申请适用上述留抵退税政策。

十二、纳税人取得退还的留抵税额后，应相应调减当期留抵税额。

如果发现纳税人存在留抵退税政策适用有误的情形，纳税人应在下个纳税申报期结束前缴回相关留抵退税款。

以虚增进项、虚假申报或其他欺骗手段，骗取留抵退税款的，由税务机关追缴其骗取的退税款，并按照《中华人民共和国税收征收管理法》等有关规定处理。

十三、适用本公告规定留抵退税政策的纳税人办理留抵退税的税收管理事项，继续按照现行规定执行。

十四、除上述纳税人以外的其他纳税人申请退还增量留抵税额的规定，继续按照《财政部税务总局海关总署关于深化增值税改革有关政策的公告》（财政部税务总局海关总署公告 2019 年第 39 号）执行，其中，第八条第三款关于"进项构成比例"的相关规定，按照本公告第八条规定执行。

十五、各级财政和税务部门务必高度重视留抵退税工作，摸清底数、周密筹划、加强宣传、密切协作、统筹推进，并分别于 2022 年 4 月 30 日、6 月 30 日、9 月 30 日、12 月 31 日前，在纳税人自愿申请的基础上，集中退还微型、小型、中型、大型企业存量留抵税额。税务部门结合纳税人留抵退税申请情况，规范高效便捷地为纳税人办理留抵退税。

十六、本公告自 2022 年 4 月 1 日施行。《财政部税务总局关于明确部分先进制造业增值税期末留抵退税政策的公告》（财政部税务总局公告 2019 年第 84 号）、《财政部税务总局关于明确国有农用地出租等增值税政策的公告》（财政部税务总局公告 2020 年第 2 号）第六条、《财政部税务总局关于明确先进制造业增值税期末留抵退税政策的公告》（财政部税务总局公告 2021 年第 15 号）同时废止。

特此公告。

财政部 税务总局

2022 年 3 月 21 日

# 财政部 税务总局关于对增值税小规模纳税人免征增值税的公告

财政部 税务总局公告 2022 年第 15 号

为进一步支持小微企业发展，现将有关增值税政策公告如下：

自 2022 年 4 月 1 日至 2022 年 12 月 31 日，增值税小规模纳税人适用 3% 征收率的应税销售收入，免征增值税；适用 3% 预征率的预缴增值税项目，暂停预缴增值税。

《财政部税务总局关于延续实施应对疫情部分税费优惠政策的公告》（财政部税务总局公告 2021 年第 7 号）第一条规定的税收优惠政策，执行期限延长至 2022 年 3 月 31 日。

特此公告。

财政部 税务总局

2022 年 3 月 24 日

# 财政部 税务总局关于进一步持续加快增值税期末留抵退税政策实施进度的公告

财政部 税务总局公告 2022 年第 19 号

为进一步加快释放大规模增值税留抵退税政策红利，现将有关政策公告如下：

一、提前退还大型企业存量留抵税额，将《财政部 税务总局关于进一步加大增值税期末留抵退税政策实施力度的公告》（财政部 税务总局公告 2022 年第 14 号，以下称 2022 年第 14 号公告）第二条第二项规定的"符合条件的制造业等行业大型企业，可以自 2022 年 10 月纳税申报期起向主管税务机关申请一次性退还存量留抵税额"调整为"符合条件的制造业等行业大型企业，可以自 2022 年 6 月纳税申报期起向主管税务机关申请一次性退还存量留抵税额"。2022 年 6 月 30 日前，在纳税人自愿申请的基础上，集中退还大型企业存量留抵税额。

二、各级财政和税务部门要坚决贯彻党中央、国务院决策部署，充分认识实施好大规模留抵退税政策的重要意义，按照 2022 年第 14 号公告、《财政部 税务总局关于进一步加快增值税期末留抵退税政策实施进度的公告》（财政部 税务总局公告 2022 年第 17 号）和本公告有关要求，持续加快留抵退税进度，进一步抓紧办理小微企业、个体工商户留抵退税，加大帮扶力度，在纳税人自愿申请的基础上，积极落实存量留抵退税在 2022 年 6 月 30 日前集中退还的退税政策。同时，严密防范退税风险，严厉打击骗税行为，确保留抵退税退得快、退得准、退得稳、退得好。

特此公告。

财政部 税务总局

2022 年 5 月 17 日

# 财政部 税务总局关于扩大全额退还增值税留抵税额政策行业范围的公告

财政部 税务总局公告 2022 年第 21 号

为进一步加大增值税留抵退税政策实施力度，着力稳市场主体稳就业，现将扩大全额退还增值税留抵税额政策行业范围有关政策公告如下：

一、扩大全额退还增值税留抵税额政策行业范围，将《财政部 税务总局关于进一步加大增值税期末留抵退税政策实施力度的公告》（财政部 税务总局公告 2022 年第 14 号，以下称 2022 年第 14 号公告）第二条规定的制造业等行业按月全额退还增值税增量留抵税额、一次性退还存量留抵税额的政策范围，扩大至"批发和零售业""农、林、牧、渔业""住宿和餐饮业""居民服务、修理和其他服务业""教育""卫生和社会工作"和"文化、体育和娱乐业"（以下称批发零售业等行业）企业（含个体工商户，下同）。

（一）符合条件的批发零售业等行业企业，可以自 2022 年 7 月纳税申报期起向主管税务机关申请退还增量留抵税额。

（二）符合条件的批发零售业等行业企业，可以自 2022 年 7 月纳税申报期起向主管税务机关申请一次性退还存量留抵税额。

二、2022 年第 14 号公告和本公告所称制造业、批发零售业等行业企业，是指从事《国民经济行业分类》中"批发和零售业""农、林、牧、渔业""住宿和餐饮业""居民服务、修理和其他服务业""教育""卫生和社会工作""文化、体育和娱乐业""制造业""科学研究和技术服务业""电力、热力、燃气及水生产和供应业""软件和信息技术服务业""生态保护和环境治理业"和"交通运输、仓储和邮政业"业务相应发生的增值税销售额占全部增值税销售额的比重超过 50% 的纳税人。

上述销售额比重根据纳税人申请退税前连续 12 个月的销售额计算确定；申请退税前经营期不满 12 个月但满 3 个月的，按照实际经营期的销售额计算确定。

三、按照 2022 年第 14 号公告第六条规定适用《中小企业划型标准规定》（工信部联企业〔2011〕300 号）和《金融业企业划型标准规定》（银发〔2015〕309 号）时，纳税人的行业归属，根据《国民经济行业分类》关于以主要经济活动确定行业归属的原则，以上一会计年度从事《国民经济行业分类》对应业务增值税销售额占全部增值税销售额比重最高的行业确定。

四、制造业、批发零售业等行业企业申请留抵退税的其他规定，继续按照 2022 年第 14 号公告等有关规定执行。

五、本公告第一条和第二条自 2022 年 7 月 1 日起执行；第三条自公告发布之日起执行。

各级财政和税务部门要坚决贯彻党中央、国务院决策部署，按照 2022 年第 14 号公告、《财政部 税务总局关于进一步加快增值税期末留抵退税政策实施进度的公告》（财政部 税务总局公告 2022 年第 17 号）、《财政部 税务总局关于进一步持续加快增值税期末留抵退税政策实施进度的公告》（财政部 税务总局公告 2022 年第 19 号）和本公告有关要求，在纳税人自愿申请的基础上，狠抓落实，持续加快留抵退税进度。同时，严密防范退税风险，严厉打击骗税行为。

特此公告。

财政部 税务总局

2022 年 6 月 7 日

# 三、财政金融支持政策文件

# 文化和旅游部 国家开发银行关于进一步加大开发性金融支持文化产业和旅游产业高质量发展的意见

文旅产业发〔2021〕38号

各省、自治区、直辖市文化和旅游厅（局），新疆生产建设兵团文化体育广电和旅游局，国家开发银行各分行：

为推动文化、旅游与金融合作不断深化，持续拓宽合作领域、提升合作层次，进一步完善文化产业和旅游产业投融资体系，更好发挥开发性金融优势，加大开发性金融对文化产业和旅游产业高质量发展的支持力度，推进社会主义文化强国建设，提出以下意见。

## 一、总体要求

以习近平新时代中国特色社会主义思想为指导，全面贯彻党的十九大和十九届二中、三中、四中、五中全会精神，深入落实党中央、国务院关于统筹推进常态化疫情防控和经济社会发展各项决策部署，做好"六稳"工作，落实"六保"任务，紧扣高质量发展要求和社会主义文化强国建设目标，充分发挥文化和旅游行政部门政策协调优势，更好发挥国家开发银行作为服务国家战略的中长期融资银行"融资融智"优势和引领带动作用，加大开发性金融对文化产业和旅游产业的支持力度，推动文化产业和旅游产业高质量发展。

二、主要任务

（一）支持重点重大项目建设。文化和旅游部、国家开发银行会同相关部委、金融机构，进一步加大对文化产业和旅游产业领域重点重大项目的金融支持力度，双方共同建立项目全流程、全周期管理服务机制，促进项目落地实施。落实京津冀协同发展、长江经济带发展、粤港澳大湾区建设、长三角一体化发展、黄河流域生态保护和高质量发展等重大国家战略，落实"十四五"规划各项部署，强化相关文化和旅游项目的投融资保障，做好投融资辅导、支持和评估工作。加大对长城、大运河、长征、黄河等国家文化公园范围内文化产业和旅游产业项目的推介、服务、融资支持。依托常态化、品牌化、精准化的投融资促进活动，引导社会资本和金融资本参与项目建设。

（二）支持试点示范工作推进。支持国家文化和旅游消费示范城市、试点城市文化和旅游消费场所及设施建设。支持国家文化产业和旅游产业融合发展示范区、国家级夜间文化和旅游消费集聚区建设。做好全国研学旅行示范基地、国家全域旅游示范区、国家 A 级旅游景区、国家级旅游度假区、国家级旅游休闲城市和街区、全国红色旅游经典景区、历史文化名城名镇名村、全国乡村旅游重点村镇等融资支持。支持国家级文化产业示范园区、国家文化产业示范基地规范发展，推进设立文化产业园区投资基金，持续拓宽融资渠道。

（三）支持产业创新发展。顺应产业数字化、数字产业化发展趋势，落实文化产业数字化战略，积极运用开发性金融支持数字文化产业发展，支持 5G、大数据、云计算、人工智能等新技术的应用，扶持一批文化、旅游与科技融合发展示范类项目和新型文化企业，引导创作生产优质、多样的数字文化产品，提高质量效益和核心竞争力。支持金融机构开发适应数字文化产业特点的融资新产品。

（四）支持各类市场主体发展壮大。推动服务于中小微文化和旅游企业的特色金融产品、服务创新，依托国家文化与金融合作示范区推动合作模式和机制创新。鼓励国家开发银行分支机构与各地文化和旅游金融服务中心、商业性金融机构等合作创新金融产品，做好中小微文化和旅游企业的投融资服务。用好纾困复产系列政策，建立各级重点纾困帮扶的文化和旅游企业"白名单"，通过各类开发性金融工具加大支持帮扶力度，充分发挥国家开发银行及分支机构作为开发性金融机构的特点和优势，加强对各类市场主体应对疫情、纾困解难的金融支持力度，推动文化产业和旅游产业恢复重振。

（五）支持产业国际合作。加大对"一带一路"文化产业和旅游产业国际合作重点项目的开发性金融支持，共同支持中外文化和旅游企业在产品开发、技术研发和传播渠道建设方面持续深入合作。支持优秀文化和旅游企业"走出去"，通过境外投资并购、联合经营、设立分支机构等方式不断开拓海外市场。加强与国家对外文化贸易基地合作，为文化和旅游企业拓展国际业务提供投融资指导和咨询服务。

三、政策措施

（一）做好融资规划。发挥政府部门的组织协调优势和开发性金融"融资融智"服务优势，突出规划的统筹谋划和路径引导作用，开展"十四五"规划合作，根据产业发展和项目开发建设需要，选择文化和旅游重点区域、领域和客户开展融资规划编制，加强银政合作，做好投融资主体建设、项目策划、投融资模式研究、投融资方案设计、风险防控等工作。

（二）做好资金支持。各级文化和旅游行政部门在符合相关要求的前提下，统筹各类财政资金和政府投资工具，采取贷款贴息、融资担保、风险补偿等方式，优化产业投融资环境。国家开发银行在符合国家政策法规、信贷政策并遵循市场化运作的前提下，按照"保本微利"的原则，对文化和旅游项目提供长周期、低成本的资金支持。对部行双方认可的重大项目"一事一议"，给予差别化信贷条件。结合推进城市更新、老旧小区改造、乡村振兴、区域协调发展等，加强统筹谋划，支持文化产业和旅游产业项目。

（三）提供综合性金融服务。积极发挥开发性金融中长期融资优势和"投资、贷款、债券、租赁、证券"协同支持作用，为文化和旅游项目提供直接投资、证券发行承销、融资租赁等多元化金融服务，采取"统筹项目、统筹还款来源、统筹信用结构"等市场化创新方式，以及规范采用政府和社会资本合作模式，拓宽项目融资渠道，推动项目落地实施。支持文化和旅游类政府融资平台市场化转型。在风险可控、商业可持续前提下，开展文化和旅游项目相关特许经营权、收费权和应收账款质押等担保类贷款业务。做好文化和旅游类地方政府专项债券配套金融服务工作。

四、组织保障

（一）深化部行合作。文化和旅游部与国家开发银行进一步深化部行合作，建立工作会商制度，发挥各自优势，按照"项目化、清单化、责任化"的要求积极开展合作。双方共同组织开展联合调研、业务培训、项目推进、经验交流等活动，加强人才交流，共同培养高质量产业人才。

（二）建立协调机制。各级文化和旅游行政部门、国家开发银行各级机构要建立工作协调机制，加强沟通、密切合作，共享政策与项目信息，及时解决项目融资、建设中存在的问题和困难。各省级文化和旅游行政部门定期梳理符合要求的企业、园区、项目清单，积极向国家开发银行各分行推介，为国家开发银行有关金融服务产品落地、重大项目开展等提供便利和支持。

（三）开展落实评估。文化和旅游部立足政策协调、公共服务、宏观指导等，会同国家开发银行对落实情况和执行效果等进行评估。国家开发银行立足开发性金融机构优势，根据文化和旅游部的意见建议，依据市场化原则统筹推进相关重大项目的融资安排和金融服务产品，跟进落实执行情况。

（四）做好信息报送。各级文化和旅游行政部门、国家开发银行各级机构要密切配合，加强对相关项目的持续跟踪和监督管理，按照真实、客观、全面、准确的原则，组织做好信息报送和重点项目调度工作。原则上每季度第一个月 15 日前，各省级文化和旅游行政部门与国家开发银行当地分行完成对上一季度相关业务开展情况的梳理，汇总信息后分别报送文化和旅游部产业发展司、国家开发银行行业三部。

文化和旅游部 国家开发银行

2021 年 4 月 15 日

# 文化和旅游部 中国人民银行 中国银行保险监督管理委员会关于抓好金融政策落实进一步支持演出企业和旅行社等市场主体纾困发展的通知

文旅产业发〔2021〕41号

各省、自治区、直辖市文化和旅游厅（局），新疆生产建设兵团文化体育广电和旅游局，各计划单列市文化和旅游局，中国人民银行各分行、营业管理部、各省会（首府）城市中心支行、副省级城市中心支行，各银保监局，各相关金融单位：

为纾解演出企业、旅行社等文化和旅游领域市场主体面临的阶段性困难，推动行业复苏与高质量发展，文化和旅游部、中国人民银行、中国银行保险监督管理委员会现就金融支持演出企业（主要包括文艺表演团体、演出场所经营单位、演出经纪机构等）、旅行社两类市场主体（以下简称"两类主体"）纾困发展工作有关事项通知如下：

一、继续推动小微企业金融服务"增量扩面、提质降本"。鼓励金融机构落实好《关于进一步强化中小微企业金融服务的指导意见》（银发〔2020〕120号）、《关于进一步延长两项直达货币政策工具实施期限有关事项的通知》（银发〔2021〕82号）等文件要求，继续运用再贷款、再贴现、普惠小微企业贷款延期还本付息和信用贷款支持政策等，加强对两类主体中符合条件的小微企业的支持力度。对符合续贷条件的两类主体，鼓励金融机构在市场化、法治化原则下按正常续贷业务办理，不得盲目惜贷、抽贷、断贷、压贷。鼓励各地建立应急周转资金池，对短期内资金周转困难的文化和旅游企业还贷、续贷提供过桥资金。支持金融机构根据自身风险管控能力，对两类主体中的小微企业适当提高不良贷款容忍度；对确系受疫情影响严重导致的贷款损失，鼓励金融机构按照有关核销政策，适当简化内部认定手续，加大自主核销力度。

二、畅通银企信息渠道，引导合理增加两类主体信用贷款。各级文化和旅游行政部门要加强对两类主体经营情况和融资需求的摸排，做好政银企对接，引导企业主动向银行提供经营管理、资产负债、财务收支、税费缴纳等关键信息，减少银企信息不对称。人民银行分支机构、银保监局要积极引导金融机构做好银企信息对接工作，鼓励金融机构根据两类主体特点和资产特性，采取大数据、区块链等科技手段，创新授信调查方式，引导扩大对两类主体的信用贷款支持，推广随借随还贷款。

三、建立健全文化和旅游企业融资配套服务长效机制。适度拓展文化和旅游相关产业发展基金的运用范围，探索为两类主体提供融资增信、风险分担、贴息奖补、应急周转等融资配套服务。加大政府性融资担保、再担保机构对文化和旅游市场主体的融资增信力度。鼓励金融机构与各地融资担保机构加强合作，建立健全常态化金融机制，支持面临短期经营困难但发展前景良好的文化和旅游市场主体纾困发展。

四、支持各地文化金融服务中心发挥积极作用。鼓励有条件的地区设立文化和旅游企业纾困基金。鼓励银行业金融机构依托现有的首贷续贷服务中心，集中受理中小微文化和旅游企业的首贷、续贷申请。支持各地有序探索优化首贷续贷服务中心模式，帮助银行业金融机构挖掘识别有效融资需求，提高首贷、续贷业务量。

五、鼓励保险机构实施惠企举措。鼓励保险机构根据旅行社实际经营情况，优化承保理赔服务流程，简化理赔手续，提高理赔效率，强化保险保障能力。

六、丰富文化和旅游保险产品供给。合理创新旅游服务质量保证金交纳方式，鼓励开发旅游服务质量保证金履约保证保险产品，旅行社可持保单向银行申请旅游服务质量保证金担保。在有条件的地区开展保险替代现金或银行保函交纳旅游服务质量保证金试点工作，减轻旅行社现金流压力。鼓励推广演艺活动取消险、旅行取消险等保险产品。

七、各地要提高政治站位，深化思想认识，结合党史学习教育将支持两类主体纾困发展作为"我为群众办实事"的具体举措，明确目标、强化措施，抓好各项工作落实。积极争取各级财政专项资金、政府性融资担保基金支持，吸引社会资本投入，鼓励开发性、政策性和商业性金融机构加大对文化和旅游领域的信贷投放力度。

八、各级文化和旅游行政部门、人民银行分支机构、银保监局要建立工作协调机制，加强沟通、密切合作，联合开展政策宣传普及工作，确保政策传导至符合条件的市场主体，做到应知尽知、应享尽享。要充分发挥政府部门组织协调优势，加强政银合作，摸排核查辖内有融资需求的企业，形成企业融资需求清单，为金融机构支持企业纾困发展提供便利。对吸纳就业多但经营和稳岗压力大的两类主体，在摸排核查基础上，做好"点对点"服务。

九、各地要及时跟进研判政策实施效果，及时总结交流经验做法，及时报告新动向、新问题，及时反映有关情况建议，共同做好金融支持两类主体纾困发展工作，持续推动文化和旅游行业复苏和高质量发展。

特此通知。

文化和旅游部 中国人民银行
中国银行保险监督管理委员会
2021 年 4 月 30 日

# 中国人民银行 文化和旅游部关于金融支持文化和旅游行业恢复发展的通知

银发〔2022〕165号

为深入贯彻党中央、国务院关于统筹推进新冠肺炎疫情防控和经济社会发展的决策部署，认真落实《国务院关于印发扎实稳住经济一揽子政策措施的通知》（国发〔2022〕12号）的要求，发挥金融管理部门、文化和旅游行政部门、金融机构各方合力，促进文化和旅游行业恢复发展，现将有关事项通知如下：

一、工作目标

深刻认识疫情对文化和旅游行业的影响，结合文化和旅游行业特点，切实改善对文化和旅游行业的金融服务，稳定从业人员队伍，促进文化和旅游行业尽快恢复发展，发挥文化和旅游行业在加快构建新发展格局、推动高质量发展中的重要作用，满足人民群众对美好生活的需要。

二、工作措施

（一）继续加大对文化和旅游行业的金融支持力度。发挥货币政策工具的总量和结构双重功能，保持流动性合理充裕，发挥贷款市场报价利率改革效能和指导作用，推动文化和旅游企业综合融资成本稳中有降。运用再贷款、再贴现、普惠小微贷款支持工具等货币政策工具，引导银行业金融机构改善和加强对文化和旅游企业的信贷服务。

（二）为受疫情影响较大的文化和旅游企业提供差异化的金融服务。各级文化和旅游行政部门要发挥行业主管部门的优势，制定受疫情影响暂遇困难企业名单。各地文化和旅游金融服务中心要积极发挥作用，主动了解并收集文化和旅游企业的融资需求信息，为落实各项金融支持政策提供保障服务，鼓励有条件的文化和旅游金融服务中心发起成立行业纾困基金。

人民银行及其分支机构会同各级文化和旅游行政部门，根据当地实际组织银行业金融机构了解文化和旅游企业融资需求，与名单中的企业通过线上或线下方式进行对接。银行业金融机构要结合自身功能定位，按照市场化原则，通过新发放贷款、展期或续贷等方式，积极支持文化和旅游企业抵御疫情影响，不得盲目限贷、抽贷、断贷。

（三）完善对文化和旅游企业的信贷供给体系。银行业金融机构要结合自身业务及文化和旅游行业特点，优化对文化和旅游企业授信管理、内部评级、贷款审批、贷后服务及风险管理等信贷管理体系，提高对文化和旅游企业的信贷服务效率。针对文化和旅游企业生产经营特点，创新信贷产品，开展文化产品、景区收益权等抵质押融资，丰富文化和旅游企业信贷融资工具。推广主动授信、随借随还贷款模式。发挥文化金融专营机构、特色支行在改善和加强对文化和旅游企业信贷服务中的积极作用。

（四）进一步拓宽文化和旅游企业的融资渠道。中国银行间市场交易商协会、银行间市场清算所股份有限公司等要利用好已建立的"绿色通道"，简化业务流程，适度放宽信息披露制式要求，加大对符合条件的文化和旅游企业的支持力度。鼓励各地因地制宜，探索建立适合本地文化和旅游企业的资产评估体系，鼓励文化和旅游各子行业探索建立本行业文化和旅游产品的价值评估体系，以利于进一步拓宽文化和旅游企业的融资渠道。支持各地根据当地文化和旅游企业特点、资产特性等盘活企业资产，增强企业自身的"造血功能"，金融机构要做好相应金融服务工作。

（五）着力降低文化和旅游企业的融资成本。银行业金融机构要利用好再贷款、再贴现等相关政策，完善对文化和旅游企业金融服务的定价、风险转移及分担等机制，强化科技赋能，进一步提高对文化和旅游企业的金融服务效率。鼓励各级文化和旅游行政部门依托现有资金渠道，加大对受疫情影响的文化和旅游企业的贴息支持力度。发挥政府性融资担保体系在降低文化和旅游企业融资成本中的作用。

（六）改善对文化和旅游行业从业人员的就业和征信服务。鼓励各级文化和旅游行政部门采取多种措施稳定从业人员队伍。鼓励银行业金融机构依据各级文化和旅游行政部门提供的文化和旅游行业从业人员相关信息，根据贷款人申请，灵活采取合理延后还款时间、延长贷款期限、延期还本等方式调整还款计划，并依据调整后的还款安排报送信用记录。

三、工作安排

人民银行及其分支机构、中国银行间市场交易商协会、银行间市场清算所股份有限公司、各级文化和旅游行政部门要进一步提高责任感和紧迫感，加强沟通合作，创新工作方式，多措并举促进文化和旅游行业恢复发展，适时总结典型经验及案例并进行推广。银行业金融机构要结合自身实际，创新金融服务方式，切实做好对文化和旅游企业的金融服务工作。

请人民银行分支机构会同当地文化和旅游行政部门将本通知告知辖区内相关机构。

中国人民银行 文化和旅游部

2022 年 7 月 21 日

# 关于推广疫情防控保险 助力做好保市场主体保就业保民生工作的通知

发改办财金〔2022〕598 号

各省、自治区、直辖市及计划单列市，新疆生产建设兵团发展改革委、财政厅（局）、银保监局：

为深入贯彻落实党中央、国务院决策部署，高效统筹疫情防控和经济社会发展，现结合部分地区工作经验，将推广疫情防控保险，助力做好保市场主体保就业保民生有关工作通知如下：

一、疫情防控保险是对突发公共卫生事件造成财产和健康损失开展的风险保障，是以市场化方式分担疫情防控成本的重要创新。要充分认识疫情防控保险对于保居民就业保市场主体的"精准滴灌"作用，充分发挥保险的资金杠杆和风险分散功能，通过市场化保险方式为各类市场主体和个人应对疫情影响提供保险保障，稳定预期、增强信心。

二、加快研究制定疫情防控保险工作方案，细化部门责任分工，深化政保合作，有条件的地方可以对疫情防控保险给予政策支持，鼓励保险公司优先支持物流、餐饮、零售、文旅等特困行业企业投保。

三、指导推动保险公司依法依规开展疫情防控保险业务，鼓励开发完善复工复产综合保险方案和健康保险、货物损失险等疫情防控保险产品，合理设定保险责任，加大宣传力度，精准推送保险产品信息。支持引导保险机构共同参与，探索建立疫情防控保险共保体，增强承保能力，有效分担风险。鼓励通过各行业协会商会等根据实际需要组织辖区内企业投保，提升风险保障精准度和保险业务覆盖面。加大行业监管力度，规范销售及宣传行为，根据合同条款及时足额理赔，切实保障投保人合法权益。

四、鼓励引导保险公司结合投保对象所在行业特点和企业需要，针对性提供风险预防建议，协助企业开展风险隐患排查工作，压实行业和企业疫情风险防控责任。

五、持续跟进疫情防控保险推广工作情况，协调解决遇到的困难和问题，及时总结工作经验和做法，将疫情防控保险工作典型案例反馈国家发展改革委财金司、财政部金融司、银保监会财险部。

国家发展改革委办公厅

财政部办公厅

银保监会办公厅

2022 年 6 月 30 日

# 财政部关于发挥财政政策引导作用
# 支持金融助力市场主体纾困发展的通知

财金〔2022〕60号

各省、自治区、直辖市、计划单列市财政厅（局），新疆生产建设兵团财政局：

为贯彻中央经济工作会议精神，落实《政府工作报告》工作部署，发挥财政政策引导作用，撬动金融资源更好支持市场主体纾困发展，现就有关事项通知如下：

一、发挥政府性融资担保机构增信作用。地方各级政府性融资担保机构对符合条件的交通运输、餐饮、住宿、旅游等行业的中小微企业和个体工商户提供融资担保支持，及时履行代偿义务，推动金融机构尽快放贷，不抽贷、不压贷、不断贷。2022年，将上述符合条件的融资担保业务纳入国家融资担保基金再担保合作范围。有条件的地方要加大对政府性融资担保机构的资本金补充、担保费补贴等支持力度。

二、加大创业担保贷款贴息力度。县级以上地方财政部门要会同有关方面加大创业担保贷款贴息政策宣传和实施力度，重点加大对受疫情影响较大的交通运输、餐饮、住宿、旅游等行业小微企业和个体工商户的支持，助力援企稳岗。有条件的地方要加快推广创业担保贷款线上业务模式，简化业务审批流程，提高贷款便利度。县级以上地方财政部门应按规定及时补充创业担保贷款担保基金，或由政府性融资担保机构为符合条件的创业个人和小微企业提供担保增信，支持创业担保贷款扩面增量。

三、落实中央财政支持普惠金融发展示范区奖补政策。各省级财政部门要认真组织落实《财政部 人民银行 银保监会关于实施中央财政支持普惠金融发展示范区奖补政策的通知》（财金〔2021〕96号），指导示范区所在地财政部门抓紧制定奖补资金分配、使用和管理办法，落实落细示范区建设方案，加强部门协同和政策联动，切实引导普惠金融服务增量、扩面、降本、增效。

四、提高农业保险风险保障水平。相关省级财政部门要会同有关方面严格落实《财政部 农业农村部 银保监会关于扩大三大粮食作物完全成本保险和种植收入保险实施范围的通知》（财金〔2021〕49号）有关要求，精心组织，周密部署，逐月调度，强化预算保障，确保年内实现粮食主产省份产粮大县稻谷、玉米、小麦完全成本保险和种植收入保险全覆盖，稳定种粮农户收益，服务保障主粮安全。广西壮族自治区财政厅要会同有关方面有序开展糖料蔗完全成本保险和种植收入保险工作，进一步完善保险方案，优化赔付机制，加强承保理赔管理，提高农户种蔗积极性。黑龙江省财政厅、内蒙古自治区财政厅要会同有关方面扎实开展大豆完全成本保险和种植收入保险试点工作，结合当地农业保险工作实际尽快确定试点县，指导试点县做好承保机构遴选、保险条款设置、保费补贴审核、绩效评价等工作，助力提升我国大豆油料自给率。

五、推广地方优势特色农产品保险。各省级财政部门要指导县级以上地方财政部门因地制宜、稳步开展地方优势特色农产品保险，结合本地实际和财政承受能力确定品种数量、保险金额、保险费率及保费补贴比例，支持地方优势特色农业产业发展。对符合条件的地方优势特色农产品保险，中央财政根据地方优势特色农产品保险保费规模及综合绩效评价结果给予奖补支持。

六、强化保险、担保、信贷政策协同。各省级财政部门要积极与中国农业再保险股份有限公司、国家融资担保基金有限责任公司、相关商业银行对接"财金－聚农贷"业务。对于业务开展成效较好的省（区、市，含兵团），中央财政在农业保险保费补贴综合绩效评价和中央财政支持普惠金融发展示范区绩效考核中给予适当加分。

财政部

2022年5月16日

# 关于进一步加大政府采购支持中小企业力度的通知

财库〔2022〕19号

各中央预算单位，各省、自治区、直辖市、计划单列市财政厅（局），新疆生产建设兵团财政局：

为贯彻落实《国务院关于印发扎实稳住经济一揽子政策措施的通知》（国发〔2022〕12号）有关要求，做好财政政策支持中小企业纾困解难工作，助力经济平稳健康发展，现就加大政府采购支持中小企业力度有关事项通知如下：

一、严格落实支持中小企业政府采购政策。各地区、各部门要按照国务院的统一部署，认真落实《政府采购促进中小企业发展管理办法》（财库〔2020〕46号）的规定，规范资格条件设置，降低中小企业参与门槛，灵活采取项目整体预留、合理预留采购包、要求大企业与中小企业组成联合体、要求大企业向中小企业分包等形式，确保中小企业合同份额。要通过提高预付款比例、引入信用担保、支持中小企业开展合同融资、免费提供电子采购文件等方式，为中小企业参与采购活动提供便利。要严格按规定及时支付采购资金，不得收取没有法律法规依据的保证金，有效减轻中小企业资金压力。

二、调整对小微企业的价格评审优惠幅度。货物服务采购项目给予小微企业的价格扣除优惠，由财库〔2020〕46号文件规定的6%—10%提高至10%—20%。大中型企业与小微企业组成联合体或者大中型企业向小微企业分包的，评审优惠幅度由2%—3%提高至4%—6%。政府采购工程的价格评审优惠按照财库〔2020〕46号文件的规定执行。自本通知执行之日起发布采购公告或者发出采购邀请的货物服务采购项目，按照本通知规定的评审优惠幅度执行。

三、提高政府采购工程面向中小企业预留份额。400万元以下的工程采购项目适宜由中小企业提供的，采购人应当专门面向中小企业采购。超过400万元的工程采购项目中适宜由中小企业提供的，在坚持公开公正、公平竞争原则和统一质量标准的前提下，2022 年下半年面向中小企业的预留份额由 30% 以上阶段性提高至 40% 以上。发展改革委会同相关工程招投标行政监督部门完善工程招投标领域落实政府采购支持中小企业政策相关措施。省级财政部门要积极协调发展改革、工业和信息化、住房和城乡建设、交通、水利、商务、铁路、民航等部门调整完善工程招投标领域有关标准文本、评标制度等规定和做法，并于 2022 年 6 月 30 日前将落实情况汇总报财政部。

四、认真做好组织实施。各地区、各部门应当加强组织领导，明确工作责任，细化执行要求，强化监督检查，确保国务院部署落实到位，对通知执行中出现的问题要及时向财政部报告。

本通知自 2022 年 7 月 1 日起执行。

财政部

2022 年 5 月 30 日

# 中国人民银行 国家外汇管理局关于做好疫情防控和经济社会发展金融服务的通知

银发〔2022〕92号

新冠肺炎疫情发生之初，按照党中央、国务院决策部署，人民银行会同相关部门及时出台了《关于进一步强化金融支持防控新型冠状病毒感染肺炎疫情的通知》（银发〔2020〕29号文），提出货币信贷、金融服务等30项措施，为疫情防控和实体经济恢复发展提供了有力支持。当前，受疫情和国内外因素叠加影响，我国经济发展面临的需求收缩、供给冲击、预期转弱三重压力加大。为进一步做好金融支持疫情防控和经济社会发展工作，现将有关事宜通知如下：

一、发挥货币政策总量和结构双重功能，加大对受疫情影响行业、企业、人群等金融支持

（一）保持流动性合理充裕。通过公开市场操作、常备借贷便利、再贷款、再贴现等多种货币政策工具，提供充足流动性，引导金融机构扩大贷款投放，增强信贷总量增长的稳定性。充分发挥贷款市场报价利率改革效能，促进企业综合融资成本稳中有降，推动金融机构向实体经济合理让利。人民银行分支机构对受到疫情实质影响的金融机构，可根据实际情况适当提高存款准备金考核的容忍度。

（二）为受疫情影响较大的行业提供差异化的金融服务。用好支农支小再贷款、再贴现政策，适时增加支农支小再贷款额度，引导地方法人金融机构加大对受疫情影响较大的住宿餐饮、批发零售、文化旅游等接触型服务业及其他有前景但受疫情影响暂遇困难行业的支持力度。

加强与商务、文化旅游、交通运输等行业主管部门的信息共享，组织开展多种形式的政银企对接活动，帮助银行提升客户获取、风险评价和管控能力，针对企业特点

开发动产抵质押和信用贷款产品。

（三）加大对小微企业等受困市场主体的金融支持力度。发挥好普惠小微贷款支持工具作用，2022 年 1 月 1 日至 2023 年 6 月末，按照地方法人金融机构普惠小微贷款余额增量的 1% 提供激励资金，鼓励金融机构稳定普惠小微贷款存量，扩大增量。将普惠小微企业信用贷款支持计划并入支农支小再贷款管理，自 2022 年起，原用于支持普惠小微信用贷款的 4000 亿元再贷款额度继续滚动使用，必要时可再进一步增加，引导金融机构提升信用贷款和首贷户比重。

金融机构要推广主动授信、随借随还贷款模式，更好满足小微企业用款需求。要细化实化内部资金转移定价、不良容忍度、尽职免责、绩效考核等要求，优化信贷资源配置，强化金融科技赋能，加快提升小微企业金融服务能力。要按市场化原则，通过提供中长期贷款、降低利率、展期或续贷支持等方式，积极支持受困企业抵御疫情影响，不得盲目限贷、抽贷、断贷。要积极主动对接征信平台有关的金融、政务、公用事业、商务等不同领域的涉企信用信息，缓解银企信息不对称，提高融资效率。

（四）提高对重点地区和受困人群的金融服务质效。金融机构要通过调整区域融资政策、内部资金转移定价、实施差异化的绩效考核办法等措施，提升受疫情影响严重地区的金融供给水平。

对因感染新冠肺炎住院治疗或隔离人员、疫情防控需要隔离观察人员以及受疫情影响暂时失去收入来源的人群，金融机构要及时优化信贷政策，区分还款能力和还款意愿，区分受疫情影响的短期还款能力和中长期还款能力，对其存续个人住房等贷款，灵活采取合理延后还款时间、延长贷款期限、延迟还本等方式调整还款计划予以支持。对出租车司机、网店店主、货车司机等灵活就业主体，金融机构可比照个体工商户和小微企业主，加大对其经营性贷款支持力度。

（五）提供便捷金融市场服务。金融市场基础设施要进一步优化发行、交易、清算、结算等服务，提供多种服务渠道，调整部分业务开展方式，强化服务保障。中国银行间市场交易商协会、银行间市场清算所股份有限公司等要利用前期已建立的"绿色通道"，对受疫情影响较大的发债企业，简化业务流程，适度放宽信息披露制式要求，加大支持力度。

（六）保障基础金融服务畅通。加强现金管理，确保现金供应和现金安全卫生。确保支付清算通畅运行，按需放开小额支付系统业务限额，延长大额支付系统、中央银行会计核算数据集中系统运行时间，加大电子支付服务保障力度。

金融机构在必要时要采取就近网点办公、召开视频会议等方式，为企业办理审批放款等业务。要切实保障公众征信相关权益，继续落实好受疫情影响相关逾期贷款可以不作逾期记录报送的有关规定。畅通金融消费者线上咨询、投诉处理通道。

要建立财政—税务—国库—银行协同工作机制，确保资金汇划渠道畅通，保障疫情防控资金及时拨付到位。各级国库要落实好助企纾困的增值税留抵退税政策。畅通退税资金拨付、退付通道，有效保障退税资金及时、准确、安全直达市场主体，促进市场主体尽早享受到政策红利。

**二、发挥金融畅通国民经济循环作用，抓好金融支持实体经济政策落地**

（七）全力做好粮食安全和重要农产品产销的金融保障。用好支农再贷款、再贴现工具，适时增加再贷款额度，引导地方法人金融机构加大对涉农主体的支持力度。围绕春耕备耕、粮食流通收储加工等全产业链，制定差异化信贷支持措施。发挥政策性银行作用，及时保障中央储备粮信贷资金供给。鼓励金融机构参与粮食市场化收购，主动对接收购加工金融需求。金融机构要加大对大豆、油料等重要农产品生产、购销、加工等环节信贷投放力度，加强对种源等农业关键核心技术攻关金融保障。

（八）做好煤炭等能源供应的金融服务。优化支持煤炭清洁高效利用专项再贷款，合理满足煤炭安全生产建设、发电企业购买煤炭、煤炭储备等领域需求，保障电力煤炭等能源稳定供应。抓实碳减排支持工具落地，加大对大型风电光伏基地及周边煤电改造升级的支持力度，在确保能源供应安全的同时，支持经济向绿色低碳转型。

（九）加大对物流航运循环畅通的金融支持力度。金融机构要主动跟进和有效满足运输企业融资需求。对承担疫情防控和应急运输任务较重的运输物流企业开辟"绿色通道"，优化信贷审批流程，提供灵活便捷金融服务。对于因疫情影响偿还贷款暂时困难的运输物流企业和货车司机，支持金融机构科学合理给予贷款展期和续贷安排。要用好用足民航应急贷款等工具，多措并举加大对航空公司和机场的信贷支持力度。

（十）强化产业链供应链核心企业金融支持。设立科技创新再贷款，对符合条件的科技创新贷款提供再贷款支持，引导金融机构加大对企业科技开发和技术改造的支持力度。建立信贷、债券融资对接机制，引导金融机构快速响应产业链核心及配套企业融资需求。规范发展供应链金融业务，发挥供应链票据等金融工具和应收账款融资服务平台作用，支持供应链企业融资。

（十一）加大对有效投资等金融支持力度。开发性、政策性银行要结合自身业务范围，加大对重点投资项目的资金支持力度。金融机构要主动对接重大项目，加大对水利、交通、管网、市政基础设施等领域惠民生、补短板项目和第五代移动通信（5G）、工业互联网、数据中心等新型基础设施建设的支持，推动新开工项目尽快开工，实现实物工作量。要合理购买地方政府债券，支持地方政府适度超前开展基础设施投资。要在风险可控、依法合规的前提下，按市场化原则保障融资平台公司合理融资需求，不得盲目抽贷、压贷或停贷，保障在建项目顺利实施。做好民间投资、政府和社会资本合作的金融支持工作。金融机构对信贷增长缓慢的省（区）新增贷款占比要稳中有升。

（十二）积极支持民营企业健康发展。坚持"两个毫不动摇"，对国有经济和民营经济在贷款、债券融资政策等金融政策上一视同仁。鼓励金融机构与民营企业构建中长期合作关系，制定民营企业年度服务目标，充分满足民营经济合理金融需求，进一步提高新发放企业贷款中民营企业贷款占比。

发挥国家融资担保基金引领作用，鼓励有条件的地方设立民营企业贷款风险补偿专项资金或信用保证基金，重点为首贷、转贷、续贷等提供增信服务。完善民营企业债券融资支持机制，鼓励金融机构加大民营企业债券投资力度。

（十三）完善住房领域金融服务。要坚持"房子是用来住的、不是用来炒的"定位，围绕"稳地价、稳房价、稳预期"目标，因城施策实施好差别化住房信贷政策，合理确定辖区内商业性个人住房贷款的最低首付款比例、最低贷款利率要求，更好满足购房者合理住房需求，促进当地房地产市场平稳健康发展。

金融机构要区分项目风险与企业集团风险，加大对优质项目的支持力度，不盲目抽贷、断贷、压贷，不搞"一刀切"，保持房地产开发贷款平稳有序投放。商业银行、金融资产管理公司等要做好重点房地产企业风险处置项目并购金融服务，稳妥有序开展并购贷款业务，加大并购债券融资支持力度，积极提供兼并收购财务顾问服务。

金融机构要在风险可控基础上，适度加大流动性贷款等支持力度，满足建筑企业合理融资需求，不盲目抽贷、断贷、压贷，保持建筑企业融资连续稳定。

（十四）引导平台企业依法合规开展普惠金融业务。在推动平台企业网络金融业务规范健康发展的基础上，发挥平台企业金融服务的积极作用。支持平台企业运用互联网技术，优化场景化线上融资产品，向平台商户和消费者提供非接触式金融服务。鼓励平台企业充分发挥获客、数据、风控和技术优势，加大对"三农"、小微领域的首贷、信用贷支持力度。引导平台企业稳步降低利息和收费水平，为受疫情影响的贷款客户提供延期还本付息服务，最大化惠企利民。督促平台企业规范开展与金融机构业务合作，赋能金融机构加快数字化转型，提升金融服务效率和覆盖面。

（十五）加强对重点消费领域和新市民群体的金融服务。设立普惠养老专项再贷款，对符合条件的普惠养老贷款提供再贷款支持，加大对普惠养老机构等的金融支持力度。引导金融机构规范发展消费信贷产品和服务，加大对医疗健康、养老托育、文化旅游、新型消费、绿色消费、县域农村消费等领域的支持力度。鼓励金融机构丰富汽车等大宗消费金融产品，满足合理消费资金需求。

金融机构要用好创业担保贷款政策，围绕新市民创业形态、收入特点、资金需求，丰富信贷产品供给，降低新市民融资成本，激发新市民创业就业活力。积极创新针对新市民消费、职业技能培训、子女教育、健康保险、养老保障、住房等领域的金融产品和服务，提升基础金融服务的均等性和便利性。

**三、优化外汇和跨境人民币业务办理，促进外贸出口平稳发展**

（十六）提升贸易便利化水平。将优质企业贸易外汇收支便利化政策推广至全国，稳步开展更高水平贸易投资人民币结算便利化试点，鼓励银行将更多优质中小企业纳入便利化政策范畴。进一步拓宽结算渠道，支持符合条件的非银行支付机构和银行凭交易电子信息，为跨境电子商务、外贸综合服务等贸易新业态相关市场主体提供高效、低成本的跨境资金结算服务。

（十七）便利企业开展跨境融资。支持符合条件的高新技术和专精特新中小企业开展外债便利化额度试点。进一步便利企业借用外债，支持非金融企业的多笔外债共用一个外债账户。支持企业以线上方式申请外债登记。试点地区符合条件的非金融企业可按规定直接到银行办理外债等资本项目外汇登记业务。

允许具有贸易出口背景的国内外汇贷款结汇使用，企业原则上应以贸易出口收汇资金偿还。企业因特殊情况无法按期收汇且无外汇资金用于偿还具有贸易出口背景的国内外汇贷款的，贷款银行可按规定为企业办理购汇偿还手续。金融机构要积极创新贸易金融产品，提升贸易融资的服务水平，为企业进出口贸易提供必要的资金支持。

（十八）完善企业汇率风险管理服务。金融机构要及时响应外贸企业等市场主体的汇率避险需求，支持企业扩大人民币跨境结算，优化外汇衍生品业务管理和服务，降低企业避险保值成本。鼓励有条件的地区强化政银企合作，探索完善汇率避险成本分摊机制，扩大政府性融资担保体系为企业提供贸易融资、汇率避险业务的担保，提升企业应对汇率波动能力。中国外汇交易中心免收中小微企业外汇衍生品交易相关的银行间外汇市场交易手续费。

（十九）优化跨境业务办理流程和服务。进一步提升跨境业务数字化水平，银行可通过审核电子单证等在线化、无纸化方式，提供跨境结算服务。银行应提高企业经常项下跨境收付款效率。鼓励银行丰富人民币投融资产品，便利企业在对外经贸活动和国际合作领域中使用人民币。

（二十）加大出口信用保险支持力度。发挥出口信用保险增信保障作用，引导保险机构做好对中小微外贸企业的金融服务，进一步提高保险理赔效率。深化政保银企四方合作，通过跨境金融服务平台"出口信保保单融资"应用场景，提供更丰富的跨境贸易背景信息和更便捷的核验服务，精准服务外贸企业，扩大保单融资规模。

（二十一）提升投资者跨境投融资便利度。推动银行间和交易所债券市场统一准入标准，简化入市流程，完善境外投资者投资境内债券市场资金管理。优化境外机构境内发行债券（熊猫债）资金管理，熊猫债发行主体境内关联企业可按实需原则借用相关熊猫债资金。进一步便利合格境外机构投资者（QFII）、人民币合格境外机构投资者（RQFII）办理境内证券期货投资资金登记业务。

**四、加强党的领导，提升政策长期可持续性和政策宣传落地效果**

（二十二）充分发挥党建引领作用。人民银行、外汇局系统各单位和各金融机构，要提高政治站位，把思想和行动统一到党中央、国务院决策部署上来，坚持人民至上、生命至上，切实将统筹做好疫情防控和经济社会发展工作作为当前重大政治任务，加强组织领导，落实好相关政策，全力以赴做好金融服务。

（二十三）强化金融支持的可持续性。金融机构要坚持市场化、法治化原则，通盘考虑利润、拨备和核销等因素，独立审贷、自主决策、自担风险，持续做好金融支持工作。要防范道德风险，加强对资金流向、风险情况监测，确保企业合规合理使用资金。人民银行、外汇局系统各单位要解决政策落地的痛点难点，主动呼应金融机构和市场主体合理诉求，完善政策落地长效机制。要通过媒体、网络等加大政策宣传力度，确保政策及时惠及市场主体。

中国人民银行 国家外汇管理局

2022 年 4 月 18 日

# 中国人民银行关于推动建立金融服务小微企业敢贷愿贷能贷会贷长效机制的通知

银发〔2022〕117号

中国人民银行上海总部，各分行、营业管理部，各省会（首府）城市中心支行、副省级城市中心支行；国家开发银行，各政策性银行、国有商业银行，中国邮政储蓄银行，各股份制商业银行：

为贯彻落实党中央、国务院决策部署和中央经济工作会议精神，推动建立金融服务小微企业敢贷愿贷能贷会贷长效机制（以下简称长效机制），着力提升金融机构服务小微企业等市场主体的意愿、能力和可持续性，助力稳市场主体、稳就业创业、稳经济增长，现将有关要求通知如下。

**一、坚持问题导向，深刻认识建立长效机制的紧迫性和重要性**

小微企业是发展的生力军、就业的主渠道、创新的重要载体。党中央、国务院高度重视小微企业发展，要求金融系统加大对实体经济特别是小微企业的支持力度，推动普惠小微贷款明显增长、信用贷款和首贷户比重继续提升。近年来，金融系统坚决贯彻落实党中央、国务院决策部署，自觉提高政治站位，服务小微企业取得积极成效，但金融机构内生动力不足、外部激励约束作用发挥不充分，"惧贷""惜贷"问题仍然存在。加强和改进小微企业金融服务，关键要全面提高政治性、人民性，按照市场化、法治化原则，从制约金融机构放贷的因素入手，深化小微企业金融服务供给侧结构性改革，加快建立长效机制，平衡好增加信贷投放、优化信贷结构和防控信贷风险的关系，促进小微企业融资增量、扩面、降价，支持小微企业纾困发展，稳定宏观经济大盘，助力经济高质量发展。

**二、健全容错安排和风险缓释机制，增强敢贷信心**

（一）优化完善尽职免责制度。各金融机构要通过建立正面清单和负面清单、搭建申诉平台、加强公示等，探索简便易行、客观可量化的尽职免责内部认定标准和流程，引导相关岗位人员勤勉尽职，适当提高免责和减责比例。在有效防范道德风险的前提下，对小微企业贷款不良率符合监管规定的分支机构，可免除或减轻相关人员内部考核扣分、行政处分、经济处罚等责任。贷款风险发生后需启动问责程序的，要先启动尽职免责认定程序、开展尽职免责调查与评议并进行责任认定。要通过案例引导、经验交流等方式，推动尽职免责制度落地，营造尽职免责的信贷文化氛围。

（二）加快构建全流程风控管理体系。各金融机构要加强小微企业信贷风险管理和内控机制建设，强化贷前客户准入和信用评价、贷中授信评级和放款支用、贷后现场检查和非现场抽查，提升小微企业贷款风险识别、预警、处置能力。积极打造智能化贷后管理系统，通过大数据分析、多维度监测等手段，及时掌握可疑贷款主体、资金异常流动等企业风险点和信贷资产质量情况，有效识别管控业务风险。人民银行分支机构要督促金融机构加强对小微企业贷款资金用途管理和异常情况的监测，严禁虚构贷款用途套利。

（三）改进小微企业不良贷款处置方式。各金融机构要落实好普惠小微贷款不良容忍度监管要求，对不超出容忍度标准的分支机构，计提效益工资总额时，可不考虑或部分考虑不良贷款造成的利润损失。优先安排小微企业不良贷款核销计划，确保应核尽核。用好批量转让、资产证券化、重组转化等处置手段，提高小微企业不良贷款处置质效。对长账龄不良贷款，争取实现应处置尽处置。人民银行分支机构在各项评估中，可对普惠小微贷款增速、增量进行不良贷款核销还原，鼓励金融机构加快普惠小微不良贷款处置。

（四）积极开展银政保担业务合作。各金融机构要积极与政府性融资担保机构开展"见贷即担""见担即贷"批量担保业务合作，减少重复尽职调查，优化担保流程，提高担保效率。深化"银行＋保险"合作，优化保单质押、贷款保证保险等合作业务流程，助力小微企业融资。人民银行分支机构要会同相关部门推动政府性融资担保机构合理提高担保放大倍数，降低担保费率和反担保要求，扩大对小微企业的覆盖面，降低或取消盈利性考核要求，依法依约及时履行代偿责任，适度提高代偿比例。鼓励有条件的地方设立风险补偿基金，为小微信贷业务提供风险缓释。

### 三、强化正向激励和评估考核，激发愿贷动力

（五）牢固树立服务小微经营理念。各金融机构要切实增强服务小微企业的自觉性，在经营战略、发展目标、机制体制等方面做出专门安排，对照小微企业需求持续改进金融服务，提升金融供给与小微企业需求的适配性。进一步优化信贷结构，逐步转变对地方政府融资平台、国有企业等的传统偏好，扭转"垒大户"倾向，减少超过合理融资需求的多头授信、过度授信，腾挪更多信贷资源支持小微企业发展。

（六）优化提升贷款精细化定价水平。各金融机构要继续完善成本分摊和收益分享机制，加大内部资金转移定价优惠幅度，调整优化经济资本占用计量系数，加大对小微业务的倾斜支持力度。将贷款市场报价利率（LPR）内嵌到内部定价和传导相关环节，统筹考虑小微市场主体资质、经营状况、担保方式、贷款期限等情况，提高精细化定价水平，推动综合融资成本稳中有降。适当下放贷款定价权限，提高分支机构金融服务效率。对受新冠肺炎疫情影响严重行业和地区的小微企业，鼓励阶段性实行更优惠的利率和服务收费，减免罚息，减轻困难企业负担。

（七）改进完善差异化绩效考核机制。各金融机构要进一步强化绩效考核引导，优化评价指标体系，降低或取消对小微业务条线存款、利润、中间业务等考核要求，适当提高信用贷款、首贷户等指标权重。将金融服务小微企业情况与分支机构考核挂钩，作为薪酬激励、评优评先的主要依据。合理增加专项激励工资、营销费用补贴、业务创新奖励等配套供给，鼓励开展小微客户拓展和产品创新。做好考核目标分解落实，确保各项保障激励政策及时兑现，充分调动分支机构和一线从业人员积极性。

（八）加强政策效果评估运用。人民银行分支机构要认真开展小微企业信贷政策导向效果评估，推动金融机构将评估结果纳入对其分支机构的综合绩效考核。加强财政金融政策协同，推动有条件的地方将小微企业金融服务情况与财政奖补等挂钩。继续开展区域融资环境评价，完善评价体系，加强评价结果运用，推动地方融资环境持续优化。

### 四、做好资金保障和渠道建设，夯实能贷基础

（九）发挥好货币政策工具总量和结构双重功能。各金融机构要充分运用降准释放的长期资金、再贷款再贴现等结构性货币政策工具提供的资金，将新增信贷资源优先投向小微企业。人民银行分支机构要运用好普惠小微贷款支持工具，推动金融机构持续增加普惠小微贷款投放，更多发放信用贷款。继续做好延期贷款和普惠小微信用贷款质量监测，密切关注延期贷款到期情况和信贷资产质量变化。

（十）持续增加小微企业信贷供给。各金融机构要围绕普惠小微贷款增速不低于各项贷款平均增速的目标，结合各项贷款投放安排，科学制定年度普惠小微专项信贷计划，鼓励有条件的金融机构单列信用贷、首贷计划，加强监测管理，确保贷款专项专用。全国性银行分解专项信贷计划，要向中西部地区、信贷增长缓慢地区和受疫情影响严重地区和行业倾斜。地方法人银行新增可贷资金要更多用于发放涉农和小微企业贷款，确保涉农和普惠小微贷款持续稳定增长。人民银行分支机构要及时调研了解辖区内金融机构普惠小微专项信贷计划制定和落实情况，并加强督促指导。

（十一）拓宽多元化信贷资金来源渠道。鼓励金融机构在依法合规、风险可控前提下，通过信贷资产证券化等方式，盘活存量信贷资源。通过加大利润留存、适当控制风险资产增速等，增加内生资本补充。继续支持中小银行发行永续债、二级资本债，配合有关部门指导地方政府用好新增专项债额度合理补充中小银行资本，鼓励资质相对较好的银行通过权益市场融资，加大外源资本补充力度。金融债券余额管理试点银行要在年度批复额度内，合理安排小微企业金融债券发行规模，严格规范募集资金使用管理。人民银行分支机构要及时摸排地方法人银行发行小微企业金融债券、资本补充债券需求，做好辅导沟通，提高发行效率。鼓励有条件的地区对地方法人银行发行小微企业金融债券进行奖补。

（十二）增强小微金融专业化服务能力。各金融机构要围绕增加小微企业、个体工商户有效金融供给，结合区域差异化金融需求，继续完善普惠金融专营机制，加强渠道建设，推动线上线下融合发展，探索形成批量化、规模化、标准化、智能化的小微金融服务模式。持续推动普惠金融服务网点建设，有序拓展小微业务营销和贷后管理职能，适当下放授信审批权限。加强跨条线联动，做好小微企业账户、结算、咨询等服务工作，促进多元化融资。

（十三）常态化开展多层次融资对接。人民银行分支机构、各金融机构要加强与行业主管部门合作，通过线下主动走访、线上服务平台推送、行业主管部门推送等，畅通银企对接渠道，提高融资对接效率，降低获客成本。积极与各类产业园区、创业服务中心、企业孵化基地、协会商会等开展业务合作，搭建分主体、分产品的特定对接场景，为不同类型小微企业提供有针对性的金融服务。持续开展小微企业融资跟踪监测，动态优化政策措施，快速、精准响应小微企业融资需求。

**五、推动科技赋能和产品创新，提升会贷水平**

（十四）健全分层分类的小微金融服务体系。开发性银行、政策性银行要加强对转贷款资金的规范管理，确保用于小微企业信贷供给，并围绕核心企业创新供应链金融模式，探索为其上下游小微企业提供直贷业务。全国性银行要发挥"头雁"作用，充分运用网点、人才和科技优势，切实满足小微企业综合金融服务需求，提高融资可得性和便利性。地方法人银行要强化支农支小定位，将增加小微信贷投放与改革化险相结合，充分发挥贴近基层优势，形成特色化产品和服务模式，重点支持县域经济和小微企业发展。

（十五）强化金融科技手段运用。各金融机构要深入实施《金融科技发展规划（2022—2025年）》（银发〔2021〕335号文印发），加大金融科技投入，加强组织人员保障，有序推进数字化转型。充分发挥金融科技创新监管工具作用，合理运用大数据、云计算、人工智能等技术手段，创新风险评估方式，提高贷款审批效率，拓宽小微客户覆盖面。聚焦行业、区域资源搭建数字化获客渠道，拓展小微金融服务生态场景，提升批量获客能力和业务集约运营水平。优化企业网上银行、手机银行、微信小程序等功能及业务流程，为小微企业提供在线测额、快速申贷、线上放款等服务，提升客户融资便利性。科技实力较弱的中小银行可通过与大型银行、科技公司合作等方式提升数字化水平，增强服务小微企业能力。

（十六）加快推进涉企信用信息共享应用。各金融机构要深度挖掘自身金融数据和外部信息数据资源，发挥金融信用信息基础数据库作用，对小微企业进行精准画像。人民银行分支机构要依托地方征信平台建设，按照数据"可用不可见"的原则，在保障原始数据不出域的前提下，进一步推动地方政府部门和公用事业单位涉企信息向金融机构、征信机构等开放共享。指导市场化征信机构运用新技术，完善信用评价模型，创新征信产品和服务，加强征信供给。加快推广应用"长三角征信链""珠三角征信链""京津冀征信链"，推动跨领域、跨地域信用信息互联互通。

（十七）丰富特色化金融产品。各金融机构要针对小微企业生命周期、所属行业、交易场景和融资需求等特点，持续推进信贷产品创新，合理设置贷款期限，优化贷款流程，继续推广主动授信、随借随还贷款模式，满足小微企业灵活用款需求。运用续贷、年审制等方式，丰富中长期贷款产品供给。依托核心企业，优化对产业链上下游小微企业的融资、结算等金融服务，积极开展应收账款、预付款、存货、仓单等权利和动产质押融资业务。发挥动产融资统一登记公示系统、供应链票据平台、中征应收账款融资服务平台作用，拓宽抵质押物范围，便利小微企业融资。

（十八）加大对重点领域和困难行业的金融支持力度。各金融机构要持续增加对科技创新、绿色发展、制造业等领域小微企业的信贷投放，支持培育更多"专精特新"企业。深入研究个体工商户经营特点和融资需求，加大创业担保贷款、信用贷款投放力度，为个体工商户发展提供更多金融服务。鼓励为符合授信条件但未办理登记注册的个体经营者提供融资支持，激发创业动能。按照市场化、法治化原则，提高对新市民在创业、就业、教育等领域的金融服务质效。人民银行分支机构、各金融机构要做好疫情防控下的金融服务和困难行业支持工作，加强与商务、文旅、交通等行业主管部门的沟通协作，发挥普惠性支持措施和针对性支持措施合力，帮助企业纾困，避免出现行业性限贷、抽贷、断贷。

**六、加强组织实施，推动长效机制建设取得实效**

（十九）加强政策宣传解读。人民银行分支机构、各金融机构要积极开展政策宣传解读，丰富宣传形式、提高宣传频率、扩大宣传范围。通过电视、广播、报纸、网络等多种媒体，金融机构营业网点以及线上线下融资服务平台等，主动将金融支持政策、金融产品和服务推送至小微企业等市场主体。充分利用人民银行官方网站、官方微博、微信公众号、新闻发布会等渠道，开展经验交流，宣传典型事例，营造良好舆论氛围。

（二十）强化工作落实。人民银行分支机构要明确分管负责同志、责任部门和责任人，一级抓一级，层层抓落实。要切实发挥牵头作用，加强与发展改革、工业和信息化、财税、交通、商务、文旅、市场监管、银保监等部门协调联动，强化对辖区内金融机构长效机制建设情况的监测督导。各金融机构要履行好主体责任，抓紧制定具体实施细则，认真梳理总结长效机制建设情况、遇到的困难和典型经验，打通长效机制落实落地的"最后一公里"。全国性银行于2022年6月底前将实施细则、牵头部门及其负责人、联系人、联系方式报送人民银行。

中国人民银行

2022 年 5 月 19 日

# 中国银保监会办公厅关于进一步做好受疫情影响困难行业企业等金融服务的通知

银保监办发〔2022〕64号

各银保监局，各省（自治区、直辖市、计划单列市）、新疆生产建设兵团地方金融监督管理局，各政策性银行、大型银行、股份制银行，各保险集团（控股）公司、保险公司，银行业协会、保险业协会：

为深入贯彻党中央、国务院决策部署，按照疫情要防住、经济要稳住、发展要安全的要求，进一步加强对受新冠肺炎疫情影响严重行业企业等的金融支持，确保有关金融纾困政策落地，现将有关要求及实施细则通知如下：

一、切实增强大局意识

（一）各级监管部门、银行保险机构和相关行业协会要坚持金融服务的普惠性、人民性，切实增强社会责任感，全力做好统筹疫情防控和经济社会发展工作，处理好服务实体经济与防控金融风险的关系，持续优化改进金融服务，助力夯实经济稳定运行、质量提升的基础。

（二）银行保险机构要聚焦因疫情暂时遇困行业企业（含个体工商户，下同）等金融服务中的痛点堵点难点，采取针对性的有效纾困措施，支持暂时遇困行业企业渡过难关、恢复发展，不断提升金融服务实体经济质效。

二、加大信贷支持力度

（三）推动信贷余额稳步增长。银行机构要及时满足因疫情暂时遇困行业企业的合理、有效信贷需求，努力实现住宿、餐饮、零售、文化、旅游、交通运输等受疫情影响严重行业信贷余额持续稳步增长。

（四）实施专门资源倾斜。银行机构要充分评估疫情影响，通过安排专项信贷额度、调整绩效考核、合理下放审批权限、实施优惠内部资金转移定价等方式，加大对受疫情影响严重地区、行业的信贷资源倾斜和保障。

（五）强化普惠金融服务。2022年继续实现普惠型小微企业贷款"两增"目标，确保个体工商户贷款增量扩面，继续实现涉农贷款持续增长、普惠型涉农贷款差异化增速目标。银行机构要层层抓实小微企业、涉农信贷计划执行，向受疫情影响严重地区进一步倾斜信贷资源，为小微企业、个体工商户、农户停工停产期间应急性资金需求、复工复产提供信贷支持。国有大型商业银行要确保全年新增普惠型小微企业贷款1.6万亿元。地方法人银行要用好用足普惠小微贷款支持工具、支小再贷款等政策。

（六）提升融资担保效能。扩大政府性融资担保业务覆盖面，对符合条件的住宿、餐饮、零售、文化、旅游、交通运输等困难行业的中小微企业、个体工商户，鼓励政府性融资担保机构提供融资担保支持，及时履行代偿义务，金融机构尽快放贷，不盲目压缩授信或收回贷款。发挥好农业信贷担保作用，强化涉农信贷风险市场化分担和补偿。鼓励省级再担保机构主动对接国家融资担保基金，扩大再担保业务覆盖面。

（七）做好创业担保贷款。银行机构要配合地方政府优化创业担保贷款政策，积极为符合条件纳入创业担保贷款扶持范围的新市民提供服务，优化创业担保贷款办理流程，提高创业主体融资效率。

**三、做好接续融资安排**

（八）明确帮扶支持对象。银行机构要积极帮扶前期信用记录良好、因疫情暂时遇困行业企业，能帮尽帮，避免出现行业性限贷、抽贷、断贷。

（九）主动开展续贷服务。银行机构要加强因疫情暂时遇困行业企业融资需求的跟踪分析，主动提前开展接续融资信贷评审，按照市场化原则，对符合条件的积极给予续贷支持。

（十）实施延期还本付息。商业银行等金融机构继续按市场化原则与中小微企业（含中小微企业主）和个体工商户、货车司机等自主协商，对其贷款实施延期还本付息，努力做到应延尽延，延期还本付息日期原则上不超过2022年底。对于受疫情影响严重的餐饮、零售、文化、旅游、交通运输等困难行业2022年底前到期的普惠型小微企业贷款，应根据实际情况给予倾斜，并适当放宽延期期限。办理延期时不得"一刀切"地强制要求增加增信分险措施。延期贷款涉及政府性融资担保的，有关融资担保机构要积极给予支持，帮助受疫情影响企业续保续贷。

（十一）完善个贷还款安排。对因感染新冠肺炎住院治疗或隔离、受疫情影响隔离观察或失去收入来源的人群，金融机构对其存续的个人住房、消费等贷款，灵活采取合理延后还款时间、延长贷款期限、延期还本等方式调整还款计划。

（十二）准确实施贷款分类。对第（十）、（十一）条实施延期的贷款，在延期过程中坚持实质性风险判断，不单独因疫情因素下调贷款风险分类，不影响征信记录，并免收罚息。

（十三）提供便利还贷方式。对生产经营和资金周转连续性强、有经常性短期循环用信需求的企业和农业生产经营主体，鼓励银行机构推广"随借随还"的贷款模式。

（十四）对减租人给予支持。对2022年减免3—6个月服务业小微企业和个体工商户承租人房屋租金的国有房屋出租人，鼓励国有银行按照其资质和风险水平给予优惠利率质押贷款等支持。国有银行在满足贷款条件的前提下，根据贷款申请人资质情况和证明性材料，进一步优化相关机制和业务流程。对非国有房屋减免租金的出租人，国有银行可同等给予上述优惠。

（十五）用好地方纾困政策。鼓励银行机构积极利用各级地方政府推出的纾困帮扶基金、风险补偿、财政贴息、财政奖补等政策安排，加大对因疫情暂时遇困行业企业的金融支持。

（十六）发挥各类组织作用。融资租赁公司要主动了解承租人的困难及诉求，合理采取展期续租、降租让利等帮扶措施。小额贷款公司要按照市场化原则与受疫情影响严重的客户自主协商，灵活采取减缓催收、贷款展期、续贷等支持措施。对受疫情影响未能及时办理赎当、续当的客户，典当行要适当减缓催收，减收或免收罚息，不盲目做逾期绝当处理。

**四、适当提高不良贷款容忍度**

（十七）提高行业不良容忍度。鼓励银行机构在受疫情影响的特定时间内适当提高住宿、餐饮、零售、文化、旅游、交通运输等行业的不良贷款容忍度，幅度不超过3个百分点。

（十八）及时报告调整情况。银行机构要及时将有关不良贷款容忍度管理制度调整情况书面报告监管部门。

**五、持续提升服务效率**

（十九）提供持续金融服务。银行保险机构要着力保障疫情严重区域基础金融服务不间断，对受疫情影响暂停营业或调整营业时间的网点，及时提供替代金融服务，并多渠道公告提醒，努力降低疫情给金融服务带来的不利影响。

（二十）提高业务办理时效。在疫情集中暴发地区，银行机构可根据实际情况阶段性简化业务流程和申请材料。由于客观原因无法落实贷款调查和评审的，在确保风险可控前提下，探索采取"容缺办理、事后补办"等方式，以实现快速审批、快速放款。

（二十一）适当减免服务收费。银行保险机构要严格落实各项金融服务收费政策，鼓励加大对因疫情暂时遇困行业企业金融服务收费的优惠减免力度。

（二十二）加快保险理赔服务。保险机构要做好因疫情暂时遇困行业企业保险服务，主动了解投保企业和客户损失情况，开辟绿色通道，提升理赔效率，做到应赔尽赔快赔。

## 六、创新信贷服务模式

（二十三）增加信用贷款投放。银行机构要深入挖掘和有效利用涉企信用信息数据，增加对因疫情暂时遇困行业企业信用贷款的投放。

（二十四）优化发展供应链金融。鼓励银行机构优化产业链供应链金融服务，依法合规发展订单、存货、应收账款等抵质押融资业务，加强与核心企业的合作，加大对上下游中小微企业的融资支持。

（二十五）创设专项纾困产品。鼓励银行机构针对受疫情影响的特定区域、特定客户，在风险可控的前提下创新专项纾困信贷产品，帮助企业解决流动资金紧张等问题。

（二十六）大力发展数字金融。银行保险机构要强化科技赋能，依法合规运用人工智能、大数据、区块链、云计算等新技术开展流程和业务创新，积极发展线上金融，提高金融需求响应、审批、办理速度，为因疫情暂时遇困行业企业提供更加便捷多样的金融产品和服务。

## 七、完善考核激励机制

（二十七）优化调整考核机制。银行机构应结合实际情况阶段性调整内部绩效考核机制，在不良贷款容忍度范围内对相关信贷业务条线和分支机构考核不予扣分或适当减轻扣分。

（二十八）落实尽职免责制度。银行机构要进一步将授信尽职免责与不良贷款容忍度有机结合，畅通申诉异议渠道。在依法合规的前提下，若分支机构相关业务在不良贷款容忍度范围内，相关分支机构负责人、业务部门和从业人员可减轻或免予追责。

## 八、发挥保险保障功能

（二十九）增加保险产品供给。鼓励保险机构针对因疫情暂时遇困行业企业特点，积极发展财产保险、责任保险业务，创新保险产品，丰富企业风险分散渠道。

（三十）提高保险覆盖面。保险机构要进一步提高营业中断险、财产损失险、雇主责任险、货物运输险等业务覆盖面，为企业因疫情停工停产期间的财产损失及营业中断利润损失等提供保险保障。

（三十一）做好外贸金融服务。有关保险机构要扩大出口信用保险覆盖范围，优化承保理赔条件、简化理赔手续，合理降低保险费率。鼓励银行机构同保险机构深化合作，有效发挥保单增信作用，发展保单融资业务，更好满足外贸企业融资需求。

（三十二）鼓励延期收取保费。在受疫情影响较为严重的地区，鼓励保险机构根据实际情况适当延长保单到期日或延期收取保费。

**九、有效加强信贷管理**

（三十三）区别对待涉企风险。银行机构要科学把握信贷政策执行要求，对企业经营遇到的困难问题要综合研判、分类施策，不能搞"一刀切"。

（三十四）管好贷款资金用途。银行机构要扎实做好贷款"三查"，加强资金用途审查和流向管理，防止贷款违规挪用。

（三十五）加强风险预警处置。银行机构要密切关注因疫情暂时遇困行业企业的生产经营情况，加强资产质量监测，足额计提拨备，加快不良资产处置，前瞻性做好风险预警及化解处置预案。

**十、主动做好宣传引导**

（三十六）宣传推广金融产品。银行保险机构要全面梳理支持因疫情暂时遇困行业企业等的金融产品和服务，通过营业网点、门户网站、手机 App、微信公众号等多种渠道主动加大宣介力度，有效提升产品服务知晓度。

（三十七）提高企业金融素养。银行保险机构要主动向企业特别是困难行业企业宣传讲解金融知识，提高企业诚信经营和金融风险防范意识，积极帮助企业运用金融工具规避经营风险。

（三十八）加强经验复制推广。相关行业协会要及时总结银行保险机构在因疫情暂时遇困行业企业金融服务方面的工作成效，促进良好经验和创新成果复制推广。

**十一、推动形成政策合力**

（三十九）鼓励出台地区政策。各级监管派出机构要结合疫情形势变化和地区经济受冲击情况，会同有关部门适时出台区域性金融支持政策。

（四十）增强政策协同效应。各级监管派出机构要加强与地方财政、发改、工信、交通、农业农村、商务、文旅等部门的沟通协调，多方争取支持，形成政策合力。促进对困难行业企业金融服务需求的精准对接，建立帮扶吸纳就业较多行业企业的专项纾困融资机制，推动完善配套风险补偿措施。加强涉企涉农信用信息共享，推动地方建设完善融资信用服务平台。

**十二、加强政策督导落实**

（四十一）细化落实帮扶举措。银行保险机构要健全细化因疫情暂时遇困行业企业等金融服务专项制度或措施，明确延期还本付息等扶持政策办理流程和渠道，确保相关纾困政策落地见效。

（四十二）强化政策落实督导。各级监管部门要加强对银行保险机构支持因疫情暂时遇困行业企业等工作的督促指导，及时开展政策落实情况的评估检查，通过通报、约谈等方式，对相关机构落实政策不到位、执行走偏等问题予以纠正，切实提升遇困行业企业金融服务质效。

中国银保监会办公厅

2022 年 6 月 2 日

# 中国证监会关于进一步发挥资本市场功能支持受疫情影响严重地区和行业加快恢复发展的通知

证监发〔2022〕46号

中国证监会各派出机构，各交易所，各下属单位，各协会，会内各部门：

为深入贯彻落实党中央、国务院决策部署，进一步发挥资本市场功能，支持受疫情影响严重地区和行业企业加快恢复发展，现就有关事项通知如下：

**一、采取有效手段，加大直接融资支持力度**

1. 对2022年业绩受疫情影响严重地区和行业申请首发上市的企业，在符合板块定位及发行上市条件的前提下，经中介机构核查情况属实且不对持续盈利能力或持续经营能力构成重大不利影响的，相关审核或注册工作正常推进。2022年年底前对受疫情影响严重地区和行业的上市公司再融资申请实施专人对接、即报即审、审过即发。

2. 受疫情影响严重地区和行业企业申请北交所上市、全国股转系统挂牌的，实施专人对接、即报即审、审过即发。受疫情影响严重地区和行业企业发行公司债券、资产证券化产品的，或者债券募集资金用于疫情防控相关领域或用于偿还疫情防控期间到期债券产品的，实施专人对接、即报即审。

3. 受疫情影响严重地区和行业上市公司发行股份购买资产申请适用"小额快速"审核机制，在计算交易金额时不再适用最近12个月内累计计算的要求。发行股份购买资产同时募集配套资金的，放宽募集配套资金用于补充流动资金、偿还债务的比例限制。

4. 加快公募基金产品特别是权益类基金、抗疫主题基金等产品的审核进度。对受疫情影响严重地区和行业企业相关基金产品的行政许可事项，依法依规给予支持。

**二、实施延期展期政策，体现监管弹性**

5. 受疫情影响严重地区和行业发行人的反馈意见、审核问询回复时限可以延长 3 个月，告知函回复时限可以延长 1 个月。对受疫情影响严重地区和行业企业申报发行公司债券和资产证券化产品的，暂缓计算审核阶段反馈意见回复时限、中止时限 3 个月。

6. 受疫情影响严重地区和行业的上市公司并购重组项目确实不能按期更新财务资料或发出股东大会通知的，可以在充分披露疫情对本次重组的具体影响后，申请财务资料有效期延长或股东大会通知时间延期 1 个月，最多可以延期 3 次。

7. 受疫情影响严重地区和行业的上市公司取得重大资产重组行政许可批文后，可以申请暂缓计算批文有效期，暂缓计算期限最长不超过 12 个月。

8. 支持受疫情影响严重地区的私募基金备案，适当延长管理人首支私募基金备案和信息报送时限，适当放宽私募基金登记备案材料签章要求和部分工商材料要求。

**三、优化监管工作安排，传递监管温度**

9. 通过视频会议等方式，确保发审委会议、重组委会议、上市委会议正常推进。在首发上市、北交所上市、再融资、并购重组等审核或注册过程中落实好电子化、无接触报送、送达工作机制，加强审核部门与发行人、上市公司、中介机构电话沟通、线上咨询的保障机制，高效高质量提供服务。

10. 发行人、上市公司、中介机构可以通过电子签章方式提交申报材料、问询回复等相关文件。对确受疫情影响、无法统一签名的自然人，可以通过提供签字页电子扫描文档方式办理。

11. 申请发行债券产品的企业，对于确受疫情影响无法及时提交相关签字、盖章文件的，可以视情况先由主承销商出具相关说明，后续补充提交。

12. 对受疫情影响严重地区和行业企业，2022 年 6 月底前拟以 2021 年年报申请首发上市、北交所上市的，如现场走访存在困难，证监局可以借助电子网络手段对辅导验收提前开展预沟通，可以采取非现场验收方式。

13. 对受疫情影响严重地区和行业的公开发行证券并上市的企业，2022 年上市当年因受疫情影响业绩大幅下滑的，对发行人和相关保荐机构给予适当监管包容。

14. 对受疫情影响严重地区的新设证券基金机构，可以通过线上视频的方式开展现场检查，后续补充核查，支持公司在符合开业条件后尽快取得业务许可证。

15. 对受疫情影响严重地区的证券基金期货经营机构，在保持有效监管的前提下，实施更加灵活的监管安排，包括允许推迟报送相关报表、实行许可备案电子化等。在采取有效措施防范风险和利益冲突并报告证监局后，允许在人员配备、隔离制衡、流程管控等方面灵活安排。

16. 优化沪深证券交易所的信息披露业务操作安排，适当延长信息披露直通时段。支持市场主体线上办理业务，支持上市公司召开线上股东大会或债券、资产支持证券持有人会议。律师因疫情影响确实无法现场参会的，可以采取视频等方式见证股东大会、开展簿记建档工作。

17. 对参与化解民营企业特别是上市民营企业流动性风险的证券公司，在风控指标计算、私募基金子公司设立和产品备案、分类评级等方面给予监管支持。

18. 沪深证券交易所免收上市公司 2022 年度上市初费、上市年费和股东大会网络投票服务费。北交所免收上市公司 2022 年上市年费。全国股转公司免收相关地区挂牌公司 2022 年挂牌初费和年费。中国结算免收相关发行人 2022 年登记结算费用。各期货交易所减收相关期货经营机构手续费、减免席位费。支持各协会通过免收减收会费、延期交纳会费、免费培训等方式，加大会员服务力度。

**四、发挥行业机构作用，助力抗疫和复工复产**

19. 鼓励证券公司积极发挥融资中介职能，支持受疫情影响严重地区和行业开展股权融资和债券融资。引导证券公司与股权质押到期还款困难的客户，协商展期 3 至 6 个月。对于因疫情防控实施隔离或者接受救治的融资融券客户，尽量减少强制平仓，柔性处理。

20. 支持公募基金管理公司践行长期投资、价值投资、责任投资理念，积极以自有资金申购旗下基金产品，积极发挥专业投资者作用，引导更多社会资金流向抗疫相关企业。

21. 鼓励证券公司设立私募资产管理产品，通过私募基金子公司按照市场化、法治化原则设立私募基金产品，对接相关企业融资需求，降低融资成本。

22. 发挥期货市场作用，发挥期货避险功能，助力受疫情影响严重地区和行业企业风险管理。抓好产业客户培育活动，稳步扩展"期货稳价订单"至沥青、低硫燃料油等能化期货品种。对于在疫情期间服务受疫情影响严重地区和行业的中小微企业表现突出的期货公司，在分类评价中予以加分。

23. 持续推动资本市场更多对外开放措施落实落地，及时了解回应境外投资者诉求和关切，保障外资机构同等适用支持政策。

证监会系统各单位、各部门要进一步提高政治站位，切实把思想和行动统一到党中央、国务院决策部署上来，积极开展调研走访，了解市场主体困难和诉求，加强与其他部门的沟通协作，共同帮助企业解决实际问题，扎实推动各项政策落地见效，支持企业克服疫情影响，快速走出困境，实现更好发展。

中国证监会

2022 年 5 月 20 日

# 四、社会保险及公积金扶持政策文件

## 人力资源社会保障部办公厅 国家税务总局办公厅关于特困行业阶段性实施缓缴企业社会保险费政策的通知

人社厅发〔2022〕16 号

各省、自治区、直辖市及新疆生产建设兵团人力资源社会保障厅（局），国家税务总局各省、自治区、直辖市和计划单列市税务局：

为贯彻党中央、国务院决策部署，抓好特困行业纾困政策落实，现就阶段性实施缓缴企业职工基本养老保险费、失业保险费、工伤保险费（以下简称"三项社保费"）相关事项通知如下：

一、适用范围。缓缴适用于餐饮、零售、旅游、民航、公路水路铁路运输企业三项社保费的单位应缴纳部分。上述行业中以单位方式参加社会保险的有雇工的个体工商户以及其他单位，参照企业办法缓缴。对职工个人应缴纳部分，企业应依法履行好代扣代缴义务。

以个人身份参加企业职工基本养老保险的个体工商户和各类灵活就业人员，2022年缴纳费款有困难的，可自愿暂缓缴费，2022年未缴费月度可于2023年底前进行补缴，缴费基数在2023年当地个人缴费基数上下限范围内自主选择，缴费年限累计计算。

二、实施期限。企业职工基本养老保险费缓缴费款所属期为2022年4月至6月。失业保险费、工伤保险费缓缴费款所属期为2022年4月至2023年3月，在此期间，企业可申请不同期限的缓缴。已缴纳所属期为2022年4月费款的企业，可从5月起申请缓缴，缓缴月份相应顺延一个月，也可以申请退回 4 月费款。缓缴期间免收滞纳金。

三、办理流程。在缓缴期限内，企业可根据自身经营状况向社会保险登记部门申请缓缴三项社保费。新开办企业可自参保当月起申请缓缴；企业行业类型变更为上述行业的，可自变更当月起申请缓缴。

四、资格认定。各省要本着方便、快捷、不增加企业事务性负担的原则审核。社会保险登记部门审核企业是否适用缓缴政策时，应以企业参保登记时自行申报的行业类型为依据。现有信息无法满足划分行业类型需要的，可实行告知承诺制，由企业出具所属行业类型的书面承诺，并承担相应法律责任。

五、补缴费款。企业原则上应在缓缴期满后的一个月内补缴缓缴的失业保险、工伤保险费款；缓缴的企业职工基本养老保险费最迟于 2022 年底前补缴到位，期间免收滞纳金，税务部门应及时提醒企业补缴。企业可根据实际需要，提前申报缴纳缓缴的费款，税务部门应及时征收。企业依法注销的，应当在注销前缴纳缓缴的费款，相关部门按照注销流程及时办理。

六、待遇处理。缓缴期限内，职工申领养老保险待遇的，企业应先为其补齐缓缴的企业职工基本养老保险费。缓缴失业保险费不影响企业享受阶段性降低失业保险费率和稳岗返还政策、不影响参保职工享受技能提升补贴政策、不影响参保失业人员享受失业保险金或失业补助金等相关待遇。缓缴工伤保险费不影响企业享受阶段性降低工伤保险费率政策和职工享受工伤保险待遇。

各省人力资源社会保障、税务部门要高度重视、精心组织，简化办事流程，大力推行"网上办"等不见面服务方式。各地要加强指导监督，健全内控机制，切实防范风险。要建立信息沟通协调机制，参保企业自行向税务部门申报缴费的地区，税务部门要按月将缓缴企业名称、统一社会信用代码、企业行业类型、缓缴险种及属期、缓缴期限、缓缴金额、人数等信息传递给社会保险经办机构；税务部门按照社会保险经办机构传递的缴费信息进行征收的地区，社会保险经办机构要按月将上述缓缴信息传递给税务部门。各省要加强工作调度，按季将政策落实情况分别报送人力资源社会保障部、国家税务总局，在执行中遇有重大情况和问题，要及时报告。

人力资源社会保障部办公厅

国家税务总局办公厅

2022 年 4 月 25 日

# 人力资源社会保障部 财政部 国家税务总局关于做好失业保险稳岗位提技能防失业工作的通知

人社部发〔2022〕23号

各省、自治区、直辖市人民政府，新疆生产建设兵团：

为贯彻落实 2022 年《政府工作报告》部署，充分发挥失业保险保生活、防失业、促就业功能作用，助力稳就业保民生，经国务院同意，现就有关事项通知如下：

一、继续实施失业保险稳岗返还政策。参保企业上年度未裁员或裁员率不高于上年度全国城镇调查失业率控制目标，30 人（含）以下的参保企业裁员率不高于参保职工总数 20% 的，可以申请失业保险稳岗返还。大型企业仍按不超过企业及其职工上年度实际缴纳失业保险费的 30% 返还，中小微企业返还比例从 60% 最高提至 90%。社会团体、基金会、社会服务机构、律师事务所、会计师事务所、以单位形式参保的个体工商户参照实施。实施上述稳岗返还政策的统筹地区，上年度失业保险基金滚存结余备付期限应在 1 年以上。上述政策执行期限至 2022 年 12 月 31 日。各地要大力推广通过后台数据比对精准发放的"免申即享"经办新模式，进一步畅通资金返还渠道，对没有对公账户的小微企业，可将资金直接返还至当地税务部门提供的其缴纳社会保险费的账户。

二、拓宽技能提升补贴受益范围。领取失业保险金人员取得职业资格证书或职业技能等级证书的，可按照初级（五级）不超过 1000 元、中级（四级）不超过 1500 元、高级（三级）不超过 2000 元的标准申请技能提升补贴。参保职工取得职业资格证书或职业技能等级证书的，可按规定申请技能提升补贴；技能提升补贴申领条件，继续放宽至企业在职职工参加失业保险 1 年以上。每人每年享受补贴次数最多不超过三次。上述政策执行期限至 2022 年 12 月 31 日。

三、继续实施职业培训补贴政策。对领取失业保险金期间接受职业培训的失业人员，按规定发放职业培训补贴。

四、继续实施东部7省（市）扩大失业保险基金支出范围试点政策。北京市、上海市、江苏省、浙江省、福建省、山东省和广东省，可继续将失业保险基金用于支持参加失业保险且符合就业补助资金申领条件人员和单位的职业培训补贴、职业技能鉴定补贴、岗位补贴和社会保险补贴等四项支出。实施上述政策的统筹地区，上年度失业保险基金滚存结余备付期限应在2年以上。

五、发放一次性留工培训补助。2022年1月1日至12月31日，累计出现1个（含）以上中高风险疫情地区的市（地、州、盟）、县（市、区、旗），可对因新冠肺炎疫情严重影响暂时无法正常生产经营的中小微企业，按每名参保职工不超过500元的标准发放一次性留工培训补助，支持企业组织职工以工作代替培训。社会团体、基金会、社会服务机构、律师事务所、会计师事务所、以单位形式参保的个体工商户参照实施。社会保险经办机构可通过大数据比对，按照该企业参加失业保险人数直接发放补助，无需企业提供培训计划、培训合格证书、职工花名册以及生产经营情况证明。上述补助同一企业只能享受一次。符合条件的，还可以享受失业保险稳岗返还。实施上述政策的统筹地区，上年度失业保险基金滚存结余备付期限应在2年以上。上述政策执行期限至2022年12月31日。具体办法由各省（自治区、直辖市）制定。

六、大力支持职业技能培训。上年度失业保险基金滚存结余备付期限在2年以上，并且职业技能提升行动专账资金不足的统筹地区，在各项保生活稳岗位政策落实到位的基础上，根据本地实际，可提取累计结余4%左右的失业保险基金至职业技能提升行动专账资金中，统筹用于职业技能培训。该项政策的提取期限至2022年12月31日。具体办法由各省（自治区、直辖市）制定，并报人力资源社会保障部、财政部备案。

七、实施降费率和缓缴社会保险费政策。延续实施阶段性降低失业保险、工伤保险费率政策1年，执行期限至2023年4月30日。对餐饮、零售、旅游、民航、公路水路铁路运输企业阶段性实施缓缴养老保险、失业保险、工伤保险费政策，其中，养老保险费缓缴期限3个月，失业保险和工伤保险费缓缴期限不超过1年，缓缴期间免收滞纳金。以个人身份参加企业职工基本养老保险的个体工商户和各类灵活就业人员，2022年缴纳养老保险费有困难的，可自愿暂缓缴费至2023年底前补缴。

八、保障失业人员基本生活。继续实施失业保险保障扩围政策，对领取失业保险金期满仍未就业的失业人员、不符合领取失业保险金条件的参保失业人员，发放失业补助金；对参保不满 1 年的失业农民工，发放临时生活补助。保障范围为 2022 年 1 月 1 日至 12 月 31 日期间新发生的参保失业人员。上年度失业保险基金滚存结余备付期限不足 2 年的省份，可结合本地区就业形势和基金支付能力，制定具体实施政策，并报人力资源社会保障部、财政部备案。上述政策执行期限至 2022 年 12 月 31 日。持续做好失业保险金、代缴基本医疗保险费和失业农民工一次性生活补助等常规性保生活待遇发放工作。各省（自治区、直辖市）要根据本地实际，逐步将失业保险金标准提高至最低工资标准的 90%。要进一步优化失业保险待遇全国线上申领统一入口，方便失业人员申领。

九、切实防范基金风险。各省（自治区、直辖市）要密切监测失业保险基金运行状况，加强形势研判和工作指导，确保基金收支平衡和安全可持续。要加快推进失业保险基金省级统筹，充分发挥省级调剂金作用，支持基金结余不足的统筹地区落实政策。要健全基金审核、公示、拨付等监督机制，加强技防人防，充分利用信息化手段验证资格条件，完善待遇申领信息比对核查系统，严防欺诈、冒领、骗取风险。

十、加强组织领导。各地要抓紧抓实抓细失业保险保生活稳岗位提技能等各项惠企利民政策落地见效。要大力开展失业保险待遇"畅通领、安全办"、援企稳岗"护航行动"和技能提升补贴"展翅行动"，持续优化经办服务，推动更多政策免跑即领、免申即享、免证即办，推动政策红利早释放。各省（自治区、直辖市）要加强工作调度，及时掌握政策落实情况，加大督促指导力度；要大力宣传先进经验、工作亮点，为推进工作提供借鉴，营造良好氛围。人力资源社会保障部将会同有关部门适时对政策实施情况、效果和失业保险基金运行情况开展评估。

人力资源社会保障部 财政部 国家税务总局

2022 年 4 月 25 日

# 人力资源社会保障部 国家发展改革委 财政部 税务总局关于扩大阶段性缓缴社会保险费政策实施范围等问题的通知

人社部发〔2022〕31号

各省、自治区、直辖市人民政府，新疆生产建设兵团：

为贯彻落实党中央、国务院决策部署，着力保市场主体保就业保民生，在落实特困行业缓缴企业职工基本养老保险费、失业保险费、工伤保险费（以下称三项社保费）政策的基础上，经国务院同意，现就扩大政策实施范围、延长缓缴期限等问题通知如下：

一、扩大实施缓缴政策的困难行业范围。在对餐饮、零售、旅游、民航、公路水路铁路运输等5个特困行业实施阶段性缓缴三项社保费政策的基础上，以产业链供应链受疫情影响较大、生产经营困难的制造业企业为重点，进一步扩大实施范围（具体行业名单附后）。缓缴扩围行业所属困难企业，可申请缓缴三项社保费单位缴费部分，其中养老保险费缓缴实施期限到2022年年底，工伤、失业保险费缓缴期限不超过1年。原明确的5个特困行业缓缴养老保险费期限相应延长至2022年年底。缓缴期间免收滞纳金。

二、对受疫情影响较大、生产经营困难的中小微企业实施缓缴政策。受疫情影响严重地区生产经营出现暂时困难的所有中小微企业、以单位方式参保的个体工商户，可申请缓缴三项社保费单位缴费部分，缓缴实施期限到2022年年底，期间免收滞纳金。参加企业职工基本养老保险的事业单位及社会团体、基金会、社会服务机构、律师事务所、会计师事务所等社会组织参照执行。

三、进一步发挥失业保险稳岗作用。加大稳岗返还支持力度，将大型企业稳岗返还比例由 30% 提至 50%。拓宽一次性留工培训补助受益范围，由出现中高风险疫情地区的中小微企业扩大至该地区的大型企业；各省（自治区、直辖市）还可根据当地受疫情影响程度以及基金结余情况，进一步拓展至未出现中高风险疫情地区的餐饮、零售、旅游、民航和公路水路铁路运输 5 个行业企业。上述两项政策实施条件和期限与《关于做好失业保险稳岗位提技能防失业工作的通知》（人社部发〔2022〕23 号）一致。企业招用毕业年度高校毕业生，签订劳动合同并参加失业保险的，可按每人不超过 1500 元的标准，发放一次性扩岗补助，具体补助标准由各省份确定，与一次性吸纳就业补贴政策不重复享受，实施期限截至 2022 年年底。

四、规范缓缴实施办法。申请缓缴的企业应符合受疫情影响生产经营出现暂时困难、处于亏损状态等条件。各省份要结合地方实际和基金承受能力，在确保养老金等各项社会保险待遇按时足额发放的基础上，制定具体实施办法，明确实施程序、缓缴期限、困难企业和受疫情影响严重地区认定标准、审批流程和工作机制等，可授权县（区）人力资源社会保障部门会同相关部门负责审批。各县（区）要严格把握适用范围和条件，不得擅自扩大范围、降低标准，批准缓缴的企业名单等情况按月报省级人力资源社会保障、税务部门。各省份具体实施办法出台后报人力资源社会保障部、国家发展改革委、财政部、税务总局备案。

五、简化企业申报流程。缓缴社会保险费坚持自愿原则，符合条件的困难企业，可根据自身情况申请缓缴一定期限的社会保险费。各级人力资源社会保障、税务部门要简化办事流程，大力推行"网上办"等不见面服务方式，简化程序，方便企业办理，减轻企业事务性负担。对生产经营困难、所属行业类型等适用条件，可实行告知承诺制，企业出具符合条件的书面承诺。要加强事后监督检查，对作出承诺但经查不符合条件的企业，要及时追缴缓缴的社会保险费，并按规定加收滞纳金。各省份要全面推行稳岗返还"免申即享"经办新模式，通过大数据比对，直接向符合条件的企业发放资金。

六、切实维护职工权益。申请缓缴社会保险费的企业，要依法履行代扣代缴职工个人缴费义务。不得因缓缴社会保险费，影响职工个人权益。缓缴期限内，职工申领养老保险待遇、办理关系转移等业务的，企业应为其补齐缓缴的养老保险费。缓缴的企业出现注销等情形的，应在注销前缴纳缓缴的费款。

各地区要高度重视、精心组织实施，精准把握政策实施范围，规范实施程序，健全审核机制，切实防范风险。要切实承担主体责任，加强社会保险基金收支情况监测，做好资金保障，确保各项社会保险待遇按时足额支付。各级人力资源社会保障、发展改革、财政、税务等部门要加强协作配合，完善信息沟通协调机制，切实落实缓缴政策的各项要求，确保政策落地见效。执行中遇到的情况和问题，要及时报告。

附件：扩大实施缓缴政策的困难行业名单

人力资源社会保障部

国家发展改革委

财政部

税务总局

2022 年 5 月 31 日

附件

# 扩大实施缓缴政策的困难行业名单

农副食品加工业

纺织业

纺织服装、服饰业

造纸和纸制品业

印刷和记录媒介复制业

医药制造业

化学纤维制造业

橡胶和塑料制品业

通用设备制造业

汽车制造业

铁路、船舶、航空航天和其他运输设备制造业

仪器仪表制造业

社会工作

广播、电视、电影和录音制作业

文化艺术业

体育

娱乐业

# 人力资源社会保障部办公厅 国家发展改革委办公厅 财政部办公厅 国家税务总局办公厅关于进一步做好阶段性缓缴社会保险费政策实施工作有关问题的通知

人社厅发〔2022〕50号

各省、自治区、直辖市及新疆生产建设兵团人力资源社会保障厅（局）、发展改革委、财政厅（局），国家税务总局各省、自治区、直辖市和计划单列市税务局：

为进一步落实好《关于扩大阶段性缓缴社会保险费政策实施范围等问题的通知》（人社部发〔2022〕31号）要求，切实发挥阶段性缓缴社会保险费政策效果，促进保市场主体保就业保民生，现就有关问题通知如下：

一、自2022年9月起，各省、自治区、直辖市及新疆生产建设兵团（以下统称地区）可根据本地区受疫情影响情况和社会保险基金状况，进一步扩大缓缴政策实施范围，覆盖本地区所有受疫情影响较大、生产经营困难的中小微企业、以单位方式参保的个体工商户、参加企业职工基本养老保险的事业单位及各类社会组织，使阶段性缓缴社会保险费政策惠及更多市场主体。

二、阶段性缓缴社会保险费政策到期后，可允许企业在2023年底前采取分期或逐月等方式补缴缓缴的社会保险费。补缴期间免收滞纳金。

三、各地社会保险经办机构在提供社保缴费查询、出具缴费证明时，对企业按照政策规定缓缴、补缴期间认定为正常缴费状态，不得作欠费处理。企业缓缴期间，要依法履行代扣代缴职工个人缴费义务。已依法代扣代缴的，职工个人缴费状态认定为正常缴费。同时，要主动配合当地相关部门，妥善处理与职工落户、购房、购车以及子女入学资格等政策的衔接问题。

四、要结合本地实际，进一步加大政策宣传解读力度，针对不同行业、不同企业以及灵活就业人员特点，提高宣传的针对性和精准度，确保政策"应知尽知"。通过适时发布缓缴数据信息、采访报道企业典型案例等方式，加强政策实施效果宣传。

五、要进一步优化经办服务，对符合缓缴政策要求的市场主体，积极主动对接，分类做好服务保障。要健全部门协作机制，加强数据共享，简化办事流程，实现企业"即申即享"，减轻企业事务性负担。

各级人力资源社会保障、发展改革、财政、税务等部门要进一步加强配合，更好发挥工作合力，促进阶段性缓缴社会保险费政策取得实效。政策实施过程中遇到的新情况和新问题，要及时报告。

人力资源社会保障部办公厅

国家发展改革委办公厅

财政部办公厅

国家税务总局办公厅

2022 年 9 月 22 日

# 住房和城乡建设部 财政部 人民银行关于实施住房公积金阶段性支持政策的通知

建金〔2022〕45号

各省、自治区、直辖市人民政府，新疆生产建设兵团：

为贯彻落实党中央、国务院关于高效统筹疫情防控和经济社会发展的决策部署，进一步加大住房公积金助企纾困力度，帮助受疫情影响的企业和缴存人共同渡过难关，经国务院常务会议审议通过，现就实施住房公积金阶段性支持政策通知如下：

一、受新冠肺炎疫情影响的企业，可按规定申请缓缴住房公积金，到期后进行补缴。在此期间，缴存职工正常提取和申请住房公积金贷款，不受缓缴影响。

二、受新冠肺炎疫情影响的缴存人，不能正常偿还住房公积金贷款的，不作逾期处理，不作为逾期记录报送征信部门。

三、各地根据当地房租水平和合理租住面积，可提高住房公积金租房提取额度，支持缴存人按需提取，更好地满足缴存人支付房租的实际需要。

上述支持政策实施时限暂定至2022年12月31日。各地要按照本通知要求，高度重视，周密部署，省、自治区人民政府要做好政策实施的指导监督，直辖市、设区城市（含地、州、盟）人民政府和新疆生产建设兵团可结合本地企业受疫情影响的实际，提出具体实施办法，并在支持政策到期后做好向住房公积金常规性政策的衔接过渡。各地住房公积金管理中心要通过综合服务平台等渠道，实现更多业务网上办、掌上办、指尖办，保障疫情期间住房公积金服务平稳运行。

住房和城乡建设部 财政部 人民银行

2022年5月20日

# 国家医保局 国家发展改革委 财政部 国家税务总局 关于阶段性缓缴职工基本医疗保险单位缴费的通知

医保发〔2022〕21号

各省、自治区、直辖市人民政府，新疆生产建设兵团：

为贯彻落实党中央、国务院决策部署，切实保障基本民生，助力企业纾困解难，经国务院同意，现就阶段性缓缴职工基本医疗保险（以下简称职工医保）单位缴费有关工作通知如下。

一、对中小微企业实施阶段性缓缴职工医保单位缴费政策。统筹基金累计结存可支付月数大于6个月的统筹地区，自2022年7月起，对中小微企业、以单位方式参保的个体工商户缓缴3个月职工医保单位缴费，缓缴期间免收滞纳金。社会团体、基金会、社会服务机构、律师事务所、会计师事务所等社会组织参照执行。

二、确保缓缴期间参保人待遇应享尽享。中小微企业缓缴职工医保单位缴费，不影响该企业参保人就医正常报销医疗费用。缓缴期间，相关企业参保人发生的符合基本医保政策规定的医疗费用应及时报销、应报尽报，确保基本医保报销水平保持稳定不降低。

三、全面推行"免申即享"经办模式。符合条件的中小微企业无需提出缓缴申请即可享受缓缴单位缴费政策。各地要结合实际做好政策宣传，明确操作流程，主动向社会公开。中小微企业具体标准参考《关于印发中小企业划型标准规定的通知》（工信部联企业〔2011〕300号）等划型规定，在当地政府主导下，由医疗保障、税务部门会同相关部门联合确定名单。现有数据可以确定企业类型的，直接采用相关部门的划型结论；现有数据无法满足企业划型需求的，可由企业向核定缴费部门出具书面承诺。要加强部门协作，优化工作环节，创新服务方式，减轻企业事务性负担，并做好个人权益记录，确保参保人权益不受影响。

四、切实保障好相关企业职工合法权益。缓缴期限内，中小微企业应依法履行代扣代缴职工个人缴费的义务，正常申报职工医保费信息，确保职工连续参保，个人权益连续记录。参保人出现离职、申请办理职工医保退休人员待遇、办理关系转移等情形的，企业应为其补齐缓缴的职工医保单位缴费。企业出现注销等情形的，应在注销前缴纳缓缴的缴费。

五、做好调度统计分析等工作，确保缓缴政策平稳实施。各地要加强缓缴信息调度，做好统计监测，将缓缴信息按月汇总并向上集中报送。要切实加强基金管理，强化基金运行分析，管控运行风险，确保基金安全。要建立信息沟通共享机制，医疗保障、税务等部门要做好企业和职工参保缴费、企业缓缴等基础业务信息共享，强化部门工作协同。

各地要提高政治站位，统一思想认识，精心组织实施，确保阶段性缓缴职工医保单位缴费政策落实到位。各级医疗保障、发展改革、财政、税务等部门要切实履职尽责，加强沟通协作，健全工作机制，抓好政策落地见效。执行中遇有情况和问题，要及时报告。

国家医保局 国家发展改革委

财政部 国家税务总局

2022 年 6 月 30 日

# 五、旅游服务质量保证金及房屋租金帮扶政策文件

## 文化和旅游部办公厅关于用好旅游服务质量保证金政策进一步支持旅行社恢复发展的通知

办市场发〔2021〕195号

各省、自治区、直辖市文化和旅游厅（局），新疆生产建设兵团文化体育广电和旅游局：

　　为贯彻落实党中央、国务院对受新冠肺炎疫情持续影响行业企业加大扶持力度的决策部署，做好"六稳"工作、落实"六保"任务，用好旅游服务质量保证金（以下简称"保证金"）政策，进一步支持旅行社行业恢复发展，现就有关事项通知如下：

　　一、工作内容

　　（一）已按照《文化和旅游部办公厅关于暂退部分旅游服务质量保证金支持旅行社应对经营困难的通知》（文旅发电〔2020〕33号）要求暂退80%保证金的旅行社，补足保证金期限延至2022年12月31日。

　　（二）2020年2月6日至2021年10月18日（含当日）期间全国所有已依法交纳保证金、领取旅行社业务经营许可证的旅行社，提出暂退保证金申请的，暂退标准为应交纳数额的80%，补足保证金期限为2022年12月31日。

　　（三）旅行社在享受暂退80%保证金政策期内，又达到《旅行社条例》第十七条规

定条件的，可依法再降低 50% 保证金。通过银行担保及保险形式交纳的保证金、被法院冻结的保证金不在暂退范围之内。

（四）2021 年 10 月 19 日（含当日）以后取得旅行社业务经营许可证的旅行社应依法足额交纳保证金。

（五）开展保证金试点地区以保险交纳保证金的旅行社，投保的保证金保证保险额度应与全额交纳保证金的数额一致；符合依法降低 50% 保证金的，可按照 50% 保证金额度标准投保。

二、有关要求

各地文化和旅游行政部门要完善工作台账，指导和督促相关旅行社企业在全国旅游监管服务平台及时完成保证金信息变更和备案工作；要注意加强动态监管和信用监管，对未按要求足额缴纳保证金的旅行社，以及政策期满后未按要求补足保证金的旅行社，依法依规进行查处。已经开展保证金试点的地区要制订完备的预案，精准做好政策衔接，确保保证金保障游客合法权益的作用不能减弱。

各地于 2021 年 11 月 15 日前将保证金退还情况报送文化和旅游部市场管理司。

特此通知。

文化和旅游部办公厅

2021 年 10 月 18 日

# 文化和旅游部办公厅关于进一步调整
# 暂退旅游服务质量保证金相关政策的通知

文旅发电〔2022〕61号

各省、自治区、直辖市文化和旅游厅（局），新疆生产建设兵团文化体育广电和旅游局：

2022年以来，新冠肺炎疫情形势复杂严峻，对旅行社行业造成严重冲击。为贯彻落实党中央、国务院决策部署，做好"六稳"工作、落实"六保"任务，进一步用好旅游服务质量保证金（以下简称"保证金"）政策，支持旅行社行业纾困发展，现就有关事项通知如下：

一、已按照《文化和旅游部办公厅关于用好旅游服务质量保证金政策进一步支持旅行社恢复发展的通知》（办市场发〔2021〕195号）、《文化和旅游部办公厅关于抓好促进旅游业恢复发展纾困扶持政策贯彻落实工作的通知》（办产业发〔2022〕55号）要求享受暂退保证金政策的旅行社，可申请将暂退比例提高至100%，补足保证金期限延至2023年3月31日。

二、2021年10月19日至2022年4月11日（含当日）期间全国所有已依法交纳保证金、领取旅行社业务经营许可证的旅行社，提出暂退保证金申请的，暂退标准可为应交纳数额的100%，补足保证金期限为2023年3月31日。

三、2022年4月12日（含当日）以后取得旅行社业务经营许可证的旅行社，可申请暂缓交纳保证金，补足保证金期限为2023年3月31日。

四、通过银行担保及保险形式交纳的保证金、被法院冻结的保证金不在暂退、缓交范围之内。

各地文化和旅游行政部门要周密部署，完善工作台账，指导和督促相关旅行社企业在全国旅游监管服务平台及时完成保证金信息变更和备案工作，并于 2022 年 7 月 1 日前将保证金暂退、缓交情况报送文化和旅游部市场管理司。

　　特此通知。

文化和旅游部办公厅

2022 年 4 月 11 日

# 住房和城乡建设部等 8 部门关于推动阶段性减免市场主体房屋租金工作的通知

建房〔2022〕50 号

各省、自治区、直辖市及新疆生产建设兵团住房和城乡建设厅（委、管委、局）、发展改革委、财政厅（局）、国资委、市场监督管理局（厅、委），中国人民银行上海总部、各分行、营业管理部、各省会（首府）城市中心支行、各副省级城市中心支行，国家税务总局各省、自治区、直辖市和计划单列市税务局，各银保监局，国家开发银行、各政策性银行、国有商业银行、股份制银行、中国邮政储蓄银行：

为贯彻落实《国务院关于印发扎实稳住经济一揽子政策措施的通知》（国发〔2022〕12 号）要求，推动阶段性减免市场主体房屋租金工作，帮助服务业小微企业和个体工商户缓解房屋租金压力，现就有关事项通知如下：

一、高度重视租金减免工作

阶段性减免市场主体房屋租金，是国务院的一项重大决策部署，是稳住经济大盘的重要工作举措，对保市场主体、保就业、保民生意义重大。各地住房和城乡建设、发展改革、财政、人民银行、国资、税务、市场监管、银保监等部门要从大局出发，加强沟通协调，各司其职，增强工作合力。各地要按照既定的租金减免工作机制，结合自身实际，统筹各类资金，拿出务实管用措施推动减免市场主体房屋租金，确保各项政策措施落地生效。

二、加快落实租金减免政策措施

被列为疫情中高风险地区所在的县级行政区域内的服务业小微企业和个体工商户承租国有房屋的，2022 年减免 6 个月租金，其他地区减免 3 个月租金。

对出租人减免租金的，税务部门根据地方政府有关规定减免当年房产税、城镇土地使用税；鼓励国有银行对减免租金的出租人视需要给予优惠利率质押贷款等支持。

各级履行出资人职责机构（或部门）负责督促指导所监管国有企业落实租金减免政策。有关部门在各自职责范围内指导各地落实国有房屋租金减免政策。因减免租金影响国有企事业单位经营业绩的，在考核中根据实际情况予以认可。

非国有房屋出租人对服务业小微企业和个体工商户减免租金的，除同等享受上述政策优惠外，鼓励各地给予更大力度的政策优惠。

通过转租、分租形式出租房屋的，要确保租金减免优惠政策惠及最终承租人，不得在转租、分租环节哄抬租金。

三、按月报送租金减免情况

各级履行出资人职责机构（或部门）负责做好所监管国有企业出租房屋租金减免情况统计工作，包括减免租金金额、受惠市场主体户数等。

各地住房和城乡建设部门负责做好阶段性减免市场主体房屋租金统计汇总工作。各地财政、税务部门负责做好房产税、城镇土地使用税减免政策落实情况统计工作，包括享受税收优惠的企业户数、减免税收金额等。各地人民银行、银保监部门负责做好贷款支持政策落实情况数据收集工作，包括享受优惠利率质押贷款等的企业户数、贷款金额等。各地管理国有房屋的住房和城乡建设等部门负责做好所管理的出租房屋租金减免情况统计工作，包括减免租金金额、受惠市场主体户数等。各地市场监管部门要加强市场主体信息共享，配合相关部门做好统计工作。

省级人民银行、国资、财政等部门要及时将本部门负责统计的数据提交省级住房和城乡建设部门进行汇总，同时抄报上级主管部门。住房和城乡建设部门要发挥牵头协调作用，加强减免租金主体等信息在部门间共享，为相关配套政策实施和统计工作创造条件。

国务院国资委每月15日前将上月租金减免相关统计数据反馈住房和城乡建设部。税务总局每月15日前将上月税收减免相关统计数据反馈住房和城乡建设部。省级住房和城乡建设部门每月10日前将汇总的本地区上月租金减免相关统计数据和工作报告，通过全国房地产市场监测系统"房屋租金减免情况"模块，报送住房和城乡建设部。

四、加强租金减免工作监督指导

各地要结合自身实际出台或完善实施细则。各地要充分发挥12345政务服务便民热线作用，建立投诉电话解决机制，受理涉及租金减免工作的各类投诉举报，做好受理与后台办理服务衔接工作，确保企业和群众反映的问题和合理诉求得到及时处置和办理。要充分运用网络、电视、报刊、新媒体等渠道，及时发布相关政策信息，加强减免租金政策的宣传报道，发挥正面典型的导向作用，营造良好舆论环境。

　　住房和城乡建设部会同国家发展改革委、财政部、人民银行、国务院国资委、税务总局、市场监管总局、银保监会等部门加强协调指导，及时发现问题，督促各地切实采取措施做好阶段性减免市场主体房屋租金工作。对工作落实情况，各地要组织第三方开展评估。对工作落实不力、进展缓慢、市场主体反映问题较多的地方，住房和城乡建设部将会同相关部门予以通报，提出整改要求，切实推动政策落地落细。

　　附件：2022 年服务业小微企业和个体工商户房屋租金减免情况统计表 ①

住房和城乡建设部

国家发展和改革委员会

财政部

中国人民银行

国务院国有资产监督管理委员会

国家税务总局

国家市场监督管理总局

中国银行保险监督管理委员会

2022 年 6 月 21 日

---

① 编者注：附件略。

# 六、优化服务政策文件

## 文化和旅游部办公厅关于稳定市场主体开展"延期办"工作的通知

办市场发〔2022〕104 号

各省、自治区、直辖市文化和旅游厅（局），新疆生产建设兵团文化体育广电和旅游局：

为贯彻落实党中央、国务院关于统筹推进新冠肺炎疫情防控和经济社会发展工作的整体部署，落实全国稳住经济大盘工作会议精神，着力稳定文化和旅游市场主体，充分发挥市场主体对稳岗就业、促进经济恢复发展的重要作用，我部将在全国范围内开展文化和旅游市场各类许可证到期延续业务"延期办"工作，现将有关事项通知如下：

一、即日起，对 2022 年到期的文化和旅游市场主体相关经营许可证延长到期换证办理期限。相关许可证于 2022 年 1 月 1 日至 6 月 30 日到期的，许可证到期换证期限统一延续至 2022 年 12 月 31 日；相关许可证于 2022 年 7 月 1 日至 12 月 31 日到期的，许可证到期换证期限按原到期日延期 6 个月计算。

二、本次可延期办理到期延续业务的文化和旅游市场经营许可证件有：娱乐经营许可证（歌舞娱乐场所、游艺娱乐场所），营业性演出许可证（文艺表演团体、演出经纪机构），网络文化经营许可证（经营性互联网文化单位，经营范围为网络游戏的企业除外），电子导游证。

三、全国文化市场技术监管与服务平台、全国旅游监管服务平台将统一对满足条件的经营许可证到期换证期限进行自动延期，相关接口地区平台应同步做好调整。"延期办"期间，相关经营许可证视为正常存续，企业可继续在线办理相关行政审批业务。

四、各级文化和旅游行政部门要提高政治站位，优化审批服务，持续推动政务服务便民利企。结合本地实际，采取有效措施，通过广泛宣传、加强培训、精准辅导等措施，着力抓好细化落实。同时，进一步加强事中事后监管，确保文化和旅游市场主体经营活动规范、有序开展。

特此通知。

文化和旅游部办公厅

2022 年 6 月 10 日

# 人力资源社会保障部办公厅关于开展人力资源服务机构稳就业促就业行动的通知

人社厅函〔2022〕105 号

各省、自治区、直辖市及新疆生产建设兵团人力资源社会保障厅（局），各副省级市人力资源社会保障局：

为贯彻党中央、国务院关于稳就业、保居民就业决策部署，充分发挥人力资源服务机构匹配供需、专业高效优势，人力资源社会保障部决定开展人力资源服务机构稳就业促就业行动。现就有关工作通知如下：

一、进一步提高政治站位。就业是最大的民生，服务就业是人力资源服务业的立身之本、发展之基。各地要紧紧围绕就业谋划推动人力资源服务业发展，把服务就业的规模和质量作为衡量行业发展成效的首要标准，创新思路和抓手，广泛动员组织各类人力资源服务机构，不断扩大市场化就业服务供给，为就业大局稳定和经济社会发展贡献力量。

二、大规模开展求职招聘服务。组织各类人力资源服务机构，通过线上线下结合、跨区域协同等方式，针对多样化就业需求开展联合招聘，加大服务力度和招聘频次。鼓励人力资源服务机构积极拓展各类线上求职招聘服务模式，为劳动者精准推送就业信息，打造更优、更便捷的线上招聘服务平台，满足各类求职者就业择业需求。指导人力资源服务机构高效统筹疫情防控和就业服务，有序开展日常招聘和小型化、灵活性专场招聘活动，安全有序举办线下招聘活动。

三、全力促进高校毕业生就业。组织国家级人力资源服务产业园、国家级人才市场和人力资源服务机构，广泛收集机关事业单位、各类企业、重大项目等高校毕业生需求计划，集中推荐优质就业岗位。持续举办"国聘行动"、"全国人力资源市场高校毕业生就业服务周"、人力资源服务进校园进企业等专项活动，重点帮扶脱贫家庭、低保家庭、零就业家庭等高校毕业生就业创业。鼓励各类人力资源服务机构开展形式多样的政策宣讲、职业指导、职业能力测评、模拟实训、职业体验等活动，引导高校毕业生树立正确的职业观、就业观和择业观，提高就业能力和职业素质。支持经营状况良好、管理规范、社会责任感强的人力资源服务机构设立见习岗位，申请成为就业见习基地或创业见习基地，符合条件的给予相应补贴。

四、积极助力农民工稳定就业。依托东西部协作、对口支援机制，鼓励和引导各类人力资源服务机构开展专项招聘、供需对接等劳务协作服务，帮助农民工外出务工和就近就业。实施西部和东北地区人力资源市场建设援助计划，增强当地市场化就业服务能力。支持人力资源服务机构联合技工院校、职业培训机构和用人单位，积极开发优化技能培训产品和项目，向劳动者提供贯穿职业生涯全过程的就业培训和服务，缓解就业结构性矛盾。鼓励人力资源服务机构积极参与劳务品牌建设，培育发展一批吸纳就业能力强、富有地方特色的人力资源服务类劳务品牌。鼓励各地探索培育县域人力资源服务机构，立足当地开展有特色的劳务输出。支持人力资源服务机构与脱贫地区特别是国家乡村振兴重点帮扶县和易地扶贫搬迁安置区，广泛开展对接合作，通过设立子公司、分支机构等多种方式，形成常态化就业帮扶合作机制。

五、着力保障重点领域用工。组织引导优质人力资源服务机构广泛参与政府部门、社会组织开展的各类援企稳岗活动。聚焦制造业、服务业等重点领域、重点企业、重点项目，搭建人力资源服务供需对接平台，支持人力资源服务机构开展"组团式""一条龙""点对点"用工保障服务，按规定参与稳岗扩岗、以训稳岗、重点群体专项培训等工作。引导人力资源服务机构与重点行业企业深度合作，共同发展面向相近领域的人力资源服务技术和产品。针对受疫情影响严重、经营较为困难的地区和行业企业，有组织地开展人力资源服务机构助企纾困活动，提供劳动用工管理、薪酬管理、社保代理等服务，帮助落实各项惠企利民扶持政策。

六、创新发展灵活用工服务。支持人力资源服务机构在法律法规、政策允许的范围之内，创新运用数字技术，搭建区域间、企业间共享用工调剂平台，对行业相近、岗位相似的企业提供劳动力余缺调剂等服务。鼓励各类人力资源服务机构为餐饮、快递、家政、制造业等劳动密集型企业，提供有针对性的招聘、培训、人力资源服务外包等专业服务，维护好劳动者就业权益和职业安全。支持人力资源服务机构开发适应就业多样化需求的灵活就业平台，广泛发布短工、零工、兼职及自由职业等各类需求信息，拓宽就业渠道，为劳动者居家就业、远程办公、兼职就业创造条件。有条件的地方可选择交通便利、人员求职集中的地点设立零工市场，通过政府购买服务等方式委托符合条件的人力资源服务机构管理运营，组织劳务对接洽谈、政策法律咨询、生活服务等活动。

七、积极支持人力资源服务机构发展。广泛宣传国家和各地减税降费、稳岗补贴等稳就业促就业政策，提高人力资源服务机构的政策知晓度，加大政策落实力度。对开展促就业工作成效突出的人力资源服务机构，按规定落实减免场地租金、给予奖励补贴、选树诚信服务机构等政策措施。对提供求职招聘、保障用工、劳务对接等相关服务的机构，按规定落实就业创业服务补助政策。对符合条件的人力资源服务机构开展劳务品牌从业人员相关技能培训的，按规定纳入补贴性职业技能培训范围。国家级人力资源服务产业园要带头减免房租、物业等收费，做到应降尽降、应免尽免。对受疫情等因素影响出现困难的人力资源服务机构要加强帮扶，及时协调落实相关政策，帮助其尽快渡过难关。

八、加强人力资源市场供求信息监测。实施人力资源市场"一线观察"项目，建立健全信息采集渠道，完善定期监测与快速调查相结合的工作机制，及时准确反映就业形势和行业态势。支持各地组织人力资源服务产业园和有代表性的人力资源服务机构，通过抽样调查、形势研判等方式，定期发布人力资源市场供需状况。鼓励具有全国或区域服务网络的人力资源服务机构依托自有求职招聘信息和数据库，开展市场供需、人员薪酬等分析预测，为劳动者求职、用人单位招聘用工提供参考。

各地要高度重视、精心组织人力资源服务机构稳就业促就业行动，加强统筹调度，充分调动各类人力资源服务机构、行业协会等多方力量，增强稳就业促就业实效性。开展清理整顿人力资源市场秩序专项行动，坚决防止和纠正就业歧视，打击违法违规行为，维护劳动者就业权益。及时总结工作中的经验做法，遴选典型案例，通过多种形式宣传推广，营造良好社会氛围。各地有关工作情况和成效，请于12月31日前报送人力资源社会保障部流动管理司。

人力资源社会保障部办公厅

2022 年 6 月 30 日

# 关于中央企业助力中小企业纾困解难
# 促进协同发展有关事项的通知

国资发财评〔2022〕40号

各中央企业：

为贯彻落实党中央、国务院决策部署，支持中小企业健康发展，着力构建大中小企业相互依存、相互促进、共同发展的良好生态，不断增强国民经济发展韧性和产业链供应链稳定性，现就推动中央企业采取有力有效措施助力中小企业纾困解难，促进协同发展有关事项通知如下：

**一、及时足额支付账款，助力缓解中小企业资金困难**

严格落实《保障中小企业款项支付条例》，对中小企业账款坚持"应付尽付、应付快付"，从制度、机制、流程和信息化管控上杜绝滥用市场优势地位恶意拖欠账款行为。

1. 严格按照合同约定的时间、方式，及时足额支付中小企业款项。对于出现临时资金周转困难的子企业，集团公司或上级单位要给予临时性资金或增信支持，确保及时足额支付中小企业账款。

2. 对于长期合作、信誉良好、履约及时、确有困难的中小企业，在确保资金安全、对方书面申请、严格履行内部决策程序的前提下，可提前支付或预付部分账款。

3. 加强合规管理，清理霸王条款，不得设立不合理的付款条件、时限。严控"背靠背"付款条款，加强上游款项催收，上游付款后要及时对中小企业付款。

4. 严格票据等非现金支付管理，现金流较为充裕的企业要优先使用现金支付中小企业账款。未事先明示、书面约定非现金支付的，原则上不得使用非现金支付。开具的商业承兑汇票和供应链债务凭证期限原则上不得超过6个月。

**二、切实加快减免房租，助力支持服务业小微企业和个体工商户渡过难关**

认真落实《关于做好 2022 年服务业小微企业和个体工商户房租减免工作的通知》（国资厅财评〔2022〕29 号，以下简称 29 号文件）要求，坚持"应免尽免、应免快免"，切实加快减免房租政策落地。

5. 对承租中央企业房屋的服务业小微企业和个体工商户，要在 2022 年普遍减免 3 个月租金，并力争在上半年完成减免主体工作。对 2022 年租期分属不同承租人的，要根据不同承租人实际租期按比例减免。

6. 对 2022 年被列为疫情中高风险地区所在县级行政区域内，承租中央企业房屋的服务业小微企业和个体工商户，再补充减免 3 个月租金，补充减免工作要在所在县级行政区域出现疫情中高风险地区后 2 个月内完成。

7. 对于转租、分租中央企业房屋的，要持续加大工作力度，确保减租政策有效传导至实际承租人。对于所属股权多元化子企业，要积极沟通协调，争取中小股东理解支持，在规范履行内部决策程序后，尽快减免租金。

8. 出租房屋所在地政府出台房租减免政策力度大于 29 号文件要求的，要认真执行属地政策，确保政策不打折扣。对参股企业所属房屋，要积极承担股东责任，与其他股东协商争取支持。不属于 29 号文件规定减免对象的中小企业提出减免房租申请的，鼓励中央企业本着互惠互利、友好协商、规范决策、共渡难关的原则，在能力可及范围内给予必要帮扶。

**三、大力实施降费提质，助力降低中小企业运行成本**

充分发挥中央企业基础支撑作用，加强生产要素保障，积极落实降费提质要求，为中小企业提供精准、高效、便捷的服务和充足、可靠、优质的供给。

9. 坚决配合地方政府价格主管部门和市场监管部门清理转供电环节不合理加价。对于转供电主体内部产权明晰、具备改造条件的，有序推进"转改直"工作。按照国家有关要求清理规范城镇供电收费，进一步规范收费项目和标准。

10. 落实好餐饮、零售、旅游、民航、公路水路铁路运输等特困行业有关纾困扶持措施，积极配合地方价格主管部门做好特困行业小微企业和个体工商户实行用电阶段性优惠工作。对受疫情影响暂时出现生产经营困难的小微企业和个体工商户用水、用电、用气实行"欠费不停供"，允许其在 6 个月内补缴欠费。

11. 加快推动 5G、人工智能、工业互联网、物联网、大数据、区块链等创新技术与实体产业融合应用，支持中小企业数字化转型。加快发展 5G 和千兆宽带网络，提升服务质量和水平，打通宽带入户"最后一公里"，确保2022年对中小企业宽带和专线平均资费再降10%。加大云盘、云会议等云办公产品优惠力度，减轻疫情对中小企业线下办公的影响。

12. 创新服务手段，对用水、用电、用气等实施阳光服务，加快实现缴费、保修等"一网通办"。积极建云建平台，大力推进"云采购""云签约""云结算""云物流"，努力让信息多跑路，尽可能节约中小企业"脚底"成本，积极为受疫情影响较大的中小企业减免用云、用平台的费用。

13. 高质量提供煤电油气运等基础服务，做好大宗原材料保供稳价工作，严禁串通涨价、哄抬价格等违法违规行为，带头维护市场价格秩序。发挥物流企业的基础性保障功能，统筹运力，优化航线，加快打造畅通、安全、高效的物流运输通道，促进物流循环畅通。

**四、有力支持资金融通，助力缓解中小企业融资困难**

充分发挥中央企业市场资源优势，运用大数据、区块链等技术手段，推动以融促产，实现自身优质资信与产业链供应链中小企业共享，畅通上下游资金循环。

14. 加大对商用货车消费贷款的支持力度，有效缓解物流企业和个体货车司机贷款偿还压力。中央汽车企业所属金融子企业要发挥引领示范作用，对2022年6月30日前发放的商用货车消费贷款给予6个月延期还本付息政策支持。

15. 积极发挥产业链"核心"企业作用，支持配合上下游中小企业开展供应链融资，努力实现自身优质信用与上下游中小企业共享。中小企业需要以其持有的中央企业集团内单位应付账款、出具的商票和供应链债务凭证等办理融资业务的，要及时确权，严禁高息套利。

16. 积极发挥供应链服务平台作用，基于真实业务数据为上下游中小企业信用赋能，助力中小企业拓展融资渠道、获取低成本资金、减少资金占用。借鉴电e金服"电e贷"、中储智运"运费贷"等供应链平台服务中小企业的经验，立足自身创新服务中小企业方式。

17. 持续推进保函（保险）替代现金保证金，不得向中小企业超比例收取或变相收取不合理的保证金，不得限定中小企业提供保证的方式，及时退还到期保证金。

**五、持续加大创新支持，着力推动大中小企业融通创新**

立足构建新发展格局，发挥中央企业科技引领和带动作用，支持创新型中小企业成长为创新重要发源地，深入开展大中小企业融通创新"携手行动"，推动产业链上中下游、大中小企业融通创新。

18.充分发挥中央企业产业基金和创业投资基金作用，立足主责主业，吸引带动各类资本支持产业链供应链上下游符合国家战略、有技术优势、有发展潜力的中小企业创新发展，共同推动科技创新和突破关键核心技术、培育战略性新兴产业，服务产业转型升级和发展。

19.继续面向全社会举办中央企业熠星创新创意大赛，加强创新资源要素供给和科技成果转化服务，开展创新管理培训和创业辅导等，促进大赛项目成果转化落地。

20.完善协同创新体系，充分发挥科研院所转制企业作用，构建开放、协同、高效的共性技术研发平台，积极参与国家实验室建设，建立一批高水平创新联合体、产业技术创新联盟和公共研发平台，打造高水平"双创"平台，加大对中小企业创新支持力度。

21.加快打造原创技术策源地，主动对接国家重大战略，与包括中小企业在内的各类主体一道协同攻关，着力突破产业链供应链堵点卡点。支持在产业链供应链上下游培育一大批领军企业和专精特新"隐形冠军"企业。

**六、不断强化引领带动，着力实现大中小企业协同发展**

有效发挥国有资本带动作用，实施现代产业链链长行动计划，持续向产业链中具有高端引领和基础支撑作用的关键环节布局，全力稳链补链固链，为中小企业的发展提供更多应用场景和市场机会。

22.推动各项稳增长措施落实落地、不断加力，积极扩大有效投资，尽快落地一批"十四五"规划明确的重大项目，尽早形成更多实物工作量，提前为上下游释放订单需求，稳定中小企业预期。

23.积极采购中小企业优质产品和服务，提升供应链管理水平，深化供需精准匹配，规范采购交易行为，不得设置不合理条件，限制排斥中小企业参与。

24.围绕主业，加强与高匹配度、高认同感、高协同性的中小企业合作，积极通过投资合作、项目合作、产业共建、搭建联盟等方式，支持带动产业链上下游中小企业协同发展。

25.发挥产业链核心作用，更好发挥特殊关键时期中央企业在畅通产业循环、市场循环、经济社会循环等方面的龙头带动作用，为受疫情影响的上下游中小企业复工复产提供必要支持。

## 七、切实加强组织保障，着力推动各项措施落实落地

各中央企业要从做好"六稳"工作、落实"六保"任务，有效发挥国有经济战略支撑作用的高度出发，落实落细各项支持政策，让上下游广大中小企业"看得见、摸得着、有感受、得实惠"，关键时刻彰显央企担当。

26. 建立健全工作机制，大力强化组织领导，完善内部考核奖惩要求，结合自身实际细化实化操作流程。按照有关部门和各地促进中小企业发展工作要求，积极组织参与中小企业服务月活动，畅通中小企业诉求受理渠道，更好宣传落实国资央企服务中小企业相关政策措施。

27. 因落实减免房租等帮扶中小企业纾困解难有关政策，对当期经营业绩造成影响的，国资委将在经营业绩考核中实事求是予以考虑。

国资委将加强有关政策落实工作的督促检查力度，对及时支付中小企业账款、减免服务业小微企业和个体工商户租金等政策执行不到位、走过场、或经核实有关投诉反映问题属实的，国资委将按照有关规定严肃追责问责。

国资委

2022 年 5 月 19 日

# 国家知识产权局关于知识产权政策实施提速增效促进经济平稳健康发展的通知

国知发运字〔2022〕25 号

各省、自治区、直辖市和新疆生产建设兵团知识产权局，四川省知识产权服务促进中心，各地方有关中心：

为深入贯彻习近平总书记"疫情要防住、经济要稳住、发展要安全"的重要指示精神，全面落实全国稳住经济大盘电视电话会议部署要求，高效统筹疫情防控和经济社会发展，以更强的紧迫感、更高的主动性抢抓当前关键时间窗口，进一步推进知识产权政策实施提速增效，促进经济平稳健康发展。现就相关工作通知如下。

一、加速释放知识产权资金政策效应，稳定预期提振发展信心

（一）实施专利年费缴纳延期政策。对于专利年费（不含授权后首年年费）缴纳期限届满日在 2022 年 6 月 15 日至 2022 年 12 月 31 日之间，且享受我国专利费用减缴政策的专利权，将该专利年费缴纳期限届满日自动延长至 2023 年 6 月 15 日，其间不产生滞纳金。

（二）推动专利转化专项计划奖补资金迅速落地。专利转化专项计划奖补省份要加紧制定资金使用方案，第一时间提前开展项目征集储备，重点支持具有专利转化需求、符合相关项目支持条件、受疫情影响较大存在短期困难的市场主体，力争在中央财政资金下达一个月内启动项目实施。

（三）充分利用知识产权运营项目存量资金。有关地方要积极盘活股权投资、基金等市场化方式支持的知识产权运营相关项目资金，对于到期退出的中央和地方财政资金，及时协调同级财政部门统筹用于知识产权运用促进工作，重点向直接惠企纾困的支出方面倾斜，力争在 2022 年上半年应支尽支。尚有结转资金的第三批、第四批知识

产权运营服务体系建设重点城市要切实加快资金执行进度、提升使用绩效，直接惠企的项目要先行落地，在2022年底前将全部资金执行完毕。

**二、有效发挥知识产权制度效能，支撑发展服务实体经济**

（四）便利知识产权申请注册和权利救济。继续执行好《关于专利、商标、集成电路布图设计受疫情影响相关期限事项的公告》（国家知识产权局公告第三五零号），以便利受疫情影响市场主体办理知识产权事务、减轻市场主体负担为原则，放宽恢复权利请求证明材料的要求。充分发挥专利优先审查、商标注册申请快速审查、知识产权保护中心等机制作用，建立涉及新冠肺炎防治的专利申请绿色通道，全力支持疫情防控和经济社会发展。对受疫情影响较大地区提出的有助于当地特色经济发展的集体商标、证明商标和地理标志商标注册、地理标志产品认定、地理标志专用标志核准，在符合相关条件下提前审查。用好在我国正式生效的《工业品外观设计国际注册海牙协定》，大幅提升市场主体外观设计全球布局效率。

（五）加快提升市场主体知识产权行政保护效能。各地要加强知识产权保护规范化市场建设，开展知识产权保护规范化市场认定，充分发挥商贸流通领域知识产权保护引领示范作用。加大对侵犯各类市场主体专利权的行政裁决工作力度，增强市场主体创新发展的恒心和信心。开展知识产权纠纷快速处理试点，依托知识产权保护中心和快速维权中心，促进知识产权纠纷高效、快速解决，助力市场主体降低知识产权保护成本。加强海外知识产权纠纷应对和维权援助，为"走出去"企业提供高水平专业化公益性指导服务，帮助企业降低海外知识产权维权成本。

（六）发挥商标和地理标志品牌作用引导促进消费。各地要指导商标品牌指导站、地理标志展示推广中心对餐饮、文旅等受疫情影响较大行业开展重点帮扶，组织品牌集中宣传推介等公益服务，提升品牌声誉，引领带动消费，形成一批以商标和地理标志品牌助力企业渡过难关的典型案例。总结借鉴参与5月初"双品网购节"经验，继续巩固加强与商务等部门密切配合，用好电商展销媒介，拓展品牌消费渠道，紧抓重点节日营销热点，大力推动地理标志产品销售在"双品网购节"38亿元销售额基础上再接再厉，全年持续推进品牌消费升级。

**三、加快推动知识产权价值实现，畅通循环增强发展动力**

（七）用好知识产权质押途径支持中小微企业融资。各地要深入开展知识产权质押融资入园惠企行动，集中组织政策宣讲、需求调研、银企对接等系列活动，以知识产权、信用数据为基础，综合知识产权获奖、试点示范称号、贷款偿还等情况，推动建立企业"白名单"筛选机制。重点发挥商标质押独特作用，摸清受疫情影响较大的餐饮、文旅等行业融资需求，一体推进"快评、快审、快登、快贷"。充分利用普惠金融政策利好，做好知识产权质押贷款存量企业还款能力调查，加大受困市场主体知识产权质押贷款利息、评估、保险等有关费用补贴力度。各地要多措并举、持续发力，在一季度全国知识产权质押融资金额增长48.6%的基础上，力争下半年势头不减，实现全年知识产权质押融资稳中有进，稳中向好。

（八）实施专利开放许可试点降低企业获取专利技术成本。各地要积极开展专利开放许可试点，鼓励高校院所、国有企业筛选有市场化前景、应用广泛、实用性较强的专利技术参与开放许可，引导通过免费许可、分阶段许可等多种定价模式，降低市场主体技术获取成本和交易成本。达成专利许可后，鼓励继续为企业提供专利实施的公益性技术指导，帮助快速完成技术升级或新产品投产，加快推动复工达产。

（九）运用专利导航帮助企业提高研发创新效率。各地要针对产业发展特点和需求，支持面向中小企业开展专利导航专项服务，切实帮助企业在信息获取、合作对接、产品开发、风险规避等环节少走弯路、节约成本，支撑企业在困难条件下研发不断、创新不停，助力提升市场控制力与核心竞争力。向社会推出一批专利导航公益性服务产品，加快专利导航示范项目成果共享和推广应用，避免企业重复投入。

**四、持续优化知识产权服务机制，便民利企激发发展活力**

（十）降低知识产权信息获取成本。上线运行面向公众的智能化专利检索及分析系统，在国务院客户端增加专利公布和商标公告手机端查询功能，提高知识产权信息获取便利度。强化知识产权基础数据普惠性供给，将专利数据服务试验系统数据下载带宽扩充一倍增至200M。建设新兴重点产业知识产权专题数据库，探索向具备数据加工及分析利用能力的市场主体按需免费提供知识产权标准化数据，降低数据再加工成本。

（十一）便利知识产权业务受理办理。各知识产权业务受理窗口要动态调整服务措施，畅通电话咨询和网上办理渠道，积极提供少跑腿、少接触的便利化服务。扩大企业变更登记和商标变更申请同步受理、银行业金融机构专利权质押登记线上办理试点范围，提高业务办理的便利度和即时性。开通专利商标质押登记绿色通道，将专利质押登记电子化申请和商标质押登记审查周期压缩至一个工作日。

（十二）丰富知识产权服务供给。各地要深入开展"知识产权服务万里行活动"，引导服务机构对受困市场主体提供专利商标代理援助等公益服务，切实解决实际困难。鼓励产业知识产权运营中心、知识产权保护中心、公共服务节点网点等载体发挥资源优势，对受困市场主体免费开放知识产权便利化服务工具。依托中国知识产权远程教育平台等载体，推出更多网络精品课程，更好满足疫情环境下市场主体对培训的迫切需求。

国家知识产权局将进一步加强统筹协调、政策供给和信息共享，及时协调解决突出问题，加大典型案例宣传力度，对措施得力、成效突出的省份，将在知识产权有关项目名额分配和遴选评审时予以倾斜，并在相关督查激励考核评审中予以加分。各地知识产权管理部门要紧抓知识产权强省强市启动建设的重要契机，更大力度争取地方党委政府支持，加大知识产权工作保障力度，力争知识产权惠企利民资金总盘子只增不减。在知识产权项目立项、遴选和资金拨付上，要加快节奏、优化流程、便捷办理，让政策更快惠及市场主体。要深入落实本通知要求，结合实际细化具体措施，扎实推动各项政策落地见效。2022 年 6 月底前，与促进经济平稳健康发展密切相关的知识产权政策措施要应出尽出，相关政策措施出台后请抄送国家知识产权局知识产权运用促进司。

特此通知。

国家知识产权局

2022 年 5 月 30 日

# 中华全国总工会办公厅关于进一步规范全民健身等相关工会经费使用管理的通知

总工办发〔2022〕12号

各省、自治区、直辖市总工会，中华全国铁路总工会、中国民航工会、中国金融工会，中央和国家机关工会联合会：

为贯彻落实党中央、国务院有关决策部署，充分彰显各级工会组织在服务经济社会发展大局中的担当作为，切实规范职责履行中工会经费的使用管理，现就进一步规范相关工会经费使用管理的有关事项通知如下。

**一、广泛参与，充分发挥各级工会在全民健身运动中的积极作用**

1. 开展职工文体活动是工会组织丰富职工文化生活、直接服务职工群众的重要手段，职工健身活动是职工文体活动的一项重要内容。各级工会要提高政治站位，把增强职工开展全民健身运动的参与度作为贯彻落实中共中央、国务院《关于构建更高水平的全民健身公共服务体系的意见》的重要任务来抓，不断提高职工群众身体素质和健康水平。

2. 县级以上工会应主动向地方党委汇报，争取地方政府支持，加强工人文化宫等职工服务阵地建设，并根据地方全民健身公共服务体系建设发展规划，充分利用工人体育场（馆）、工人文化宫等职工服务阵地，组织开展区域性、行业性职工健身等职工文体活动。自身没有服务阵地的县级以上工会，可以通过购买服务的方式，组织开展包括健身活动在内的区域性、行业性职工文体活动。要将职工文体活动纳入本级购买服务目录，所需经费纳入本级经费年度收支预算，规范购买服务程序，加强经费使用管理。

3. 基层工会要加强与所在单位行政部门沟通协调，积极争取专项资金为职工配备健身设施、健身器材，组织职工参与职工健身活动。基层工会自身健身设施设备不能满足职工会员需求的，每年可以按照一定标准为职工会员购买健身服务，所需经费纳入基层工会年度收支预算。基层工会年度文体活动支出预算不能全部用于购买健身服务支出。购买健身服务的项目、标准由基层工会制定具体办法予以明确，经基层工会委员会或工会代表大会批准后执行。

**二、齐心协力，推动巩固拓展脱贫攻坚成果同乡村振兴战略有效衔接**

4. 各级工会要根据当地党委、政府的部署安排，立足工会自身实际，按照国家发展改革委等30个部门《关于继续大力实施消费帮扶巩固拓展脱贫攻坚成果的指导意见》（发改振兴〔2021〕640号）的任务分工，落实具体措施。

5. 各级工会要加强职工思想政治引领，大力宣传国家脱贫攻坚取得的伟大成就和实施乡村振兴战略的重大意义，引导干部职工培养健康、绿色的消费习惯，自发消费脱贫地区产品和旅游服务，持续实施消费帮扶，巩固拓展脱贫攻坚成果。

6. 各级工会要把消费帮扶作为定点帮扶的重要内容。县级以上工会机关的内部食堂，以及各级工会组织的内部商超及所属宾馆、酒店等企事业单位根据实际需要，在同等条件下可优先采购脱贫地区产品，有条件的可签订直供直销和长期供货合同。各级工会可按照同级财政部门或单位行政的有关规定，预留一定比例的食堂食材采购份额，用以采购脱贫地区农副产品。

7. 县级以上工会采取"积分换购"等方式组织线上学习、培训时，换购产品可适当扩大脱贫地区产品和服务消费份额。符合《全国总工会关于进一步加强和规范劳模疗休养工作的意见》（总工办发〔2019〕21号）中要求的休息、疗养、康复治疗等相关标准的脱贫地区接待单位，可作为职工（劳模）疗休养接待场所。

8. 基层工会按照规定组织节日慰问、生日慰问或其他相关工会活动时，同等条件下可优先采购脱贫地区产品作为慰问品。

**三、积极配合，为服务业领域困难行业恢复发展贡献工会力量**

9. 各级工会要积极配合政府有关部门贯彻落实《关于促进服务业领域困难行业恢复发展的若干政策》（发改财金〔2022〕271号），加大小微企业工会经费支持政策的执行力度，确保包括服务业领域小微企业在内的小微企业工会经费全额返还，促进服务业领域困难企业健康发展。

10. 县级以上工会开展职工疗休养等工会活动涉及方案制定、组织协调等确需购买外部服务的，可根据采购管理的有关规定，履行必要的采购程序，选取旅行社承接，明确服务内容、服务标准，合理确定预付款比例，并按合同约定及时向旅行社支付费用。由旅行社承接劳模疗休养活动的，应严格按照《全国总工会关于进一步加强和规范劳模疗休养工作的意见》（总工办发〔2019〕21号）的有关规定执行。

11. 基层工会按照规定组织的职工春秋游，确需购买外部服务的，可根据采购管理的有关规定，履行必要的采购程序，选择旅行社承接。

12. 各级工会组织的会展活动，确需购买外部服务的，可根据采购管理的有关规定，履行必要的采购程序，选择会展服务类企事业单位承接。

**四、强化监管，确保相关工会活动经费安全、规范、有效使用**

13. 各级工会组织要始终坚持党政所需、职工所盼、工会所能的工作原则，立足自身实际，统筹资源手段，为构建更高水平的全民健身公共服务体系、促进服务业领域困难行业恢复发展、推动实现巩固拓展脱贫攻坚成果同乡村振兴有效衔接，作出工会组织应有的贡献。

14. 各级工会要切实加强相关工作具体实施中的经费管理使用，完善管理制度，规范操作流程，严肃财经纪律，强化监督检查，严禁将购买旅行社服务异化为公款旅游，严禁将购买健身服务、消费帮扶变相为滥发津贴、补贴，严禁以商业预付卡方式提供相关服务。各级工会经审部门要加强审查审计监督，确保相关经费安全有效使用。

15. 各省级工会可根据实际工作需要，补充完善本地区、本行业、本系统《县级以上工会经费支出管理暂行办法》和《基层工会经费收支管理办法》的实施办法或实施细则，进一步增强制度执行的针对性、实效性。

中华全国总工会办公厅

2022年6月29日

# 七、精准防控政策文件

## 文化和旅游部办公厅关于加强疫情防控科学精准实施跨省旅游"熔断"机制的通知

文旅发电〔2022〕113号

各省、自治区、直辖市文化和旅游厅（局），新疆生产建设兵团文化体育广电和旅游局：

为贯彻落实党中央、国务院关于疫情防控战略部署，统筹疫情防控和经济社会发展，跨省旅游"熔断"机制于2021年8月开始实施，对做好疫情防控工作发挥了积极作用。结合当前疫情形势和旅游市场实际情况，现就加强疫情防控，更加科学精准实施跨省旅游"熔断"机制有关事项通知如下：

一、对出现中高风险地区的县（市、区、旗）和直辖市的区（县），立即暂停旅行社及在线旅游企业经营进出该地的跨省团队旅游及"机票＋酒店"业务。

二、待无中高风险地区后，恢复旅行社及在线旅游企业经营进出该地的跨省团队旅游及"机票＋酒店"业务。

三、跨省团队旅游及"机票＋酒店"业务暂停及恢复具体事宜由各省级文化和旅游行政部门通过门户网站及时公布。旅行社及在线旅游企业要密切关注各地疫情动态，及时调整旅游产品和团队行程。

四、各地要深刻认识做好疫情防控工作的重要性，指导督促旅行社及在线旅游企业严格执行《旅行社新冠肺炎疫情防控工作指南（第四版）》，压实企业主体责任，强化关键环节管理，扎实做好疫情防控工作；要加强对旅行社及在线旅游企业疫情防控措施落实情况的督导检查，严肃查处违法违规经营活动。

　　特此通知。

文化和旅游部办公厅

2022 年 5 月 31 日

# 文化和旅游部办公厅关于将旅游专列业务纳入跨省旅游"熔断"机制统一管理的通知

文旅发电〔2022〕148号

各省、自治区、直辖市文化和旅游厅（局），新疆生产建设兵团文化体育广电和旅游局：

为贯彻落实党中央、国务院关于高效统筹疫情防控和经济社会发展的决策部署，结合当前疫情防控形势和旅游市场发展情况，现就旅行社和在线旅游企业经营旅游专列业务有关事项通知如下：

即日起，恢复旅行社和在线旅游企业经营旅游专列业务。按照《文化和旅游部办公厅关于加强疫情防控 科学精准实施跨省旅游"熔断"机制的通知》（文旅发电〔2022〕113号）要求，将旅游专列业务纳入跨省旅游"熔断"机制统一管理。各地要严格执行《旅行社新冠肺炎疫情防控工作指南（第四版）》，压实企业主体责任，扎实做好旅游专列疫情防控工作。

特此通知。

文化和旅游部办公厅

2022年7月7日

# 文化和旅游部办公厅关于做好行政审批过程中新冠肺炎疫情防控提示提醒工作的通知

办市场函〔2022〕182号

各省、自治区、直辖市文化和旅游厅（局），新疆生产建设兵团文化体育广电和旅游局：

为深入贯彻落实党中央、国务院决策部署，统筹疫情防控和经济社会发展，落实落细疫情防控措施，经研究，决定在行政审批过程中开展新冠肺炎疫情防控提示提醒工作，现就有关事项通知如下：

一、各级文化和旅游行政部门在开展行政审批或者备案过程中，应当主动提醒申请人做好经营场所和活动的疫情防控工作，颁发许可证、批准文件或者备案文件时，应当向申请人发放《文化和旅游市场新冠肺炎疫情防控提示》（模板见附件①），提示提醒申请人落实疫情防控主体责任，严格执行"扫码、测温、佩戴口罩"等防控措施。

二、提示提醒范围：新审批或者备案的娱乐场所、互联网上网服务营业场所、剧本娱乐经营场所、演出场所、旅行社、艺术品经营单位、演出经纪机构、文艺表演团体以及拟举办的营业性演出等。

三、各地要高度重视，在行政审批过程中主动做好提示提醒服务工作。在市场主体营业前或者活动开展前，提示提醒其落实疫情防控要求，将疫情防控工作由事中事后向事前延伸和拓展，提高市场主体疫情防控意识，指导申请人提前做好疫情防控各项准备。各省级文化和旅游行政部门要统筹安排，精心部署，切实推动提示提醒工作

---

① 编者注：附件略。

落实落地，坚决遏止疫情通过文化和旅游领域传播扩散。

　　特此通知。

文化和旅游部办公厅

2022 年 7 月 11 日

地方政策文件

# 北京市文化和旅游局关于印发《关于促进文化和旅游业恢复发展的若干措施》的通知

京文旅发〔2022〕78号

各区文化和旅游局，经开区宣传文化部，各相关单位：

经市文化和旅游局研究，现将《关于促进文化和旅游业恢复发展的若干措施》印发给你们，请结合实际，全力抓好助企纾困工作落实。

特此通知。

北京市文化和旅游局

2022年8月10日

## 北京市文化和旅游局关于促进文化和旅游业恢复发展的若干措施

为深入贯彻党中央、国务院"疫情要防住、经济要稳住、发展要安全"的决策部署，认真落实国家发展改革委等部门《关于促进服务业领域困难行业恢复发展的若干政策》（发改财金〔2022〕271号）、文化和旅游部办公厅《关于抓好促进旅游业恢复发展纾困扶持政策贯彻落实工作的通知》（办产业发〔2022〕55号）、北京市政府《北京市统筹疫情防控和稳定经济增长的实施方案》（京政发〔2022〕23号）以及市政府办公厅《关于继续加大中小微企业帮扶力度加快困难企业恢复发展的若干措施》（京政办发〔2022〕14号）等文件精神，加快推出文旅领域助企纾困政策措施，帮助企业渡过难关、恢复发展，制定如下工作措施。

**一、落实暂退旅游服务质量保证金政策**

加大旅游服务质量保证金扶持政策力度，对符合条件的旅行社旅游服务质量保证金暂退比例由 80% 提高至 100%。同时扩大享受政策的旅行社范围，延长政策时间至 2023 年 3 月底。

**二、促进文化旅游休闲消费**

7 月至 9 月，组织开展京郊休闲游活动，发放旅游住宿消费券，鼓励市民京郊错峰休闲度假。推出消夏延庆、休闲密云、品酒房山等 10 个"北京微度假"目的地，打造 21 条"漫步北京"文旅骑行线路，推出 10 条"二十四节气"主题游线路和 10 条"京郊之夏"精品农事体验游线路。持续培育北京网红打卡新文旅消费品牌。加快推进国家级夜间文化和旅游消费集聚区建设，努力扩大夜间文化和旅游消费。

**三、进一步优化审批服务**

依法审批，优化服务，针对信用良好的企业实行容缺受理，并在承诺办理时限的基础上再缩短 3 个工作日（告知承诺审批事项除外）；对近期到期的文化和旅游市场经营许可证进行延期办理。

**四、推动文化旅游投融资交易**

联合北京产权交易所，充分发挥北京旅游资源交易平台作用，设立"北京文旅投融资"专题板块，为文旅企业和项目招商、融资、股产权转让、资源对接、合作推介等提供专业化、系统化、精细化服务。2022 年"北京文旅投融资"板块将面向社会资本、金融资本集中推出一批重点文旅项目，并对北京地区文旅企业挂牌项目免收挂牌费，无偿提供投融资咨询和线上推介服务，进一步降低文旅企业的投融资交易成本，为文旅企业恢复发展提前进行项目储备。

**五、提升旅游融资担保服务水平**

利用京郊旅游融资担保服务体系，对乡村民宿、乡村旅游特色业态、民俗旅游户等中小微旅游企业（户）采取积极稳妥的担保策略，协调合作银行对困难旅游企业不抽贷、不断贷、不压贷，积极做好续贷服务，努力做到应续尽续、能续快续。对受疫情影响较大的乡村旅游小微企业（含个体工商户）2022 年新申请的银行贷款由京郊旅游融资担保服务体系提供担保的，按 0.5% 的费率收取担保费。鼓励各区为获得旅游融资担保的项目提供担保费补贴和贴息支持。

## 六、做好京郊旅游保险服务

持续推进京郊旅游政策性保险服务体系建设，通过财政补贴 80% 保费的方式，进一步做好乡村民宿、乡村旅游特色业态、民俗旅游户及 3A 级（含）以下等级旅游景区的投保续保工作，为中小微旅游企业（户）复工达产（在疫情结束后及早投入运营）创造良好条件，提升经营抗风险能力。

## 七、发挥文化艺术基金扶持引导作用

发挥北京文化艺术基金导向性、示范性、公益性作用，围绕舞台艺术创作、传播交流推广和艺术人才培养三大领域持续开展资助。对受疫情影响导致项目执行计划变更的情况，采取适当延长项目执行时间，将线上展演、线上培训纳入结项认定场次，提升中期监督及结项验收频次、加快拨付相关款项等措施，帮助企业纾困解难。

## 八、加强演出行业纾困帮扶

将原剧院服务平台政策升级调整为演艺服务平台，通过政府引导、社会参与、市场运作的方式，以支持重点剧目演出、培育多元演出空间、打造演艺服务品牌为政策目标，精准发力、有效施策，更好地为演出市场主体提供服务、搭建平台，更加精准扶持演艺行业复苏发展。

## 九、推动全市普惠性政策在文旅领域加快落地

建立与市财政局、市人力社保局、市税务局、市国资委、市金融监管局、市经济和信息化局等部门和各区协同联动的工作机制，强化政策宣传解读，扩大政策知晓度，创建绿色通道，帮助文旅企业明晰"减免房租、缓缴社保、组合式税费支持、首贷贴息"等普惠性政策实施路径，服务文旅企业及早获得政策支持。

## 十、强化文旅企业员工线上线下培训

开展京郊旅游从业人员素质提升工作，通过在线授课、实践教学等形式增强相关人员运营管理能力和综合素质。开展北京非遗传承人群研修培训，发挥首都高校资源优势，提升相关人群实践和传承能力。

## 十一、充分发挥社会组织作用

充分发挥文化和旅游类行业协会作用。搭建政企沟通平台，及时反映文旅市场主体政策诉求、发布政府政策信息；构筑行业交流平台，掌握文旅市场主体经营困难和需求，推动行业共进互助；加强行业培训，弘扬行业楷模、鼓舞行业士气，团结带领文旅市场主体共克时艰。充分发掘和利用文化旅游类社会组织智库资源，广泛听取智库专家学者关于疫情平稳后提振文化旅游市场的意见建议，扶持引导文旅市场安全健

康有序发展。

**十二、认真落实科学精准的疫情防控措施**

严格落实北京市疫情防控工作部署和文旅部文旅行业疫情防控工作要求，统筹做好疫情防控和文化旅游业恢复发展，根据疫情形势，关注社会需求，因时因势不断科学精准调整疫情防控指引和相关防疫措施，为行业疫情防控和复工复产提供指导和遵循。

# 天津市文化和旅游局关于印发《天津市文化和旅游局贯彻落实稳经济政策若干举措》的通知

津文旅办〔2022〕21 号

各区文化和旅游局：

为最大限度减轻疫情对文旅业的影响，我局结合全市文旅行业实际，从加快文旅战略合作重点项目建设、积极促进文旅市场消费活力、持续加大文化和旅游企业纾困力度、深入开展文化和旅游领域助企服务等 4 个方面，提出 11 项具体举措，着力帮助我市文旅企业渡过难关。现将《天津市文化和旅游局贯彻落实稳经济政策若干举措》印发给你们，请结合工作实际，抓好贯彻落实。

天津市文化和旅游局

2022 年 6 月 10 日

## 天津市文化和旅游局贯彻落实稳经济政策若干举措

根据党中央、国务院和市委、市政府的决策部署，为认真落实《天津市贯彻落实扎实稳住经济的一揽子政策措施实施方案》（津政发〔2022〕12 号），全市文化和旅游部门在扎实推动 5 月 23 日市发改委、市文化和旅游局等 14 个部门联合印发的《关于促进服务业领域困难行业恢复发展的若干措施》（津发改财金〔2022〕141 号）的基础上，进一步贯彻新发展理念，构建新发展格局，推动高质量发展，统筹疫情防控和复工复产，稳定企业主体、服务企业发展，推动文化旅游转型升级和提质增效。现就全市文化和旅游领域稳经济工作再提出如下若干举措。

## 一、大力推进文化和旅游项目投资建设

### 1.加快文旅战略合作重点项目建设

推动东方农道集团、荣程文化产业发展集团、携程集团、支付宝公司、中国银联天津分公司等14家龙头企业落实与市文旅局签署的战略合作协议。重点推动曙光水镇二期、创意米兰时尚生活广场、VI科技展馆、津围北二线"网红公路"、北方红色旅游接待中心、半壁山山水隐逸小镇、时代记忆一带一路国际馆等10余个项目，尽快完成协议中约定投资额。

### 2.全力推进文旅项目提质升级

支持相关景区结合自身特色，丰富和完善产业业态，全面改善夜景灯光、夜市购物、餐饮娱乐等夜间环境，策划和打造高科技灯光秀等品牌活动，延长游客的停留时间，促进景区和周边地区消费。指导鼓励蓟州、宝坻、宁河等涉农区培育打造一批特色民宿、精品民宿。

## 二、积极提升文旅市场消费活力

### 3.发放旅游消费和补贴券

鼓励中国银联发挥优势，开展助企惠民活动，面向景区和旅行社等领域投放天津旅游消费券，并面向全市导游员发放消费补贴，稳定导游员队伍。

### 4.积极引入互联网资源

与抖音、携程、支付宝、美团等互联网龙头企业积极对接，推动其年内投入近千万元流量和技术资源，在做好宣传引流的基础上，着重提高消费转化率。借助美团一千零一夜直播平台进行天津文旅产品的直播带货活动，免费在线促销吃住行游购娱等相关产品。组织500万至千万级粉丝量的抖音主播为特色民宿和特色乡村游开展直播，挖掘天津乡村旅游的新玩法，打造抖音网红旅游线路。

### 5.拓展"天津有礼"消费潜力

甄选最能代表天津特色的旅游商品，打造"天津有礼"礼盒套装。结合"你好·天津"系列直播活动，做好"天津有礼"的线上线下的全方位宣传，重点突出天津的文化魅力和旅游特色，吸引游客来津打卡消费。引导品牌主体创新开展旅游商品线上营销，支持开办电子商务平台旗舰店。

### 6.开展"I·游天津"旅游季

围绕"感悟中华文化、共享美好旅程"的主题，开展"五大道赏花节""三联西岸

文化嘉年华""美丽河北"文化旅游节等 2022"I·游天津"旅游季系列活动。指导各文化场馆推出贯穿全年的惠民演出、陈列展览、研学体验等特色活动，从线上到线下，从"云游"到"漫游"，更好满足广大市民游客需求。

### 三、持续加大文化和旅游企业纾困力度

#### 7. 顶格落实暂退旅游服务质量保证金

对符合条件的旅行社将旅游服务质量保证金退还比例提高至 100%，积极推进保证金保证保险替代现金交纳旅游服务质量保证金试点工作。

#### 8. 拓展旅行社业务渠道

鼓励机关、企事业单位、社会团体进行党建、工会或会展等活动时，交由旅行社承接或代理交通、住宿、餐饮、会务等事项。

#### 9. 加大金融支持力度

积极对接全市各区文旅管理部门、各文化产业示范园区（示范基地）、重点文化旅游企业和银行、基金公司、风险投资机构等各类金融机构，推出 100 个文旅重点项目和 100 亿元金融授信，并举办文化和旅游产业投融资项目对接会，搭建对接平台。鼓励银行业金融机构合理增加旅游业有效信贷供给。建立重点企业融资风险防控机制。鼓励金融机构积极对接受疫情影响较大的文化旅游等行业企业的融资需求，帮助企业缓解资金压力。鼓励金融机构合理降低新发放贷款利率，对受疫情影响生产经营困难的旅游企业主动让利。

### 四、深入开展文化和旅游领域助企服务

#### 10. 全面落实普惠性政策

发挥行政机关、事业单位、协（学）会等组织服务职能，做好稳经济政策宣讲和跟踪落实，配合财政、税务、发改、人行、社保等部门落实减税、降费、缓缴规费等政策，从政策、措施、资源、金融等多个方面入手，联动多方力量，形成发展合力，为企业提供切实有效的支持和帮助。

#### 11. 优化文旅企业营商环境

便民利企，全部政务服务实现网上办理；加快审批速度，提高审批效率。创新行业监管方式，充分发挥信用监管基础性作用，实行信用分级管理，大力推进"双随机、一公开"监管，对文旅企业实施审慎包容监管，为市场主体发展创造更大空间。

# 河北省文化和旅游厅等 8 部门印发《关于金融支持河北省文化产业和旅游产业高质量发展的若干措施》的通知

冀文旅产业字〔2022〕7 号

各市（含定州、辛集市）和雄安新区有关部门：

为进一步贯彻落实省委、省政府决策部署，更好发挥金融赋能作用，助力全省文化产业和旅游产业高质量发展，省文化和旅游厅等 8 部门研究制定了《关于金融支持河北省文化产业和旅游产业高质量发展的若干措施》。现印发给你们，请结合工作实际，认真抓好贯彻落实。

河北省文化和旅游厅

河北省发展和改革委员会

河北省财政厅

河北省国有资产监督管理委员会

河北省地方金融监督管理局

中国人民银行石家庄中心支行

中国银行保险监督管理委员会河北监管局

中国证券监督管理委员会河北监管局

2022 年 3 月 24 日

# 关于金融支持河北省文化产业和旅游产业
# 高质量发展的若干措施

为全面落实中央和省经济工作会议精神，按照文化和旅游部及省委省政府工作部署，积极发挥金融赋能作用，助力全省文化产业和旅游产业高质量发展，根据国家发展改革委、文化和旅游部等十四部门联合出台的《关于促进服务业领域困难行业恢复发展的若干政策》和其他有关纾困政策，特制定以下措施。

**一、加大信贷投放力度**

（一）持续扩大信贷投放。引导银行用好 2021 年两次降低存款准备金率释放的资金，优先支持文化和旅游行业。灵活运用再贷款再贴现等货币政策工具，引导金融机构增加文化旅游企业信贷投放，推动文化旅游贷款保持稳定较快增长。对符合条件的、预期发展良好的旅行社、旅游演艺等领域中小微企业加大普惠金融支持力度。鼓励金融机构对符合续贷条件的文化和旅游市场主体按正常续贷业务办理，不得盲目惜贷、抽贷、断贷、压贷，保持合理流动性。（责任单位：河北银保监局、人民银行石家庄中心支行）

（二）推动金融系统减费让利。引导金融机构合理降低新发放贷款利率，对受疫情影响生产经困难的文旅企业主动让利。持续释放贷款市场报价利率（LPR）改革潜力，推动实际贷款利率在前期大幅降低基础上稳中有降，督促指导降低银行账户服务收费、人民币转账汇款手续费、银行卡刷卡手续费，减轻文旅小微企业经营成本压力。（责任单位：人民银行石家庄中心支行、河北银保监局）

（三）制定金融支持重点文旅企业和项目推荐名单。积极开展文旅企业和项目贷款需求摸底调查，建立金融支持文旅企业和项目推荐名单，由省地方金融监管局、人民银行石家庄中心支行推送各银行机构共享，引导金融机构加大对全省文旅企业和项目支持。（责任单位：省文化和旅游厅、省地方金融监督管理局、人民银行石家庄中心支行、河北银保监局）

（四）设立文旅专项信贷产品。鼓励银行机构积极开展景区经营权、门票收入权质押等融资业务，对文化科技企业开展知识产权质押融资、"人才贷"等金融业务，开发和推广"云税贷""善营贷""e 抵快贷""美丽家园建设贷""县域旅游景区收益权贷款"等系列信贷产品，提高文旅企业融资的便利性。（责任单位：人民银行石家庄中心支行、河北银保监局、省文化和旅游厅）

**二、拓宽文旅企业融资渠道**

（五）加大地方政府专项债券项目谋划储备力度。围绕国家确定的重点支持领域，在防范政府债务风险和不新增政府隐性债务的前提下，组织有条件的市、县常态化储备文化旅游方面地方政府专项债券项目，增加储备数量，提高储备质量，并按要求做好筛选申报工作，积极争取国家支持。（责任单位：省文化和旅游厅）

（六）实施上市挂牌补助。引导文旅企业通过上市融资，建立挂牌上市文旅企业储备池，推荐有潜力、有条件的重点企业，纳入省级挂牌上市后备资源库，对申请在境内和境外主要证券交易所首次公开发行股票的企业，经具有批准权限的部门或机构正式受理，给予一次性前期费用补助。（责任单位：省地方金融监督管理局、省文化和旅游厅）

（七）实施首发债券补助。对首次成功发行公司债、企业债、银行间债券市场非金融企业债务融资工具和首次通过河北股权交易所发行可转债融资且债券期限达到2年以上的文旅企业，按相关政策规定给予发行费用补助。（责任单位：省财政厅、省地方金融监督管理局、省发展改革委、人行石家庄中心支行、河北证监局、省文化和旅游厅）

（八）实施小微企业融资担保降费奖补。鼓励担保机构对小微文旅企业提供融资担保，并对担保机构给予一定比例的保费补贴，财政补贴后的综合担保费率（向贷款主体收取和财政补贴之和）不超过3%。（责任单位：省地方金融监督管理局、省财政厅、省发展改革委、河北证监局）

（九）积极推进供应链融资。发挥应收账款融资平台作用。鼓励文旅产业链核心企业为其供应商应收账款融资进行确权，支持上游中小微文旅企业以其持有的核心企业应付账款融资。（责任单位：人民银行石家庄中心支行、河北银保监局、省国资委、省文化和旅游厅）

**三、推动金融服务创新**

（十）搭建线上金融服务平台。在"河北省金融服务平台"增加"文旅类"板块，建立中小微文旅企业和项目融资需求库，通过平台采集企业信息，实现资金供需双方的智能匹配，有效提升文旅企业和项目融资对接效率。（责任单位：省地方金融监督管理局、省文化和旅游厅）

（十一）设立专业金融服务机构。支持金融机构成立文旅专项业务部门或文旅支行，推动文旅＋金融深度合作，为文旅产业融合、文旅项目建设、文旅企业培育、文旅消费升级等更多领域提供更为全面、优质、便利的服务。（责任单位：人民银行石家庄中心支行、河北银保监局、省地方金融监督管理局）

（十二）加大金融支持文化和旅游消费。支持文化和旅游部门与金融机构联合发行文化和旅游联名信用卡、借记卡，宣传全省知名文化和旅游产品。加强与省内文化和旅游消费场所的金融合作，对持卡用户在文化和旅游消费场所进行消费购物，给予一定折扣优惠。（责任单位：人民银行石家庄中心支行、省文化和旅游厅）

（十三）建立文旅企业金融顾问制度。鼓励各地以金融顾问团为载体，发挥金融辅导精准对接、综合服务等作用，逐步扩大金融辅导企业覆盖面，并针对存在信用瑕疵等问题的企业实施金融辅导攻坚。（责任单位：省地方金融监督管理局、人民银行石家庄中心支行、河北银保监局、省文化和旅游厅）

**四、强化金融支持文旅发展机制**

（十四）畅通银企对接机制。聚焦文化和旅游重点行业、重点区域，围绕京津冀协同发展、长城国家文化公园建设、京张体育文化旅游带建设、太行山文化旅游经济带建设等，分片区采取多种形式组织银企对接活动。支持有条件的地市建立文化和旅游金融服务中心，强化文化和旅游企业（项目）融资需求与金融机构融资产品服务信息匹配，常态化开展文旅企业投融资对接活动。（责任单位：省文化和旅游厅、省地方金融监督管理局、人民银行石家庄中心支行、河北银保监局）

（十五）建立跨部门联动机制。建立"全省金融支持文旅产业高质量发展联动机制"，组织开展项目、企业调研，多层面召开工作推进会、政银企对接会、金融支持文旅产业专题座谈会等，促进政银企合作。（责任单位：省文化和旅游厅、省地方金融监管局、人民银行石家庄中心支行、河北银保监局、河北证监局）

（十六）强化文旅金融服务激励机制。将授信尽职免责与不良容忍度有机结合，对银行业金融机构文化和旅游普惠型小微企业贷款不良率在合理区间的，在无违反法律、法规和有关监管规定前提下，原则上可免于追究信贷人员合规责任。（责任单位：人民银行石家庄中心支行、河北银保监局）

# 河北省文化和旅游厅等 9 部门印发《关于进一步支持旅行社纾困发展的措施》的通知

冀文旅产业字〔2022〕6 号

各市（含定州、辛集市）和雄安新区有关部门：

为进一步贯彻落实省委、省政府决策部署，更好帮助支持旅行社稳岗就业、纾困解难，推动旅行社经营恢复和全面发展，省文化和旅游厅等 9 部门研究制定了《关于进一步支持旅行社纾困发展的措施》。现印发给你们，请结合工作实际，认真抓好贯彻落实。

河北省文化和旅游厅

河北省教育厅

河北省财政厅

河北省人力资源和社会保障厅

河北省住房和城乡建设厅

河北省商务厅

河北省国有资产监督管理委员会

河北省市场监督管理局

国家税务总局河北省税务局

2022 年 4 月 2 日

# 关于进一步支持旅行社纾困发展的措施

为深入贯彻中央和省经济工作会议精神，认真落实文化和旅游部及省委、省政府工作部署，帮助支持旅行社稳岗就业、纾困解难，推动旅行社经营恢复和全面发展，根据国家发展改革委、文化和旅游部等十四部门联合出台的《关于促进服务业领域困难行业恢复发展的若干政策》和其他有关纾困政策，制定以下纾困帮扶措施。

一、推进使用保险交纳旅游服务质量保证金试点工作。积极推动旅行社利用质保金保证保险替代现金交纳旅游服务质量保证金试点工作落地落实，减轻企业负担。保险公司履行保险赔偿义务及垫付紧急救助费用，等同于使用旅游服务保证金，但不免除旅行社法定责任。（责任单位：省文化和旅游厅）

二、支持旅行社扩大服务范围。支持旅游企业在现有经营许可规定的业务范围基础上，增加会议、展览服务、礼仪服务等经营范围。鼓励机关企事业单位将符合规定举办的会展活动及参观学习、红色教育、党建培训等活动，委托旅行社代理安排旅游交通、住宿、餐饮、会务等相关事项，明确服务内容、服务标准等细化要求，加强资金使用管理，合理确定预付款比例，并按照合同约定及时向旅行社支付资金。鼓励省内高等学校、中小学校组织学生开展研学实践活动。（责任单位：省市场监督管理局、省商务厅、省教育厅、省文化和旅游厅）

三、加大社保支持力度。2022 年延续实施阶段性降低失业保险费率政策。对不裁员、少裁员的旅游企业继续实施普惠性失业保险稳岗返还政策，在 2022 年度将中小微企业返还比例从 60% 最高提至 90%。符合条件的旅游企业可以享受。（责任单位：省人力资源和社会保障厅、省税务局、省文化和旅游厅）

四、落实税收减免政策。2022 年底前，对符合条件的旅行社纳税人当期可抵扣进项税额继续按 15% 加计抵减应纳税额。按照规定，自 2022 年 1 月 1 日至 2024 年 12 月 31 日，对增值税小规模纳税人、小型微利企业和个体工商户的旅行社按照 50% 的税额减征资源税（不含水资源税）、城市维护建设税、房产税、城镇土地使用税、印花税（不含证券交易印花税）、耕地占用税和教育费附加、地方教育附加。对交纳房产税、城镇土地使用税确有困难的旅行社纳税人按规定落实减免税政策。落实国家关于支持小型微利企业和个体工商户发展的所得税优惠以及增值税小规模纳税人免征增值税政策。落实中小微企业设备器具税前扣除政策，对符合条件的旅行社给予相应减免优惠。（责任单位：省税务局、省财政厅、省文化和旅游厅）

五、降低房屋租金成本。对 2022 年被列为疫情中高风险地区所在的县级行政区域内的小微旅行社承租国有房屋，2022 年减免 6 个月租金，其他地区减免 3 个月租金。鼓励非国有房屋租赁主体在平等协商的基础上合理分担疫情带来的损失。对减免租金的房屋业主，2022 年缴纳房产税、城镇土地使用税确有困难的，按规定落实减免税政策。因减免租金影响国有企事业单位业绩的，在考核中根据实际情况予以认可。（责任单位：省税务局、省国有资产监督管理委员会、省住房和城乡建设厅、省文化和旅游厅）

六、降低住房公积金缴存比例或办理缓缴。根据《住房公积金管理条例》规定，指导经营困难的旅行社按照规定申请降低住房公积金缴存比例或者缓缴，待经济效益好转后再提高缴存比例或者补缴缓缴金额。（责任单位：省住房和城乡建设厅）

七、加强旅游人才培养。引导旅行社从业人员积极参与专业技术人才知识更新工程省级高级研修项目，精心设置培训课程，邀请权威专家授课，培养一批高素质行业人才。持续开展星级导游评定。支持对符合条件的旅行社、导游行业培训按规定给予职业培训补贴，鼓励旅行社、导游行业加大培训力度。支持入选文化和旅游部"金牌导游"项目培养计划的导游创建"金牌导游工作室"，以点带面，加快提升全省导游队伍专业素养和服务水平。（责任单位：省人力资源和社会保障厅、省财政厅、省文化和旅游厅）

各地区要结合实际情况和旅行社行业特点，抓好政策宣传贯彻落实，及时跟踪研判旅行社行业恢复情况，出台有针对性的专项配套支持政策，确保政策有效传导至旅行社行业，支持旅行社纾困发展。

# 河北省人民政府印发《关于促进文化产业和旅游业恢复发展的八条政策措施》

2022年6月1日，河北省人民政府印发扎实稳定全省经济运行的一揽子措施及配套政策，《关于促进文化产业和旅游业恢复发展的八条政策措施》是20个配套文件之一。内容如下：

一、对重点文化和旅游项目进行"贷款贴息"。对符合条件的重点文化和旅游产业项目，经省文化和旅游厅审核认定后予以贷款贴息，重点支持全省文化和旅游重大战略工程项目、省重点建设项目、产业转型升级项目、融合示范新业态项目等。单个项目贴息金额不超过项目贴息期内（一年度）所付利息的60%，每个项目补助资金不超过100万元，全省每年"贷款贴息"总额不超过2500万元，所需资金通过省文化和旅游厅管理的旅游发展专项资金统筹安排，具体支持项目认定标准由省文化和旅游厅单独发布。（责任单位：省文化和旅游厅、省财政厅）

二、对重点文化和旅游单位实施"以奖代补"。对新获评的5A级景区、国家级旅游度假区、国家级夜间文化和旅游消费集聚区、国家级文化产业示范园区、国家级文明旅游示范单位分别奖励100万元；对新获评的国家级文化产业示范基地、国家级旅游休闲街区、五星级旅游饭店、国家甲乙级旅游民宿、国家4C以上自驾车旅居车营地分别奖励25万元。所需资金通过省文化和旅游厅管理的旅游发展专项资金统筹安排。（责任单位：省文化和旅游厅、省财政厅）

三、减轻旅行社经营负担。

（一）实施责任保险专项补贴，对全省2022年度投保旅行社责任险的旅行社，经省文化和旅游厅审定后，以补贴方式据实全额返还责任险保险费用。（责任单位：省文化和旅游厅、省财政厅）

（二）对享受暂退保证金政策的旅行社，可暂缓交纳旅游服务质量保证金，补足保

证金期限为 2023 年 3 月 31 日。（责任单位：省文化和旅游厅）

（三）加快推进旅行社保证金履约保证保险替代现金交纳旅游服务质量保证金试点工作，切实减轻旅行社负担。（责任单位：省文化和旅游厅、河北银保监局）

四、支持旅游演艺企业发展。2022 年，对持续稳定演出、具有良好市场影响力的旅游演艺企业进行专项支持，根据接待游客数量、从业人员数量、演出收入、纳税金额等指标，对全省旅游演艺企业进行综合考评，给予排名前 15 位的旅游演艺企业分别奖励 30 万元。（责任单位：省文化和旅游厅、省财政厅）

五、支持文创企业发展。2022 年，对省市重点文创运营服务平台企业进行支持，根据平台企业文创和旅游商品研发、生产、营销、品牌策划等指标进行综合考评，给予最高不超过 30 万元的支持；对文创和旅游商品示范购物店进行支持，根据商品种类、商品品质、产品特色、经营状况、环境设施、管理服务等指标进行综合考评，给予最高不超过 10 万元支持。资金总额不超过 500 万元，所需资金通过省文化和旅游厅管理的旅游发展专项资金统筹安排。具体支持项目认定标准由省文化和旅游厅发布。（责任单位：省文化和旅游厅、省财政厅）

六、支持文化和旅游企业拓展业务。鼓励机关企事业单位将符合规定举办的会展活动及参观学习、红色教育、党建培训等活动，委托旅行社代理安排旅游交通、住宿、餐饮、会务等相关事项，明确服务内容、服务标准等要求，合理确定预付款比例，并按照合同约定及时向旅行社支付资金。政府采购住宿、会议、餐饮等服务项目时，严格执行经费支出额度规定，不得以星级、所有制等为门槛限制相关企业参与政府采购。（责任单位：省商务厅、省文化和旅游厅、省财政厅，各市政府，雄安新区管委会）

七、加大金融支持力度。

（一）联合金融机构，推出善营贷、e 抵快贷、景区开发建设贷、景区收益权支持贷等文化和旅游特色金融服务产品，提高文化和旅游企业融资便利性。（责任单位：人行石家庄中心支行、河北银保监局、省文化和旅游厅）

（二）引导金融机构成立文化和旅游专项业务部门或文化和旅游支行，加强对文化和旅游企业及时精准服务指导，推动文化和旅游贷款保持稳定较快增长。（责任单位：人行石家庄中心支行、河北银保监局、省地方金融监管局）

（三）鼓励金融机构对符合续贷条件的文化和旅游市场主体按正常续贷业务办理，不得盲目惜贷、抽贷、断贷、压贷，保持合理流动性。（责任单位：河北银保监局、人行石家庄中心支行）

（四）鼓励金融机构对文化和旅游企业经营性贷款实行优惠利率。（责任单位：人行石家庄中心支行、河北银保监局）

八、加强土地要素保障。鼓励有条件的地方将文化和旅游用地纳入国土空间规划和年度用地计划。在符合规划的前提下，对生态观光、休闲度假等建设项目用地，可以实行点状配套设施建设用地布局开发。文化和旅游项目中，属于自然景观用地及农牧渔业种植、养殖用地的，不改变原用地用途的，不征收（收回）、不转用。（责任单位：省自然资源厅、省文化和旅游厅，各市政府，雄安新区管委会）

# 山西省文化和旅游厅关于进一步做好文旅企业纾困政策落实推进企业创新发展有关工作的通知

各市文化和旅游局：

为贯彻落实党中央国务院对受新冠疫情持续影响的行业加大扶持的决策部署，贯彻落实省委、省政府和文化和旅游部有关要求，支持文旅企业积极应对疫情下的经营困难，推动文旅企业创新发展，现就有关工作通知如下：

一、协助推进文旅企业社保缴费办理。各级文旅部门要根据人社部办公厅、财政部办公厅、税务总局办公厅《关于 2021 年社会保险缴费有关问题的通知》，在 2022 年 4 月 30 日前继续做好文旅企业阶段性降低失业保险、工伤保险费率政策落实。受疫情影响较大的困难企业发生的亏损，最长结转年限由 5 年延长至 8 年。

二、协助推进小微文旅企业做好免征增值税工作。各级文旅部门要积极协调税务等部门按照财政部、税务总局公告 2021 年第 11、12 号有关规定，对月销售额 15 万元以下（含本数）的文旅企业免征增值税；对年应纳税所得额不超过 100 万元小微文旅企业和个体工商户，享受再减半征收企业所得税和个人所得税。

三、落实旅行社质保金缴纳时间延长工作。已按照要求暂退 80% 保证金的旅行社，补足保证金期限延至 2022 年 12 月 31 日。2020 年 2 月 6 日至 2021 年 10 月 18 日（含当日）期间已依法缴纳保证金、领取旅行社业务经营许可证的旅行社，提出暂退保证金申请的，暂退标准为应交纳数额的 80%，补足保证金期限为 2022 年 12 月 31 日。旅行社在享受暂退 80% 保证金政策期内，又达到《旅行社条例》第十七条规定条件的，可依法再降低 50% 保证金。以保险交纳保证金的旅行社，投保的保证金保证保险额度应与全额交纳保证金的数额一致；符合依法降低 50% 保证金的，可按照 50% 保证金额度标准投保。

四、协调互联网上网营业场所减免上网费用。积极协调电信运营商按规定在 2021

年因疫情防控要求政府部门发文公告要求暂停营业的互联网上网营业场所延长宽带和专线使用期限或者其他方式进行费用减免。

五、减少审批环节优化演出审批程序。对文化和旅游行政部门许可范围内的演出举办单位、参演文艺表演团体、演员、演出内容不变的前提下，在一年内跨县（市、区）举办两场及以上的营业性演出活动，不再对巡演活动内容进行重复审核，对在巡演地举办演出活动仅需提供场地、安全等审核材料，文化和旅游行政部门在 3 个工作日内完成审核。

六、推动旅游企业创新经营。支持旅行社企业开发本地游、专线游、休闲游、康养游等新线路，开展与旅行相关的跨界业务。支持文化旅游企业数字化转型和线上市场推广。

七、继续实施"引客入晋"旅行社奖励政策。引导文旅企业转型升级，支持旅行社企业丰富营销手段、加大宣传力度、提升服务质量，大力开拓客源市场。

八、加大对文旅企业金融信贷支持力度。积极协调各商业银行对到期还款困难企业予以支持、不盲目抽贷、断贷、压贷。进一步贯彻落实文旅部、国家开发银行《关于进一步加大开发性金融支持文化产业和旅游产业高质量发展的意见》，在重点重大项目建设、试点示范工作推进、产业创新发展、各类市场主体发展壮大、产业国际合作的支持上等加大对文旅融合产业特别是数字文化产业开发性金融和投融资支持。

山西省文化和旅游厅

2022 年 1 月 4 日

# 吉林省文化和旅游厅关于印发《支持文旅企业复工复业促进文旅市场疫后复苏的若干政策措施》的通知

吉文旅发〔2022〕111号

各市（州）文化广播电视和旅游局、长白山管委会旅游和文化体育局，梅河口文化广播电视和旅游局：

为贯彻落实全国稳住经济大盘电视电话会议精神和省委、省政府部署要求，加快我省文旅企业复工复业和文旅市场全面复苏，特制定《支持文旅企业复工复业促进文旅市场疫后复苏的若干政策措施》，现印发给你们，请各地认真抓好贯彻落实。

吉林省文化和旅游厅

2022年5月27日

## 吉林省文化和旅游厅关于支持文旅企业复工复业促进文旅市场疫后复苏的若干政策措施

为深入贯彻落实习近平总书记关于统筹抓好疫情防控和经济社会发展的重要讲话重要指示精神，贯彻落实全国稳住经济大盘电视电话会议精神，按照省委、省政府部署要求，加快推进我省文旅市场疫后复苏，特制定以下政策措施。

一、减负降本，落实文旅惠企政策

（一）延续实施阶段性降低失业保险、工伤保险费率政策。参保文旅企业上年度未裁员或裁员率不高于上年度全国城镇调查失业率控制目标（5.5%），30人（含）以下的参保企业裁员率不高于参保职工总数20%的，可以享受失业保险稳岗返还政策。大型企业按企业及其职工上年度实际缴纳失业保险费的30%返还，中小微企业按90%返还；将文旅部门按行业标准评定的景区、度假区、乡村旅游经营单位、民宿、温泉等统一认定为旅游类企业，与旅行社一并纳入阶段性社会保险助企纾困政策适用范围。

（二）扩大暂退旅游服务质量保证金比例。在2022年4月11日前（含当日），所有已依法交纳保证金、领取旅行社业务经营许可证的旅行社，提出暂退保证金申请的，暂退标准由之前的交纳数额的80%扩大至100%，补足保证金期限为2023年3月31日；2022年4月12日以后取得旅行社业务经营许可证的旅行社，可申请暂缓交纳保证金，补足保证金期限为2023年3月31日；通过银行担保及保险形式交纳的保证金、被法院冻结的保证金不在暂退、缓交范围之内。持续推进保险代替保证金试点工作。

（三）延长互联网上网经营场所网络租期。互联网上网经营场所按照当地政府规定期限关停的，从关停日至政府公告恢复运营日，在网络租用期内相应延长。

（四）落实已出台的服务业普惠性政策。对照省政府出台的《吉林省进一步促进服务业恢复发展行动方案》和省政府办公厅出台的《统筹做好疫情防控有序恢复经济发展秩序若干措施》《积极应对新冠肺炎疫情影响着力为中小企业纾困若干措施》等文件，指导符合条件的文旅企业享受服务业增值税加计抵减、"六税两费"减征、设备器具税前扣除、适当减免房屋租金等相应政策。

**二、扶企助企，激发文旅产业活力**

（五）加大对文旅企业奖补力度。对新评的5A级、4A级的乡村旅游经营单位，国家甲级、乙级、丙级旅游民宿，国家工业旅游示范基地、吉林省工业旅游示范点给予资金奖励；对通过国家验收的全域旅游示范区给予资金奖补；支持乡村旅游精品村标识牌建设。鼓励文化创意和旅游商品企业开发设计具有吉林地域特色的文化创意产品，对参与程度高，品牌效应好，市场潜力大的文创文博单位给予资金扶持。

（六）协同推进文旅项目建设。充分发挥项目推进专班小组作用，加强与省直有关部门和各地政府工作协同，建立全省重大文旅项目审批服务机制，共同推进落地一批重大文旅项目，共同谋划筛选一批"新旅游"项目，统一包装集中对外招商，吸引域外战略投资者。

（七）支持乡村旅游发展建设。会同发改、财政、人社、自然资源、生态环境、住建、交通、乡村振兴等省直部门支持升级乡村旅游精品村建设，帮助精品村完善提升规划，建设标识标牌等基础设施。

（八）减免文旅企业营销推广费用。对参加省级营销推广活动的省内文旅企业人员，在活动期间内给予交通、食宿免费支持。

（九）推动政府购买文旅企业服务。积极推动文旅企业产品及服务纳入政府采购范畴。支持旅行社承接各级机关、企事业单位、社会团体开展的会议、公务、工会等活动，代理安排交通、住宿、餐饮、会务等事项。

（十）优化建设工程文物保护和考古许可审批。涉及的重大项目，在发改委立项阶段，视情况实行告知承诺制，由项目所在地市（州）、县（市）级人民政府作出书面承诺，先行审批，并于6个月内（项目开工建设前）补报承诺要件。对国家和省重点建设项目，可组织考古科研单位优先开展考古调查，出具文物保护工作建议书（项目考古勘探报告可视情况实行承诺制）。帮助协调省内高校参与重大项目建设考古工作，优先给予省内文物考古研究业务人员、车辆、装备、器材等支持。

（十一）支持文旅企业人才队伍建设。在省级旅游专项资金中安排一定额度，依托国家文化和旅游部吉林培训基地，采取线上线下相结合方式，组织导游员讲解员、旅游景区、乡村旅游、旅游民宿、红色旅游、文旅项目产品设计研发等各级各类培训班，全面提高文化和旅游人才素质。不断发挥专家智库作用，持续开展"送智下基层"系列活动，为文旅企业疫后快速复苏提供智力支持。

三、金融赋能，解决文旅企业融资难题

（十二）推动落实金融助企政策。协调银行业和金融机构，落实单列不少于30亿元再贷款和30亿元再贴现额度、对运用再贷款向文旅企业发放的贷款加权平均利率不超过6%等金融支持具体措施。推动各级政府性担保取消反担保要求，对单户担保金额500万元及以下的中小微文旅企业的担保费率降至1%以内，对单户担保金额500万元以上的中小微文旅企业的担保费率压至1.5%以内。

（十三）提高金融扶持文旅产业效能。协调和引导金融机构合理增加文旅企业有效信贷额度。支持金融机构根据文旅企业特点和资产特性，采取金融科技手段，创新授信调研方式，扩大对文旅企业的信用贷款支持。符合续贷条件的文旅企业按正常续贷业务办理，不盲目惜贷、抽贷、断贷、压贷。利用好普惠小微贷款支持工具作用，积极争取加大对文旅行业初创企业、中小微企业和旅游饭店、主题民宿等个体工商户小额贷款的支持。鼓励符合条件的文旅企业发行公司信用类债券，拓宽文旅企业多元化融资渠道。

（十四）提高融资服务便利性。建立健全重点文旅企业项目融资需求库，召开全省文旅投融资大会，搭建银企对接平台。利用"吉企银通"文旅专区首贷、续贷、信用贷功能，和依托"省专精特新中小企业融资服务中心"，开展线上线下融资对接服务，提升中小企业融资服务质效。

（十五）推动落实"'百城百区'文化和旅游消费助企惠民行动计划"。联合中国银联吉林分公司，在我省现有国家文化和旅游消费示范（试点）城市，国家级夜间文化和旅游消费集聚区推广实施中国银联"红火计划"，减免银联二维码有效交易手续费。组织有贷款需求的文旅消费商户依托"吉企银通"进行经营性贷款。推动文旅消费商户利用银联开展消费交易分期服务，提升商户端销售成交率，助力提升商户经营销售规模。

**四、拓宽渠道，释放文旅市场发展潜力**

（十六）提高文旅消费券惠企实效。提高消费券总体额度，扩大消费券发放范围，覆盖省内景区、度假区、旅行社、星级饭店、等级民俗、乡村旅游、红色旅游、文化娱乐等领域，以定向购买文旅消费项目方式为主，消费满减、实足抵用等方式并用，有效提高消费券的杠杆率，激发文旅消费热情，促进文旅市场全面复苏。

（十七）促进和规范文化市场新业态发展。针对音乐主题餐厅、演艺烤吧、沉浸式演出、网络表演、电竞旅店、迷你网咖、迷你歌咏亭、剧本娱乐活动、VR体验馆、Xbox游戏等文化市场新业态，制定出台《吉林省文化和旅游厅关于促进和规范文化市场新业态发展的意见》，按照"培育壮大主体、包容审慎监管"原则，做到"六个纳入"：纳入文化市场管理体系、纳入小额贷款支持范围、纳入"百城百区"文化和旅游消费助企惠民行动计划、纳入文化创意产业社会组织、纳入文旅融合发展消费体系、纳入文化市场人才培养计划，不断加强对我省文化市场新业态的扶持和管理，进一步增主体、保就业、促发展，为疫后文化市场复苏提供支撑保障。

（十八）积极帮助企业扩大宣传推广。依托"悠游吉林"新媒体矩阵等媒体资源，开设"企业直通车"专栏，多渠道深层次推介重点文旅企业产品，助力企业重点活动宣传；持续开展吉林省文旅新媒体"双百"扶持提升活动，持续扶持一批优质文旅企业新媒体账号。适时组织主流媒体、旅游自媒体赴重点企业采风；在吉林文旅境内外宣传推广中，加大对文旅企业及其冰雪、边境、生态、民俗、文创等特色产品的宣传力度。

本政策措施与国家、省级已出台的同类政策标准不一致的，按照"就高不就低、就宽不就窄"的原则执行。同时，鼓励各地文旅部门参照研究，结合本地实际制定相关政策措施。

# 全力支持本市文化企业
# 抗击疫情健康发展的若干政策措施

（上海市 2022 年 4 月 1 日公布）

为深入贯彻习近平总书记关于统筹好疫情防控和经济社会发展的重要指示精神，全面落实党中央、国务院决策部署和市委、市政府工作要求，根据《上海市全力抗击疫情助企业促发展的若干政策措施》，结合本市文化企业关注重点和发展实际，助力文化企业渡过难关，现由中共上海市委宣传部牵头，会同各有关单位共同制定并印发《全力支持本市文化企业抗击疫情健康发展的若干政策措施》。

一、全面减轻文化企业负担

1. 推动落实本市助企纾困政策。推动市级各项政策在文化领域落地，加大政策宣传推广力度，协助文化企业切实享受增值税留抵退税、减税降费、延长申报纳税期限和延期缴纳税款、延续执行阶段性降低失业和工伤保险费率等支持疫情防控和经济社会发展税费政策。

2. 继续减征文化事业建设费。对于归属本市地方收入的文化事业建设费，继续按照缴纳义务人应缴费额的 50% 减征，并及时根据国家财政部门相关政策动态调整。

3. 协调落实房屋租金减免政策。推动市属、区属国有文化企业尽快切实执行对小微企业和个体工商户的减免房租政策，并且确保免租措施惠及最终承租人。因减免租金影响国有文化企业业绩的，在考核中根据实际情况予以认可。鼓励文创园区、楼宇、空间等市场运营主体与租户共克时艰，协商免租、减租、缓租。完善市、区各类扶持政策，优先支持主动减免房租的市场主体。

二、调整优化文化领域扶持资金

4. 加强对重点文艺项目创作指导和支持力度。充分用好本市各类文艺基金、专项资金，支持将反映打赢疫情防控阻击战的文艺创作项目（含作品提升项目）纳入范畴，对重点项目给予倾斜，加强动态管理，实现精准扶持。

5. 加大对困难文化企业财政资金扶持力度。依托国家电影事业发展专项资金，对因疫情影响停业的电影院，予以适当的补贴和支持。调整本市相关财政资金的扶持方式及扶持范围，加大对受疫情影响较大的演出场所、民营院团、实体书店、旅游服务等领域的支持保障力度，帮助从业单位平稳过渡、恢复经营。

6. 酌情容缺受理申报材料。对正在申请上海文化发展基金会资金、上海文创扶持资金的申报单位，确因受疫情影响，暂时无法提交全部附件材料的，采取容缺受理，可在相关受理部门规定延时期限内补交。对已提交相关部门办理备案立项手续、但尚未取得批复文件的项目，允许申报单位在项目评审前补齐材料。

7. 调整上海文化发展基金会项目受理。适当延长上海文化发展基金会 2022 年上半年在线申报截止日期。对于已签约的项目责任方，确因受疫情影响，发生需调整项目执行进度等情况，经基金会批复后可适当调整相关项目的结项验收时间。

8. 调整上海文创扶持资金项目管理。对于 2021 年度立项签约的上海文创扶持资金在建项目，项目结束时间延长 2 个月，提交项目验收材料的截止时间从 2022 年 12 月 31 日延迟至 2023 年 2 月 28 日。适时调整 2022 年度项目申报截止时间，并加快项目评审和历年项目验收速度，对通过验收的项目尽快拨付扶持资金。

**三、创新文化金融服务供给**

9. 降低文化企业融资成本。扩大贴息范围，对市文创特色支行所属银行提供的中小微文创企业贷款，由上海文创扶持资金予以贴息补助。降低担保费率，支持国有文化担保公司为经各区文创办或文创相关行业协会认定的困难文创企业给予最低 0.5%/年的优惠担保费率。降低小贷利率，支持国有文化小贷公司提供同期小额贷款市场平均利率下浮 30% 的优惠贷款利率。

10. 畅通文化金融服务渠道。开通"抗疫助企"文创金融服务热线，优化"文金惠"文创金融专项服务，加快审批流程，健全服务绿色通道。发挥上海文化产业投资联盟作用，面向文创企业试点开展投资辅导，组织项目路演。鼓励各区加强文创金融服务，推进文创金融服务工作站试点建设。

11. 创新文化金融服务产品。联动市文创特色支行、政府性融资担保机构等金融机构，发挥"文创接力贷""文创保""文创园区贷""申影贷""惠影保"等专项产品作用，加大对中小微文创企业信贷投放力度。鼓励各类金融机构，深耕文创产业细分领域，开发特色化、在线化文创金融产品。

**四、持续优化营商服务环境**

12. 有序推动文化企业恢复生产经营。加大精准服务力度，针对文化企业诉求快速响应，切实解决文化企业在疫情期间遇到的困难，最大程度支持文化企业恢复经营。根据疫情发展趋势，在疫情平稳可控和严格落实防疫措施的前提下，逐步研究和推动电影院、剧场剧院等文娱场所和景区景点有序开放。

13. 实施版权保护服务公益计划。发起成立版权交易促进联盟，建立线上版权保护服务公益机制，提供面向中小微文化企业和个人的免费线上存证和每半年一次的全网监测服务，指导专业机构设立版权维权援助资金，完善版权保护咨询公益服务。

14. 鼓励文化企业创新实践。引导支持文化企业参与抗疫应急能力建设。鼓励文化企业加快数字化转型，加强内容、技术、模式、业态和场景创新，培育数字阅读、网络视听、沉浸式互动体验、数字艺术展示、数字文化装备等新业态。支持重点印刷企业"四化"发展，鼓励推进智能制造升级，推动产业融合示范项目建设。

15. 发挥各区主阵地作用。鼓励各区宣传文化部门制定支持本区域内文化企业抗疫情促发展政策措施，加大各类区级扶持资金对文化企业的扶持力度，进一步提升文化企业服务能力，相关工作情况将纳入各区文化工作年度绩效考核。

16. 凝聚文化领域社会组织力量。发挥社会团体、基金会、民办非企业等社会组织上情下达、桥梁纽带作用，推动开展线上培训和专项服务等，强化文化企业恢复生产急需资源对接供给，促进全市文化企业健康发展。

# 上海市旅游发展领导小组办公室关于印发《关于促进上海旅游行业恢复和高质量发展的若干措施》的通知

沪旅发办〔2022〕1 号

市旅游发展领导小组各成员单位、各区政府、有关企业：

现将《关于促进上海旅游行业恢复和高质量发展的若干措施》印发给你们，请结合单位实际做好相关工作落实。

特此通知。

附件：关于促进上海旅游行业恢复和高质量发展的若干措施

上海市旅游发展领导小组办公室

2022 年 5 月 30 日

附件

## 关于促进上海旅游行业恢复和高质量发展的若干措施

为抗疫情助企业促发展，贯彻落实国家发展改革委、文化旅游部等部门《关于促进服务业领域困难行业恢复发展的若干政策》和《上海市全力抗疫情助企业促发展的若干政策措施》《上海市加快经济恢复和重振行动方案》的要求，帮助本市旅游业加快恢复，实现高质量发展，在落实好已经出台的国家和本市各项政策措施的基础上，承续 2020 年上海旅游助企纾困"12 条"、2021 年上海旅游提质增能"12 条"政策措施，现进一步提出促进上海旅游行业恢复和高质量发展的若干措施。

## 一、落实减税降费政策

延续服务业增值税加计抵减政策，2022 年对生产、生活性服务业纳税人当期可抵扣进项税额继续分别按 10% 和 15% 加计抵减应纳税额。加大中小微企业设备器具税前扣除力度。中小微企业 2022 年度内新购置的单位价值 500 万元以上的设备器具，折旧年限为 3 年的可选择一次性税前扣除，折旧年限为 4 年、5 年、10 年的可减半扣除。企业可按季度享受优惠，当年不足扣除形成的亏损，可在以后 5 个纳税年度结转扣除。对小规模纳税人阶段性免征增值税，对小型微利企业年应纳税所得额超过 100 万元但不超过 300 万元的部分，减按 25% 计入应纳税所得额，按 20% 税率缴纳企业所得税。

2022 年将资源税、城市维护建设税、房产税、城镇土地使用税、印花税（不含证券交易印花税）、耕地占用税和教育费附加、地方教育附加等"六税两费"减免政策适用主体范围扩展至小型微利企业和个体工商户，并在国家规定减免幅度内按照顶格执行。因受疫情影响，缴纳房产税、城镇土地使用税确有困难的纳税人，可申请减免 2022 年第二、三季度自用房产、土地的房产税、城镇土地使用税。对房屋土地被政府应急征用的企业，可按规定减免相应的房产税和城镇土地使用税。

延长申报纳税期限，对按月、按季申报的纳税人，将 4、5、6 月份的申报纳税期限延长至 6 月 30 日。对企业所得税纳税人，将 2021 年企业所得税汇算清缴申报纳税期限延长至 6 月 30 日。纳税人受疫情影响，在规定的期限内办理申报纳税仍有困难的，可依法向税务机关申请办理延期申报，或者申请办理延期缴纳税款，缓缴期限最长 3 个月。

## 二、加大援企稳岗力度

对旅游、文化娱乐、住宿等受疫情影响严重的困难行业，不裁员少裁员的，按照企业申请时上月按规定缴纳城镇职工社会保险费人数计算，给予每人 600 元一次性稳岗补贴，每户企业补贴上限 300 万元，鼓励企业稳岗留岗。

延续执行阶段性降低失业、工伤保险费率政策。继续实施 1% 的失业保险缴费费率政策，继续阶段性下调 20% 工伤保险行业基准费率。对小微企业工会上缴的经费实行全额回拨。

对旅游等特困行业，从 4 月起阶段性缓缴社会保险费单位缴纳部分。其中，养老、医疗保险费缓缴期限至 2022 年底，失业、工伤保险费缓缴期限不超过 1 年，缓缴期间免收滞纳金。

受疫情影响的企业等用人单位，可按规定申请缓缴住房公积金，缓缴期限为 2022 年 4 月至 12 月，到期后进行补缴。缓缴期间，缴存职工正常提取和申请住房公积金贷款，不受缓缴影响。

### 三、实行疫情房租减免

对承租国有房屋从事生产经营活动的小微企业和个体工商户，免予提交受疫情影响证明材料，2022 年免除 6 个月房屋租金。对承租国有房屋、运营困难的民办非企业单位，参照小微企业和个体工商户 2022 年免除 6 个月房屋租金。

鼓励引导商业综合体、商务楼宇、专业市场、产业园区、创新基地等非国有房屋业主或经营管理主体，向最终承租经营的小微企业和个体工商户给予 6 个月房屋租金减免。对符合条件的非国有房屋业主或经营管理主体，按照减免租金总额的 30% 给予补贴，最高 300 万元。

### 四、加强惠企金融支持

加强银企合作，建立健全重点旅游企业项目融资需求库，引导金融机构对符合条件的、预期发展前景较好的 A 级旅游景区、旅游度假区、乡村旅游经营单位、宾馆酒店、旅行社等重点文化和旅游市场主体加大信贷投入，适当提高贷款额度。引导金融机构合理降低新发放贷款利率，对受疫情影响生产经营困难的旅游企业主动让利。鼓励符合条件的旅游企业发行公司信用类债券，拓宽旅游企业多元化融资渠道。

对符合条件的、预期发展良好的旅行社、旅游演艺等领域中小微企业加大普惠金融支持力度。建立中小微旅游企业融资需求库。鼓励银行业金融机构对旅游相关初创企业、中小微企业和乡村民宿等个体工商户分类予以小额贷款支持。推动政府性融资担保机构为符合条件的旅游业中小微企业和个体工商户提供融资增信支持，依法依约及时履行代偿责任，帮助受疫情影响较大的企业续保续贷。

支持融资担保机构进一步扩大中小微企业融资担保业务规模，市中小微企业政府性融资担保基金按 0.5% 收取担保费，对政策性的创业担保项目免收担保费。区级政府性融资担保机构平均担保费率降至 1%（含）以下。鼓励对中小微企业通过政府性融资担保机构获得的银行贷款，实行贴息贴费政策。

### 五、强化专项资金扶持

进一步发挥上海市旅游发展专项资金的引导作用，优化完善支持方式，调整支持重点，加大抗疫情助企业促发展支持力度。对2022年符合相关条件的旅行社、A级旅游景区等旅游企业，适当予以贴息支持。持续支持旅游产业发展、旅游重大项目投资、旅游目的地建设、旅游新品牌新空间打造、数字文旅建设、重大旅游活动等项目，尽快启动2022年度旅游专项资金的申报、审核工作。

**六、切实减轻企业负担**

2022年继续实施旅行社暂退旅游服务质量保证金扶持政策，对符合条件的旅行社暂退比例由80%提高至100%。在全市范围内开展保险代替保证金试点工作。2022年对文化旅游、住宿等行业防疫和消杀支出，给予分档定额补贴。将中小微企业宽带和专线平均资费再降10%，对旅游、住宿、文体娱乐等生活性服务业小微企业免费提供3个月的云服务、移动办公等服务。

降低用水用电用气用网成本，对非居民用户给予3个月应缴水费（含污水处理费）、电费、天然气费10%的财政补贴。对非居民用户免收2022年超定额累进加价水费。免收3个月单位生活垃圾处理费。2022年4月至12月，特种设备检验检测行政事业性收费标准降至现行标准50%。

**七、拓展经营发展空间**

支持旅游企业参与重大活动接待，搭建旅游企业与大型节展活动的对接平台。鼓励旅游企业为机关和企事业单位的各类工青妇、公务及团建等活动提供服务，委托旅行社代理安排交通、住宿、餐饮、会务、会展等事项，旅行社可按规定开具普通发票并提供与合同内容一致的费用清单作为费用报销依据。鼓励旅游企业围绕一江一河、崇明生态岛、郊区新城、红色寻访、海派城市考古、文化记忆、工业游览、古镇民俗等主题，为职工市内疗休养、春秋游活动设计专门线路，提供相应服务。支持教育部门指导中小学选择有资质且管理规范、社会声誉良好的旅行社开展春秋游，鼓励有条件的旅行社开展研学实践教育服务，实施学生优惠价及学生总量5%的困难学生免费额度。鼓励文博场馆助力"双减"政策开展延时服务，对中小学生提供免票或者学生票等优惠政策。

政府采购住宿、会议、餐饮等服务项目时，严格执行经费支出额度规定，不得以星级、所有制等为门槛限制相关企业参与政府采购。

鼓励企业采取多种手段开展促销活动，支持企业发放文旅消费券，带动形成消费热点。

**八、实施技能培训补贴**

鼓励旅游企业结合岗位技能需求，组织在岗职工参加职业培训，按使用地方教育附加专项资金开展职工培训的相关规定享受企业职工职业培训补贴。对受疫情影响的各类企业、社会组织等用人单位，对本单位实际用工的从业人员开展的与本单位主营业务相关的各类线上职业培训，每人每次补贴600元，2022年年内不超过3次。获得技能人员职业资格证书、职业技能等级证书的劳动者可享受职业技能提升补贴。

**九、支持企业创新发展**

引导旅游企业主动适应疫情防控常态化市场需求变化，及时调整生产经营策略，积极探索新发展模式，创新有效匹配市场需求的产品和服务。支持旅游企业数字化转型，培育壮大旅游消费新产品、新业态、新模式。鼓励探索文旅融合高质量发展卓越实践，总结推广优秀案例，并在政策扶持等方面给予优先支持。

**十、打造文旅精品项目**

坚持文旅融合，加大政策引导，突出上海都市型全域旅游特点，聚力"道路+""公园+""生活圈+"，发展认定一批家门口好去处。持续打造"一江一河游览""建筑可阅读""艺术新空间""海派城市考古"等文旅品牌，大力发展红色游、新城游、工业游、古镇游、文博游等新业态。打响上海文化、上海旅游品牌，用高品质文旅供给引领创造消费新需求。加强跨周期布局，抢占文旅新赛道，充分发挥旅游投资市级协调机制作用，完善重大旅游项目库，加快重大旅游项目招商实施，推进高能级旅游目的地建设。

**十一、严格落实防控措施**

认真落实严格科学的疫情防控措施，坚决防止和避免"放松防控"和"过度防控"两种倾向。建立疫情监测机制，提升动态识别能力，强化隔离管控措施，普及推广防护理念，恢复和保持旅游业发展秩序。

**十二、持续优化营商环境**

全面深化"放管服"改革，以包容审慎监管促进旅游新兴业态健康发展。加快上海数字文旅中心建设，提升服务能级和水平。持续净化旅游环境，遏制旅游乱象。加强旅游宣传推广营销，支持文旅企业在"乐游上海"等平台进行免费推广、参加国内外旅游展会、开展线上线下双线推广，开展旅游产品的国内外宣传推介。加强部门协调和政策协同，发挥旅游与餐饮、零售、交通客运等政策集成效应和协同作用。加强市区联动，强化企业服务，切实抓好政策宣传贯彻落实和配套支持。

国家和上海市委市政府出台的相关政策遵照执行，市级相关部门政策另有规定的按照从优不重复原则执行。

# 浙江省文化和旅游厅印发《关于贯彻落实稳经济政策若干举措》的通知

浙文旅〔2022〕30号

各市、县（市、区）文化和旅游局：

现将《浙江省文化和旅游厅关于贯彻落实稳经济政策若干举措》印发你们，请结合实际，认真研究，加强协调，确保当前稳经济各项政策在文化和旅游系统落地见效。

浙江省文化和旅游厅

2022年5月27日

## 浙江省文化和旅游厅关于贯彻落实稳经济政策若干举措

根据省委、省政府的决策与部署，为认真落实《浙江省贯彻落实扎实稳住经济一揽子政策措施的实施方案》（浙政发〔2022〕14号），全省文化和旅游部门要在继续执行好4月份省发展改革委、省文化和旅游厅等14个部门联合印发《浙江省关于促进服务业领域困难行业恢复发展的政策意见》（浙发改服务〔2022〕85号）的基础上，以更强决心更大力度帮助文化和旅游企业渡过难关，坚决稳住文化和旅游产业基本盘。经研究，现就文化和旅游领域稳经济工作再提出如下若干举措。

一、大力推进文化和旅游项目投资建设

（一）加快全省文化和旅游类"4+1"重大项目建设。会同省发展改革委6月份制订列入省重大项目标准，加大要素保障，建立健全重点项目"一对一"服务机制，力争半年计划投资完成率超过 60%。重点推进"四条诗路"文化带、十大海岛公园、百张文旅金名片等项目建设，确保超额完成全年投资计划。

（二）加快启动文化和旅游项目投融资平台运营。完善重点项目融资需求库，在做好疫情防控工作的前提下，积极组织开展全省文化和旅游项目投融资线下对接会，带动各地全年举办文化和旅游项目投融资对接活动 20 场次，促进文旅项目加快立项建设。

**二、加快激活文化和旅游消费市场**

（三）举行 2022 年诗画浙江夏季文化和旅游消费季活动。6 月份在温州启动夏季文化和旅游消费季，推动全省开展文化和旅游系列惠民活动。在疫情防控安全的前提下，有计划放开各类节庆、展会活动。计划 6 月底和 8 月底先后举办浙江山水旅游节、中国义乌文化和旅游产品交易博览会等展会节庆活动，带动各地开展形式多样的旅游推介。

（四）发放新一轮旅游消费券。大力倡导"浙江人游浙江"，在前期发放旅游消费券的基础上，省市县安排财政专项联动发放 1 亿元以上旅游消费券，带动旅游服务平台、旅游企业出台更大力度优惠让利举措，吸引市民出游。

（五）启动机关企事业单位疗休养活动。联合各级总工会，启动 2022 年机关企事业工会疗休养活动，鼓励支持旅游企业按规定承接疗休养委托服务业务，带动景区、餐饮、住宿等加快恢复消费。

（六）丰富旅游保险产品。会同保险机构丰富保险产品和服务，加快针对游客防范疫情险种供给，让广大游客"安心游浙江"。

**三、持续加大文化和旅游企业纾困力度**

（七）顶格落实暂退旅游服务质量保证金。对符合条件的旅行社将旅游服务质量保证金退还比例提高至 100%，确保愿退尽退、应退尽退。

（八）扩大旅行社"引客入浙"奖补规模。省本级统筹 1000 万元旅游专项资金，力争带动全省安排 1 亿元额度，对组织省外旅游团队来浙旅游的旅行社给予奖补。

（九）加大金融支持力度。联合人行杭州中心支行 6 月份出台《关于金融支持文化和旅游项目建设和企业纾困工作的通知》，建立银企优势互补、合作共赢机制。

**四、深入开展文化和旅游领域助企服务**

（十）全面服务做好普惠性政策的落实。发挥行政机关、事业单位、协（学）会等组织服务职能，做好稳经济政策宣讲和跟踪落实，配合财政、税务、发改、人行、社保等部门落实减税、降费、缓缴规费等政策，形成助企纾困工作合力，做到辖区市场主体无一遗漏，应助尽助。

（十一）做好文旅项目地方政府专项债券申请和使用。积极对接，加大文化和旅游重点项目申请专项债力度，推动用好债券资金，加快形成投资实物工作量。

（十二）优化基本建设考古前置服务流程。会同国土资源部门出台浙江省土地储备考古前置管理规定，推进工业用地"标准地"和土地储备考古前置改革，将考古前置环节提前至土地出让和收储前，优化考古前置服务流程，提高全省项目投资土地利用效率。

# 浙江省关于应对新冠肺炎疫情支持民宿行业纾困解难的若干意见

浙江省文化和旅游厅、浙江省财政厅、浙江省地方金融监督管理局、浙江省人力资源和社会保障厅、浙江省农业农村厅、浙江省总工会、中国人民银行杭州中心支行、浙江银保监局 2022 年 6 月 2 日联合印发

民宿作为新兴旅游业态，已成为我省深入践行"绿水青山就是金山银山"发展理念，落实乡村振兴战略，促进共同富裕的重要载体。为支持民宿行业积极应对疫情影响纾堵解困，提信心、稳经营、保就业，持续促进乡村兴旺、农民增收，根据全国稳住经济大盘电视电话会议精神，按照《浙江省贯彻落实扎实稳住经济一揽子政策措施的实施方案》（浙政发〔2022〕14 号）要求，结合行业实际，特制定以下意见：

一、加强金融支持

1. 实施金融助企活动。要充分发挥民宿行业协会作用，遴选一批信誉好、符合条件的等级民宿（农家乐），动态筛选行业"白名单"，建立信息共享机制。各地金融管理部门要加强与农业农村、文化和旅游等部门联动，及时将"白名单"企业推送给金融机构，加强银企对接。各金融机构要结合实际开展"金融助'宿'"系列活动，推广"贷款码"应用对接，加大对民宿经营主体等受困群体的金融帮扶。（责任单位：人行杭州中心支行、浙江银保监局、省文化和旅游厅、省农业农村厅）

2. 强化货币政策工具支持。用好央行再贷款、再贴现政策，加大对民宿行业支持力度。更好发挥普惠小微贷款支持工具对民宿行业符合条件普惠小微企业的支持作用，将对地方法人金融机构普惠小微贷款支持工具的资金支持比例由 1% 提高至 2%。推动金融机构增加民宿经营主体的首贷、信用贷投放。（责任单位：人行杭州中心支行、省财政厅）

3.落实延期还本付息政策。各金融机构要加强与民宿行业中小微企业（含中小微企业主）和个体工商户等主动协商，并实施清单制管理。按照市场化原则，对清单内客户贷款主动采取延期还本付息，努力做到应延尽延。对延期贷款坚持实质性风险判断，不单独因疫情因素下调贷款风险分类，并免收罚息。继续落实好受疫情影响相关逾期贷款可以不作逾期记录报送的有关规定。（责任单位：浙江银保监局、人行杭州中心支行）

4.推动降低企业综合融资成本。鼓励金融机构对名单内市场主体发放的新增贷款给予利率优惠。推动各金融机构进一步加大民宿企业减费让利力度，各类手续费应免尽免、应减尽减，坚决杜绝各类不合理收费。（责任单位：人行杭州中心支行、浙江银保监局、省文化和旅游厅）

5.鼓励投放信用贷款。支持金融机构对符合条件的名单内民宿产业市场主体，发放无抵押、无担保的纯信用贷款。鼓励有意愿的金融机构积极探索开展留住一线员工的"民宿稳岗贷"专项信贷业务。（责任单位：人行杭州中心支行、浙江银保监局、省文化和旅游厅）

6.提供融资担保增信。进一步发挥"双保"助力融资支持机制作用，将民宿产业列为政府性融资担保重点支持对象范围，加强对接，为更多符合条件的民宿企业提供担保服务，且不设置反担保措施，并采取"见贷即保"模式提高融资担保服务效率。各金融机构要积极推广浙里办 App（浙里金融），支持企业通过"双保"助力贷专区线上申请贷款。（责任单位：省地方金融监管局、省财政厅、人民银行杭州中心支行、浙江银保监局）

**二、支持稳定岗位**

7.继续实施失业保险稳岗返还政策。符合条件的地区，对 2021 年度未裁员或裁员率不高于 2021 年度全国城镇调查失业率控制目标（5.5%），2021 年末参保 30 人（含）以下的企业裁员率不高于参保职工总数 20% 的民宿参保企业，可以申请失业保险稳岗返还。大型企业按企业及其职工上年度实际缴纳失业保险费的 50% 返还，中小微企业按 90% 返还。执行期限至 2022 年 12 月 31 日。（责任单位：省人力社保厅、省财政厅）

8.实施降费率和缓缴社会保险费政策。延续实施阶段性降低失业保险费率政策 1年，执行期限至 2023 年 4 月 30 日。对民宿企业阶段性实施缓缴养老保险、失业保险、工伤保险费政策，其中养老保险费缓缴期限至 2022 年底，失业保险、工伤保险费缓缴期限不超过 1 年，缓缴期间免收滞纳金。（责任单位：省人力社保厅、省财政厅、省税务局）

9. 发放一次性留工培训补助。符合条件的地区，可对依法参加失业保险、受疫情影响暂时无法正常生产经营的民宿企业，按每名参保职工 500 元的标准发放一次性留工培训补助，支持企业组织职工以工作代替培训。执行期限至 2022 年 12 月 31 日。（责任单位：省人力社保厅、省财政厅）

**三、促进就业创业**

10. 发放一次性扩岗补助。对 2022 年 1 月 1 日至 2022 年 12 月 31 日招用 2022 年度高校毕业生并签订 1 年以上劳动合同，依法参加失业保险的民宿企业，可按每人不超过 1500 元的标准，给予一次性扩岗补助。具体由各地结合实际确定。（责任单位：省人力社保厅、省财政厅）

11. 加强就业创业培训。加大民宿从业人员乡村旅游食宿服务、管理运营、市场营销等技能培训，广泛开展"民宿管家服务"专项职业能力考核，不断提升民宿服务专业化水平。（责任单位：省文化和旅游厅、省人力社保厅）

12. 做好多方资源导入。鼓励各地发放文旅消费券适用民宿消费。支持机关、企事业单位在符合疫情防控政策前提下，组织职工到休闲农业农家乐（民宿）集聚区开展疗休养。成立民宿专家智囊团，帮助指导民宿业主创新创业。（责任单位：省文化和旅游厅、省财政厅、省总工会、省农业农村厅）

**四、推动持续发展**

13. 强化行业自律管理。各级文化和旅游部门要加强对民宿行业协会的指导和管理，督促行业协会加强自身建设，做好行业服务和管理，促进行业健康发展。民宿企业要坚持依法依规经营，理性投资，珍惜个人和企业的信用记录，加强与金融机构的沟通协商，营造良好的融资环境。要坚持主客共享，帮助当地群众发展民宿，助力共同富裕。（责任单位：省文化和旅游厅）

14. 强化疫情精准防控。要落实疫情防控"四方"责任，严格科学精准落实疫情防控措施，坚决防止和避免"放松防控"和"过度防控"两种倾向，将精准科学防控疫情要求贯彻到民宿行业各环节，用更有效的疫情防控措施保障民宿业安全的环境，用更安全的环境保障民宿业恢复繁荣发展。（责任单位：省疫情防控办）

15. 强化政策保障。各地文化和旅游部门要高度重视乡村民宿发展工作，会同财政、人力社保、金融等部门加大政策供给，推动民宿行业协调、规范、健康发展，促进乡村民宿在乡村振兴中发挥更大的作用。（责任单位：省文化和旅游厅）

# 福建省文化和旅游厅 福建省发展和改革委员会 福建省财政厅印发《关于支持文旅行业恢复发展的纾困帮扶措施》的通知

闽文旅产业〔2022〕1 号

各设区市文旅局、发改委、财政局，平潭综合实验区旅游文体局、经发局、财政金融局：

为深入贯彻落实国家发展改革委等 14 个部门《关于促进服务业领域困难行业恢复发展的若干政策》和《福建省积极应对疫情影响进一步帮助市场主体纾困解难的若干措施》，统筹做好疫情防控和做大做强做优文旅经济，全力支持文旅行业稳岗就业、纾困解难，推动文化和旅游业恢复发展，我们制定了《关于支持文旅行业恢复发展的纾困帮扶措施》，经省政府同意，现印发给你们，请认真贯彻落实。

福建省文化和旅游厅
福建省发展和改革委员会
福建省财政厅
2022 年 5 月 12 日

## 关于支持文旅行业恢复发展的纾困帮扶措施

为贯彻落实党中央、国务院决策部署和省第十一次党代会精神，统筹做好疫情防控和做大做强做优文旅经济，全力支持我省文旅行业稳岗就业、纾困解难、恢复发展，制定以下纾困帮扶措施。

## 一、强化普惠性政策宣贯和落实

（一）指导企业用好疫情防控、减税降费、融资服务、社保减缓等普惠性政策。贯彻落实国家发展改革委等14个部门联合印发的《关于促进服务业领域困难行业恢复发展的若干政策》（发改财金〔2022〕271号）、《福建省积极应对疫情影响进一步帮助市场主体纾困解难的若干措施》（闽政〔2022〕9号）和《文化和旅游部关于进一步调整暂退旅游服务质量保证金相关政策的通知》（文旅发电〔2022〕61号）等政策措施。在执行中按照简化流程、加快兑现、从高不重复的原则执行，确保文旅企业应享尽享。（责任单位：省发改委、财政厅、文旅厅，各设区市人民政府、平潭综合实验区管委会）

（二）暂退或缓交旅游质量保证金。继续执行保证金暂退政策，符合条件的旅行社，可申请将暂退比例提高至100%。对2022年4月12日（含当日）以后取得旅行社业务经营许可证的旅行社，可申请暂缓交纳保证金。暂退或缓交保证金补足期限均延至2023年3月31日。（责任单位：省文旅厅）

## 二、实施重点领域纾困扶持

（三）旅行社。对以组接团为核心业务的旅行社，根据全国旅游监管服务平台的近两年业务经营情况，诚信经营等指标进行综合考评。对综合考评排名前100名旅行社，分四个档次给予纾困补助，补助资金主要用于企业稳岗就业、营销宣传等。第一档给予排名前10名的每家补助50万元，第二档给予排名11—30名的每家补助40万元，第三档给予排名31—60名的每家补助20万元，第四档给予排名61—100名的每家补助10万元。补助资金由省级财政保障。（责任单位：省文旅厅、财政厅，省税务局）

（四）景区、度假区。对国家A级旅游景区和国家级、省级旅游度假区，根据近两年业务经营情况，诚信经营等指标进行综合考评。对两者合并综合考评排名前50名景区、度假区，分三个档次给予纾困补助，补助资金主要用于企业稳岗就业、营销宣传等。第一档给予排名前10名的每家补助50万元，第二档给予排名11—25名的每家补助20万元，第三档给予排名26—50名的每家补助16万元。补助资金由省级财政保障。（责任单位：省文旅厅、财政厅，省税务局）

## 三、促进旅游市场恢复发展

（五）吸引外省游客入闽。在严格执行疫情防控政策基础上，对年内组织接待入闽过夜团队游客的旅行社给予奖励，每人每晚奖励20元，每个团队游客连续住宿2晚以上累积计算奖励，但每团每人次奖励金额最高为60元，每家旅行社奖励总额不超过100万元。奖励资金超出预算额度时，奖励标准按比例调整。（责任单位：省文旅厅、财政厅）

（六）支持委托旅行社承接业务。鼓励各级机关、企事业单位、社会团体将符合规定举办的工会活动、会展活动等委托旅行社承办，委托旅行社承办的业务，在相关规定标准和限额内，凭旅行社发票报销。属于政府采购范围的，按规定开展采购活动。鼓励各级机关、企事业单位、社会团体委托旅行社承办活动时，提高预付款比例，加快各类支出支付进度。（责任单位：省文旅厅、财政厅、总工会）

**四、落实惠企信贷融资**

（七）债券方面支持。鼓励将符合条件的文旅建设项目和景区转型升级项目纳入政府专项债券支持范围。鼓励符合条件的文旅企业发行公司信用类债券。（责任单位：省财政厅、金融监管局，福建证监局、人行福州中心支行，各设区市人民政府、平潭综合实验区管委会）

（八）接续贷款延期支持。鼓励金融机构对受疫情影响严重、到期还款困难的企业，予以展期或续贷，通过适当降低利率、调整还款计划等方式，减轻信贷偿付压力。鼓励金融机构对中小微文旅企业主动减免服务收费。（责任单位：省金融监管局，福建银保监局、人行福州中心支行）

**五、支持各地出台纾困政策**

（九）鼓励叠加政策精准帮扶。各设区市、县（区）可结合实际，出台帮助文旅企业应对疫情恢复发展的精准措施，发挥政策叠加效应，全力帮助文旅企业渡过难关。省发改委、财政厅、文旅厅对表现突出、纾困效果好的设区市、县（区），在文旅品牌创建、景区创新提升、重点项目扶持、评先创优、典型经验推广等方面予以正向激励。（责任单位：各设区市人民政府、平潭综合实验区管委会，省发改委、财政厅、文旅厅）

省级财政纾困补助资金为年度一次性资金。以上政策措施，有效期至2023年12月31日。其他措施，已有明确期限规定的按照原规定。厦门市可参照执行，所需资金由厦门市政府统筹解决。

# 福建省文化和旅游厅等 5 部门关于印发
# 《福建省文旅专项贷实施暂行办法》的通知

闽文旅产业〔2022〕5 号

各设区市文旅局、财政局、金融监管局（金融办），平潭综合实验区旅游文体局、财金局，人民银行省内各市中心支行、各银保监分局，各有关金融机构：

为贯彻落实省委、省政府关于稳增长稳市场主体保就业工作部署，支持成长型、创新型中小微文旅企业纾困和增产增效，缓解企业流动资金困难，促进文旅市场主体恢复发展，做大做强做优文旅经济。根据《福建省财政厅、福建省地方金融监督管理局关于印发〈省级政策性优惠贷款风险分担资金池资金管理办法〉的通知》（闽财金〔2020〕19 号）规定，福建省文化和旅游厅、福建省财政厅、福建省地方金融监督管理局、中国人民银行福州中心支行和中国银行保险监督管理委员会福建监管局共同研究制定《福建省文旅专项贷实施暂行办法》，现印发给你们，请结合实际，抓好组织实施。

一、高度重视文旅专项贷。专项贷使用省级政策性优惠贷款风险分担资金池，体现省委、省政府关心中小微企业，是各相关单位支持文旅经济做大做强做优的有力举措。各地各部门要做好政策宣贯，加强工作指导。

二、对成长型、创新型企业排查摸底。坚持文旅融合发展原则，重点支持以下领域：文旅融合新业态；影视娱乐、演艺音乐产业；文化产业园区、历史文化街区、非遗技艺保护传承、文创商品开发等各类文化产品项目；民宿酒店、闽茶闽菜闽货等打造"闽式生活"的各类旅游产品项目。

三、建立文旅企业"白名单"推送机制。文旅企业"白名单"需满足以下条件：（一）受疫情影响，面临暂时流动性困难；（二）具备正常生产经营条件；（三）企业征信良好，无安全责任事故；（四）主营业务范围与文旅密切相关。"白名单"机制是对符合条件文旅企业的初步筛选，帮助企业与金融机构高效对接。企业是否具备融资资质，金融机构需再行考核。

四、定期盘点。各单位需安排专人登录金服云平台，每半年对文旅专项贷的实施情况进行盘点，收集企业需求，以及专项贷实施过程中的各方反馈意见。

五、加强沟通。市县文旅部门需与金融机构、财政部门保持密切联系，积极帮助文旅企业解疑释惑。

福建省文化和旅游厅

福建省财政厅

福建省地方金融监督管理局

中国人民银行福州中心支行

中国银行保险监督管理委员会福建监管局

2022 年 8 月 8 日

# 福建省文旅专项贷实施暂行办法

第一条　本办法所称文旅专项贷是指金融机构依托福建省金融服务云平台（以下简称金服云平台），借助省级政策性优惠贷款风险分担资金池（以下简称资金池）提供贷款风险补偿作为增信手段，通过"快服贷"产品为我省文旅经济领域的各类成长型、创新型中小微企业提供用于经营周转的流动性融资服务的信贷产品。

第二条　服务对象。为在福建省（不含计划单列市）登记注册、守法经营、无不良记录的，主营业务范围符合国家统计局《文化及相关产业分类（2018）》或《国家旅游及相关产业统计分类（2018）》范畴的中小微企业。上述主体应当同时符合文旅专项贷条件，具备正常生产经营条件。

根据《福建省人民政府关于促进旅游业高质量发展的意见》（闽政〔2021〕8 号）和《福建省人民政府办公厅关于印发福建省"十四五"文化和旅游改革发展专项规划的通知》（闽政办〔2021〕45 号），做大做强做优文旅经济，重点支持以下领域：

（一）康养旅游、研学旅游、工业旅游、乡村旅游、海洋旅游等新业态；

（二）影视娱乐、旅游演艺和音乐产业等文旅融合领域；

（三）主题小镇、历史文化街区、文化产业园区（基地），以及旅游民宿、房车营地等产品项目；

（四）闽菜、闽茶、闽货进景区、进街区；传统老字号、非遗技艺生产性保护传承文创商品开发，打造"闽式生活"旅游消费产品的企业；

（五）景区、度假区等的智慧化、数字化建设项目。

第三条　资金池是指省财政整合相关资金设立，按照风险共担原则提供风险分担的资金。资金池管理按《福建省财政厅、福建省地方金融监督管理局关于印发〈省级政策性优惠贷款风险分担资金池资金管理办法〉的通知》（闽财金〔2020〕19号）规定执行。

第四条　不良贷款是指企业逾期1个月（含）未偿还贷款本金或超过2个月（含）未偿还贷款利息且合作金融机构已宣布提前到期的贷款。

合作金融机构是指已入驻金服云平台且按照本办法规定提供文旅专项贷服务的金融机构。

不良贷款率是指合作金融机构在某一时点上文旅专项贷的不良贷款本金占该机构同产品贷款余额的比重。

第五条　文旅专项贷款资金必须用于正常生产经营周转，不得用于金融投资、理财、转贷他人等套利活动或个人消费，以及投资国家政策禁止或限制的项目。

第六条　建立服务对象企业池，采用名单制动态管理。文化和旅游部门收集相关领域符合文旅专项贷的企业名单，企业可通过线上申请，经县级及以上文旅主管部门线上审核通过，或依托金服云平台以及当地确定的其他方式，形成企业池名单。名单内企业如涉违法经营、出现不良记录等，不再符合相关条件，经文化和旅游部门核实后，移出企业池名单。在被移出企业池名单前发生的文旅专项贷，可按本办法规定享受相关政策。

金服云平台根据银行贷款审核标准、担保机构审核标准进行初步筛选，分类标注，为银行发放贷款和相关部门统计数据提供便利。

银行要按市场化、法治化原则，充分发挥服务网络、风险防控和技术能力的优势，有效甄别文旅专项贷企业，简化审批资料和流程，对申报企业在符合基本信贷准入条件的情况下，尽快完成尽职调查、授信审批。

第七条　文旅专项贷可采用银政保、银政担、银政等合作模式，具体合作模式由银、保、担、企自主选择。

银政保模式是银行为企业办理信贷业务，企业投保贷款保证保险，在贷款出现风险时，银行、资金池、保险机构按约定及本办法规定承担风险责任的模式。

银政担模式是银行为企业办理信贷业务，由融资担保机构提供担保，在贷款出现风险时，银行、资金池、融资担保机构按约定及本办法规定承担风险责任的模式。

银政模式是银行为企业办理信贷业务，该项信贷未涉及任何担保、保险，在贷款出现风险时，由银行、资金池按规定承担风险责任的模式。

鼓励合作金融机构对企业池内的企业提供纯信用融资。

第八条　文旅专项贷单户企业经营流动性融资贷款的规模原则上控制在1000万元以内，实行优惠贷款利率。各政策性银行、大型商业银行按不超过最近一次公布的一年期贷款市场报价利率加100个基点发放贷款的为优惠利率，其他银行业机构按不超过最近一次公布的一年期贷款市场报价利率加150个基点发放贷款的为优惠利率。贷款期限由银行与企业自主选择，原则上不超过1年，鼓励银行采取无还本续贷方式延长企业贷款期限。

第九条　对于由政府性融资担保机构提供担保的贷款，如按"总对总"批量担保业务模式的，取消抵质押反担保，依托合作金融机构服务网络、风险防控和技术能力，由合作金融机构按照规定的业务条件对担保贷款项目进行风险识别、评估和审批，由政府性融资担保机构对担保贷款项目进行合规性审核确认，不再做重复性尽职调查。合作金融机构和政府性融资担保体系原则上按照2：8比例分担贷款本息的风险责任，原则上事先锁定合作业务总体担保代偿率上限，具体代偿率上限按国家和我省出台的相关规定执行。

第十条　银政担模式下符合《福建省财政厅、福建省地方金融监督管理局关于印发〈福建省融资担保发展专项资金管理办法〉的通知》（闽财规〔2022〕4号）条件的，贷款损失按规定分担比例进行分险，单户1000万元以下且平均年化担保费率不超过1.5%的，在机构年度担保代偿率不超过当年国家融资担保基金与我省合作协议设定的担保代偿率时发生代偿支出的，省再担保机构对融资担保机构风险分担比例提高至40%，其中，符合国家融资担保基金条件的，由省再担保机构对接国家融资担保基金申请分险。其中，单户500万元及以下的贷款、代偿熔断率在国家融资担保基金与我省合作协议设定的担保代偿率以内的，资金池再分险20%。

第十一条　文旅专项贷未纳入政府性融资担保范围分险的，发生贷款损失，扣除可由保险公司、其他融资担保、抵质押物代偿金额后，按照以下比例分担风险责任：（一）本金损失低于 20% 时，资金池不予补偿；（二）本金损失高于 20% 时，资金池按不超过本金损失的 50% 给予就高补偿，合作银行承担的损失不低于本金的 20%。

第十二条　金融机构违反国家法律法规造成的损失，资金池不予补偿。出现不良时，资金池的补偿范围为同一企业同一年度内不超过 1000 万元的文旅专项贷。同一企业出现多笔不良贷款时，资金池按先纯信用贷款、再按其他类贷款的顺序依次给予补偿风险。

第十三条　省内人民银行合规运用再贷款再贴现等政策工具，引导金融机构加大文旅专项贷投放力度。金融机构发放的文旅专项贷情况将纳入人民银行金融支持中小微企业考核评估范围。

第十四条　企业申请入池。针对符合文旅专项贷条件的主体建立服务企业池，符合条件的服务对象经金服云平台或其他媒体网络上向社会公示，公示期 5 天，期满无异议即形成文旅专项企业池名单。

第十五条　企业申请贷款。通过金服云平台"快服贷"专区文旅专项贷产品模块，在线发起贷款申请。面临暂时流动性困难的文旅专项贷服务对象承诺符合文旅专项贷条件、贷款用途符合本办法规定，可通过金服云平台"快服贷"专区文旅专项贷产品模块在线申请文旅专项贷，也可直接向银行申请文旅专项贷，并由银行协助通过金服云平台线上办理。

第十六条　合作金融机构对接受理。合作金融机构通过金服云平台对接受理，结合"文旅专项贷"窗口等平台开展审查审核。对接情况在线留痕，金服云平台设置"已发布""被关注""已授信"等业务状态标识。对接未成功，除涉密及敏感信息，应简要说明理由。

第十七条　备案。对接成功后，银行应在 10 个工作日内，通过金服云平台报备授信、贷款发放情况。逾期未报备的，不纳入资金池风险分担支持范围。

第十八条　风险补偿。贷款属于政府性融资担保范围的，贷款本金损失扣除金融机构承担部分，由省再担保和融资担保公司先行代偿。省再担保公司审核后，向有关方面申请拨付补偿资金，属于资金池负担部分由省再担保公司按程序申请。贷款不属于政府性融资担保范围的，贷款本金损失属于资金池负担部分，在司法机关或相关机构受理银行追款诉讼请求后，银行通过金服云平台向省文旅厅提出补偿申请。

相关金融机构通过金服云平台发起风险补偿申请时，应同时提交相关纸质佐证材料（包括风险补偿申请报告，内容涵盖贷款合同、企业违约、贷款损失、开展追收等情况，司法机关或相关机构受理追款诉讼请求材料等）。金服云平台应在5个工作日内通过系统提醒功能将风险补偿申请信息传递给省文旅厅、省金融监管局。省文旅厅牵头、省金融监管局配合，及时开展审核，相关信息核实可委托具备相关资质的第三方机构开展，及时提出资金池分担建议，报省财政厅复核并按程序拨付资金。

第十九条　追索。产生不良贷款后，相关金融机构应积极开展追收事宜。资金池给予风险补偿的，相关金融机构在收到追回款的5个工作日内，对追回资金扣除合理追索费用（包括但不限于诉讼费、仲裁费、财产保全费、执行费等）后的余额部分，按风险补偿比例偿还资金池。合理追索费用事后须经省文旅厅确认，确认后多退少补。

第二十条　对普惠型小微企业文旅专项贷不良贷款率高于银行业机构自身各项贷款不良率年度目标3个百分点（含）以内的，可不作为监管评级和银行内部考核评价的扣分因素。各银行业机构要推动落实文旅专项贷尽职免责制度，细化和明确文旅专项贷不良贷款容忍度和授信尽职免责的要求，切实提高基层"敢贷、愿贷"积极性。

第二十一条　数据查询分析。金服云平台为省文旅厅、省财政厅、省金融监管局、人民银行福州中心支行、福建银保监局提供企业融资需求、获得授信额度、贷款总额、贷款明细等信息的实时查询、汇总分析及相关审核功能，及对相关金融机构上一年度文旅专项贷开展情况的汇总分析功能。文旅专项贷运作流程图详见附件1。

第二十二条　省文旅厅牵头提出年度风险分担资金预算，报省财政厅审核。省文旅厅牵头根据风险补偿政策，做好年度风险分担预算资金动态跟踪。合作金融机构在贷款规模内办理文旅专项贷业务。

第二十三条　同一金融机构在资金池支持范围内的不良贷款率达到或超过5%时，暂停办理文旅专项贷新增业务，即为熔断。金融机构在出现熔断之日起5个工作日内应主动向省文旅厅、省财政厅、省金融监管局、人民银行福州中心支行报告，熔断前受理的业务可按本办法规定享受相关政策。未按规定报告的，资金池对导致熔断的不良贷款及熔断后新增的不良贷款不予补偿。不良贷款率若恢复至5%以内，金融机构可通过金服云平台向省文旅厅提出申请，由省文旅厅牵头，会同省财政厅、省金融监管局、人民银行福州中心支行、福建银保监局提出意见，获得同意后可重启相关业务。

同一金融机构包括省行及下属分支行、营业部等。

第二十四条　本实施办法自印发之日起执行，有效期2年。具体条款由省文旅厅、省财政厅、省金融监管局、人行福州中心支行、福建银保监局负责解释，未明确事项按闽财金〔2020〕19号文件规定执行。

附件①：1. 福建省文旅专项贷运作流程图
    2. 福建省文旅专项贷业务办理操作细则

---

① 编者注：附件略。

# 江西省文化和旅游厅印发关于有效应对疫情支持文化和旅游企业纾困解难的若干措施的通知

各设区市、省直管县（市）文广新旅局，赣江新区社会发展局，厅机关各处室、厅直各单位：

现将《关于有效应对疫情支持文化和旅游企业纾困解难的若干措施》印发给你们，请认真贯彻执行。

江西省文化和旅游厅

2022 年 3 月 31 日

## 关于有效应对疫情支持文化和旅游企业纾困解难的若干措施

为贯彻落实《关于促进服务业领域困难行业恢复发展的若干政策》《江西省人民政府印发关于有效应对疫情帮助中小企业纾困解难若干政策措施的通知》精神，有效应对疫情的不良影响，统筹疫情防控和文旅产业发展，支持文化和旅游企业纾困解难，特制定以下措施。

一、降低企业运行成本

1. 延续实施旅行社暂退质保金。旅行社可继续申请暂退旅游服务质量保证金，暂退标准为应缴纳数额的 80%，补足质保金的期限延至 2022 年 12 月 31 日。加快推进保险替代质保金试点工作，在全省推广保险替代质保金。

2. 实施失业保险稳岗返还政策。延续实施阶段性降低失业保险、工伤保险费率政策。对不裁员、少裁员的文旅企业继续实施普惠性失业保险稳岗返还政策，2022 年度符合条件的中小微文旅企业返还比例提高至90%。旅游企业可申请阶段性缓缴失业保险和工伤保险费，期限不超过1年，缓缴期间免收滞纳金。

3.增值税加计抵减。2022年对符合生产、生活性服务业要求的文旅企业纳税人，当期可抵扣的进项税额继续分别按10%和15%加计抵减应纳税额。

4.减免房屋租金。对承租国有资产类经营性房产（包括国有企业和政府部门、高校、研究院所等行政事业单位房屋）从事生产经营活动的中小微文旅企业，在免除上半年2个月租金的基础上，再减免1个月租金。对2022年被列为疫情中高风险所在县级行政区域内的文旅企业，在减免租金3个月基础上，再减免3个月。对租用其他经营用房的，鼓励业主（房东）为租户减免租金，具体由双方协商解决。

5.对受疫情影响，不能按时缴纳职工基本医疗保险费用、住房公积金的文旅企业，可依法申请缓缴。

**二、增强金融支持力度**

6.加强惠企融资支持。不断补充贷款风险补偿资金，做大做强"文旅贷"，降低门槛，鼓励符合条件的文旅企业通过"文旅贷"融资。对文旅中小微企业保持较低担保和再担保费率，政府性融资担保机构的担保费率不超过1%。鼓励银行业金融机构对文旅相关初创企业、中小微企业和主题民宿等个体工商户分类予以小额贷款支持。引导金融机构对符合条件的、预期发展前景较好的A级旅游景区、旅游度假区、乡村旅游经营单位、星级酒店、旅行社等重点文化和旅游市场主体加大信贷投入，适当提高贷款额度。

7.鼓励在赣金融机构创新服务。引导金融机构运用文旅中小微企业的交易流水、经营用房租赁以及信用信息等数据，创新专属信贷产品和服务。鼓励金融机构对符合续贷条件的文旅企业，在市场化、法治化原则下按正常续贷业务办理，不得盲目惜贷、抽贷、断贷、压贷。支持政府性融资担保机构减少或取消抵押、质押反担保要求。

8.支持文旅企业拓展融资渠道。鼓励文旅企业通过私募基金投资、挂牌上市、发行债券等方式拓展融资渠道。

**三、支持文旅企业拓展业务**

9.支持文旅企业参与政府采购。不得以星级、所有制等为门槛限制相关企业参与政府住宿、会议、餐饮等采购。支持旅行社承接各级党政机关、企事业单位、社会团体、学校等组织的工会、会展、学习教育、研学等活动。

10.支持参与重大活动接待服务。搭建文旅企业与大型节事会展活动的对接平台，建立定向对接机制。支持文旅企业借助世界 VR 大会、中国景德镇国际陶瓷博览会、中国红色旅游博览会、省旅发大会等展会、展览、赛事、论坛、节庆、演艺活动，针对商务游客、粉丝观众、参展商等不同群体开发高品质会展旅游产品、个性化定制旅游服务等。

**四、提振消费信心促进企业稳增收**

11. 开展"百城百夜"文旅消费促进活动。适时开展"百城百夜"文旅消费季，通过"线上＋线下""白天＋黑夜""惠民＋利企"相结合，省、市、县三级联动的模式促进文旅消费。

12. 推广中国银联"红火计划"。推动国家级、省级文化和旅游消费试点城市、夜间文旅消费集聚区内小微企业纳入中国银联"红火计划"支持范围，对企业银联二维码交易产生的手续费，按照一定比例予以返还，并对以上区域内举办的文旅消费活动予以特惠商户折扣。

13. 鼓励各地发放文旅消费券。在严格落实疫情防控各项规定的前提下，安全有序推动"本地人游本地、周边人游周边、江西人游江西"活动，鼓励各地结合实际，发放文旅消费券，引导广大游客消费。

**五、支持重点项目建设**

14. 加快全省重点项目建设进程。建立重点文旅企业项目帮扶机制，筛选全省重点文旅项目，实行机关干部"一对一"挂点帮扶，帮助协调处理项目推进过程中的重难点问题，积极推动项目落地。加快推进"一部手机游江西""长江中游三省文旅消费一卡通"等重点文旅项目的提升和建设进程，提高产业链上下游市场整体活力。

**六、强化政策落实**

15. 开展"政策宣讲月"活动。梳理国家和省出台的普惠性纾困惠企政策中涉及文旅企业的支持政策，形成"政策工具包"，多渠道、多形式加强宣传推介，推动政策有效抵达并惠及更多文旅企业。

# 江西省人民政府办公厅印发关于进一步帮扶文旅企业纾困发展若干措施的通知

赣府厅字〔2022〕50 号

各市、县（区）人民政府，省政府各部门：

现将《关于进一步帮扶文旅企业纾困发展的若干措施》印发给你们，请认真贯彻执行。

江西省人民政府办公厅

2022 年 5 月 31 日

## 关于进一步帮扶文旅企业纾困发展的若干措施

为深入贯彻落实习近平总书记关于统筹推进疫情防控和经济社会发展的系列重要指示精神，按照党中央、国务院决策部署和省委、省政府提出的"强攻二季度、确保双过半、夺取全年胜"工作要求，在切实做好疫情防控工作的同时，进一步帮扶全省文旅企业纾困发展，促进文旅行业快速复苏回暖，现制定以下措施。

一、加大"引客入赣"力度

1. 实施"引客入赣"奖补。落实《南昌昌北国际机场客货运发展专项资金奖励暂行办法（2021 年修订版）》，按规定对"引客入赣"的航空运输企业或包机（包舱）人予以奖励。鼓励各地对"引客入赣""江西人游江西"进行奖补。省级统筹现有资金对"引客入赣"成效明显的设区市进行奖励。〔责任单位：省文化和旅游厅、省商务厅、

省财政厅，各市、县（区）人民政府〕

**二、推动惠企政策落地**

2. 继续暂退旅游服务质量保证金。落实文化和旅游部相关通知要求，旅行社可按规定申请暂退旅游服务质量保证金，暂退标准为应交纳数额的 100%，补足质保金期限延至 2023 年 3 月 31 日。〔责任单位：省文化和旅游厅，各市、县（区）人民政府〕

3. 做好普惠政策落地服务。落实阶段性缓缴企业职工基本养老保险费、失业保险费、工伤保险费政策。延续实施阶段性降低失业保险、工伤保险费率政策。继续实施失业保险稳岗返还政策，依法依规落实住房公积金缓缴政策。落实 2022 年省政府出台的国有房屋租金减免政策，对租用其他经营用房的，鼓励业主（房东）与文旅企业协商减免租金，对减免租金的房屋业主，2022 年缴纳房产税、城镇土地使用税确有困难的，按规定减免房产税、城镇土地使用税。〔责任单位：省人力资源和社会保障厅、省住房和城乡建设厅、省国有资产监督管理委员会、国家税务总局江西省税务局，各市、县（区）人民政府〕

**三、创优金融保险服务**

4. 加大金融支持力度。健全全省重点文旅企业项目融资需求库，鼓励银行业金融机构指定业务部门开展文旅专项服务，合理增加文旅行业有效信贷供给。引导银行业金融机构主动对因疫情等影响遇到困难的文旅中小微企业减免相关服务收费，合理续贷、展期、调整还款安排。鼓励银行业金融机构对文旅有关初创企业、中小微企业分类予以小额贷款支持。〔责任单位：省地方金融监管局、人民银行南昌中心支行、江西银保监局，各市、县（区）人民政府〕

5. 加强惠企融资支持。充分发挥各类投融资平台作用，加大对文旅行业的支持力度，扩大面向文旅小微企业的政府性融资担保业务规模，将最长单笔担保贷款期限延长至 36 个月。完善"文旅贷""文企贷"管理机制，建立文旅小微企业"白名单"，在全省集中开展"百家银行助千企·金融服务文旅复苏"活动月，通过"赣金普惠"平台开设文旅企业专业对接窗口，重点对旅行社、文创企业、民宿（农家乐）等文旅小微企业实施无抵押贷款，帮助一批文旅小微企业获得无抵押贷款支持。根据各金融机构对文旅企业纾困帮扶和文旅项目贷款支持的情况，推选一批优秀金融机构在 2023 年全省旅游产业发展大会上进行表扬。〔责任单位：省文化和旅游厅、省委宣传部、省地方金融监管局、省财政厅、人民银行南昌中心支行、江西银保监局，各市、县（区）人民政府〕

6. 推行使用保险替代旅游服务质量保证金试点。积极推进使用保险替代现金或银行保函交纳旅游服务质量保证金试点工作，逐步扩大文旅行业保险统保项目覆盖面。〔责任单位：省文化和旅游厅、江西银保监局、省地方金融监管局，各市、县（区）人民政府〕

7. 创新保险服务。鼓励保险机构扩大旅行社责任保险统保项目覆盖面，鼓励开发演艺活动取消险、旅行取消险、文旅从业人员失业险等专项保险产品，降低文旅企业经营风险。〔责任单位：江西银保监局、省地方金融监管局、省文化和旅游厅，各市、县（区）人民政府〕

**四、激发文旅消费活力**

8. 鼓励开展研学活动。鼓励各级学校、教育机构在属地疫情防控部门指导下，组织学生在省内开展研学、科普、社会实践、劳动实践等主题活动，并支持有资质、有实力的旅行社承接。各地、各有关部门要积极支持学校、教育机构充分利用现有公共文化场馆和符合条件的旅游景区景点，在省内开展研学活动，鼓励各类企业提供观摩体验场所。省教育厅会同省文化和旅游厅联合打造研学旅游相关主题线路，开展内容丰富、形式多样的中小学研学相关活动。〔责任单位：省教育厅、省文化和旅游厅，各市、县（区）人民政府〕

9. 推进电影院复工复产。通过"情暖赣都"惠民观影活动影响带动群众走进电影院观影，推动我省电影市场复苏，增强电影行业发展信心。对2022年1—4月以来营业有票房且每月及时足额上缴了电影专项资金的电影院按照每个座位15元的标准，发放一次性疫情专项补贴。〔责任单位：省委宣传部、省财政厅，各市、县（区）人民政府〕

10. 落实带薪休假制度。各级机关、企事业单位、社会团体要严格落实带薪休假制度，做到应休尽休。鼓励基层工会利用会员会费依规购买省内文化旅游产品和服务。积极倡导各级机关、企事业单位在省内开展职工疗休养活动，鼓励各地文旅部门与工会加强合作，积极将符合疗休养标准的宾馆饭店、当地民宿、红色旅游景区等纳入疗休养范围。〔责任单位：省人力资源和社会保障厅、省总工会、省文化和旅游厅，各市、县（区）人民政府〕

11. 支持文旅企业参与政府采购。鼓励各级机关、企事业单位将符合规定举办的工会活动、会展活动等委托旅行社承接，合理确定预付款比例，并按照合同约定及时向旅行社支付资金。鼓励各地通过政府购买服务的方式，支持文艺演出、非遗项目进景

区。〔责任单位：省文化和旅游厅、省总工会、省商务厅、省财政厅，各市、县（区）人民政府〕

12. 开展文旅消费促进活动。建立省、市、县三级政府联动机制，组织开展"百城百夜"等文旅消费促进活动。鼓励执行政府指导价的全省 4A 级以上旅游景区开展门票降价促销活动，各地按照减免额度给予适当补贴。鼓励各地创新方式，发放各种形式的文旅消费券，提高消费券的使用效率。〔责任单位：省文化和旅游厅，各市、县（区）人民政府〕

**五、开展专项帮扶行动**

13. 保护重点市场主体。鼓励各地实行对口支持工作制度，把重点景区、文旅街区（园区）、文旅企业列入帮扶名单，出台针对性的专项扶持措施。在落实疫情防控规定前提下，严禁对 4A 级以上旅游景区采取限制通行、禁止通行等措施，对符合要求的文旅场所和经营单位优先安排复工复产。〔责任单位：省文化和旅游厅、省公安厅，各市、县（区）人民政府〕

14. 加强宣传推介营销。统筹现有资金加大对"江西风景独好"品牌的宣传力度。合理优化资金支出结构，鼓励各地运用"两微一端"等新媒体开展营销推广，加强与抖音、今日头条、快手等新媒体平台合作。鼓励文旅企业开展线上线下宣传推广活动，统筹现有新媒体营销资金予以倾斜支持。鼓励各地在严格落实疫情防控措施前提下，按规定举办各类文化和旅游节庆活动。〔责任单位：省文化和旅游厅，各市、县（区）人民政府〕

15. 支持文旅项目建设。认真落实各项招商引资政策。积极争取中央预算内投资支持文旅项目建设，通过省预算内投资对文旅项目前期工作予以支持。对符合条件的文旅建设项目积极纳入地方政府专项债券申报范围。列入省级重点项目库的文旅项目，由地方优先给予用地等要素保障。〔责任单位：省文化和旅游厅、省发展改革委、省财政厅、省商务厅、省自然资源厅，各市、县（区）人民政府〕

16. 加大从业人员培训。加大线上职业培训支持力度，开设针对性、专业性强的课程。对符合条件的培训对象，通过省补贴性职业技能培训管理平台完成"线上＋线下"培训课程的，按规定落实职业培训补贴。及时给符合条件的文旅企业发放一次性留工培训补助。加大文旅人才培养，对重点人才专项扶持，对特需人才专项引进，保障文旅市场复苏后人才不断档。〔责任单位：省文化和旅游厅、省人力资源和社会保障厅，各市、县（区）人民政府〕

17. 帮扶从业人员临时就业。充分发挥各级政府引导作用，帮助安排文旅企业从业人员对接临时性工作，解决员工阶段性生活困难。〔责任单位：省文化和旅游厅、省人力资源和社会保障厅，各市、县（区）人民政府〕

**六、实施科学精准防控**

18. 加强文旅行业疫情防控指导。各级卫生健康、疾控部门要发挥专业优势，为文旅部门和文旅行业完善疫情防控措施提供指导。各类文旅场所要制定本单位疫情防控工作方案，加强从业人员健康管理、新冠疫苗接种和定期核酸检测。各级文旅部门要督促文旅场所落实防控措施、完善服务举措，营造安全有序的文化旅游市场环境。〔责任单位：省文化和旅游厅、省卫生健康委，各市、县（区）人民政府〕

19. 精准落实疫情防控措施。各类文旅场所要严格落实旅客扫码、测温、戴口罩和场所通风、消毒等防控措施。要分类完善应急预案，落实"限量、预约、错峰"要求和门票预约制度，科学精准控制人流量。各地要推动低风险地区人员安全有序流动，不得层层加码、一刀切，不得擅自出台限制人员流动管控措施或关停各类文旅场所。各级教育主管部门不得自行加码制定限制学生、教师出行等规定。〔责任单位：省文化和旅游厅、省教育厅，各市、县（区）人民政府〕

**七、强化政策落实保障**

20. 完善体制机制。各级政府要建立完善帮扶文旅企业纾困发展的联席会商机制，组建省、市、县三级文旅政策落实专班，帮助文旅企业落实好现有税费、信贷、保险、社保、房租等惠企纾困政策。各级文旅部门要加强工作调度和协调沟通，建立完善通报机制和约谈机制。〔责任单位：省文化和旅游厅、省卫生健康委、省人力资源和社会保障厅、省国有资产监督管理委员会、省地方金融监管局、国家税务总局江西省税务局、人民银行南昌中心支行、江西银保监局，各市、县（区）人民政府〕

21. 开展政策宣讲。各级文旅部门要通过官方网站、微信公众号等平台动态汇总公布涉及文旅企业的普惠性纾困政策，适时举办文旅企业纾困发展政策落实培训班，指导并帮助基层理解、运用和落实政策。〔责任单位：省文化和旅游厅，各市、县（区）人民政府〕

各地、各有关部门要切实提高政治站位，充分认识帮扶文旅企业纾困发展的重要意义，进一步强化责任担当，创新举措推动政策落实落地，同时也要强化风险意识，严防违规操作，确保资金安全。本政策措施自发布之日起实施，除已有明确期限规定外，有效期截至 2023 年 6 月 30 日。

# 关于贯彻落实《山东省促进服务业领域困难行业恢复发展的实施方案》的通知

各市文化和旅游局、公安局、消防救援支队：

为全面贯彻落实《山东省促进服务业领域困难行业恢复发展的实施方案》（鲁发改财金〔2022〕244号）要求，切实帮助旅游企业纾困解困，推进旅游民宿消防安全许可、特种行业许可等证照办理，现将有关要求通知如下：

一、创新探索证照办理经验做法。《山东省促进服务业领域困难行业恢复发展的实施方案》明确提出："创新证照办理方式，探索推行由公安、消防、文化和旅游等多部门联审联批运行机制，推进旅游民宿证照办理。"济南、日照、临沂等地先行先试，建立了民宿证照办理联审联批机制，济南市出台了《济南市民宿管理办法》，由民宿业主提出申请，村（居）委和镇（街道）签署意见，区县联审办公室组织成员单位进行联合受理、联合审查、联合踏勘、一表式审批；日照市出台了《日照市民宿管理办法》，由民宿经营者向镇街提出申请，消防救援机构对符合条件的出具消防检查指导意见，公安部门协调安装旅馆业治安管理信息系统和互联网上网安全管控系统，办理特种行业许可审批；临沂市沂水县"采取镇政府'帮扶办'方式，帮助民宿业主捋清办理步骤和所需材料，由相关部门集中办理审批"。这些经验做法通过近年来的实践，营造了宽松的营商环境，对促进全省旅游民宿业高质量发展起到了重要的作用。

二、建立联审联批工作机制。各市公安、文化和旅游、消防救援部门要根据各地实际，因地制宜地建立"共同受理、联审联批"机制。文化和旅游部门要积极主动向当地党委、政府汇报，推动建立相关部门、单位共同审批工作机制，加强民宿的规划建设指导；公安部门要加强民宿治安管理，对符合条件的发放特种行业许可证，及时接入旅馆业治安管理信息系统；消防救援部门要加强民宿消防安全指导，按照《农家乐（民宿）建筑防火导则（试行）》要求，会同相关部门做好日常消防安全检查和宣传教育培训，依法依规对符合消防安全条件的出具《公众聚集场所投入使用、营业前消防安全检查意见书》或消防意见。通过联审联批机制，实现民宿证照办理的全周期服务、全流程监管，推动旅游民宿合法合规经营。

三、夯实证照办理基础工作。旅游民宿证照办理基础工作在县（市、区），尤其是乡镇（街道），各市县文化和旅游部门要强化服务意识，积极学习借鉴沂水县开通民宿直通车"一次不用跑，全程帮代办"的经验，博山区消防手续、特种行业许可手续由镇政府"帮扶办"的做法，蒙阴县"一窗进、一窗出、一站办"的举措，结合"证照分离""一次办好"改革，打破审批壁垒，优化审批流程。乡镇和街道要组建专门的班子，深入基层、主动作为，积极协助经营单位梳理步骤及档案材料，真正由催民宿经营者"被动办"变为乡镇政府来"帮扶办"。

四、加强领导和工作调度。各市文化和旅游部门要积极会同公安、消防救援部门，从加快推动我省服务业恢复增长、扩能增效，促进经济平稳运营的战略高度，认真贯彻落实《山东省促进服务业领域困难行业恢复发展的实施方案》中关于民宿证照办理的相关要求，切实加强对县（市、区）游民宿证照办理的工作指导，及时发现总结先进典型和经验做法，并组织学习、交流、观摩和推广。全省 34 个旅游民宿集聚区创建单位，要把旅游民宿证照办理作为创建工作的基本条件。各市公安、文化和旅游、消防救援部门于 5 月 31 日前，将办理落实情况分别报送至省公安厅、省文化和旅游厅、省消防救援总队。

山东省文化和旅游厅

山东省公安厅

山东省消防救援总队

2022 年 5 月 12 日

# 中国人民银行济南分行 山东省文化和旅游厅 山东省地方金融监督管理局 山东银保监局关于开展"百亿惠千企"金融支持文化和旅游产业发展专项行动的通知

人民银行各市中心支行、分行营业管理部，各市文化和旅游局、地方金融监管局、银保监分局；国家开发银行山东省分行，各政策性银行山东省分行，各国有商业银行山东省分行，邮政储蓄银行山东省分行，山东省农村信用社联合社，各股份制商业银行省级管辖行，有关城商行；各保险公司：

为深入贯彻落实党中央、国务院关于服务业领域助企纾困的决策部署，强化对文化和旅游产业金融支持，助力文化和旅游产业恢复发展，中国人民银行济南分行、山东省文化和旅游厅、山东省地方金融监督管理局、山东银保监局决定联合开展"百亿惠千企"金融支持文化和旅游产业发展专项行动。现将有关事项通知如下：

一、行动目标

有效融合金融政策和产业政策，加大对文化和旅游产业的金融支持力度，持续扩大文化和旅游领域有效投资，增强文旅市场主体发展活力，力争 2022 年文化和旅游产业贷款余额同比增速不低于各项贷款增速，年内全省文化和旅游产业新增贷款 100 亿元以上，惠及市场主体 1000 户以上。

二、行动内容

（一）建立文旅行业企业和项目"白名单"。省文化和旅游厅与人民银行济南分行加强信息共享，建立文旅企业和文旅重点项目融资需求库。人民银行济南分行会同相关部门通过"山东省银企对接服务平台"、省金融辅导系统等形式推送给辖内银行业金融机构，指导其加强对入库企业和项目的走访对接，确保融资对接全覆盖。

（二）突出文旅八大重点支持领域。各银行业金融机构要增加对文旅重点领域的信贷资源配置，精准支持黄河、大运河、长城等国家文化公园地标性项目；旅游景区、度假区提质升级；蓝色休闲等高端海洋旅游；乡村旅游重点村、星级民宿等乡村旅游精品工程；文化创意街区、文化旅游休闲街区等城市更新与文旅融合；旅游演艺、文化遗产旅游、文旅康养融合发展示范区等文化旅游新业态；综合服务、交通运输等文旅配套设施建设；受疫情影响企业等。

（三）加大货币政策工具支持力度。高效落实普惠小微贷款支持工具，自 2022 年第二季度起至 2023 年 6 月底，人民银行济南分行对地方法人金融机构向包括文旅产业小微企业、个体工商户在内的市场主体发放的普惠小微贷款，按贷款余额增量的 2% 提供激励资金。用好单列的 50 亿元再贷款，专项用于引导银行业金融机构加大对全省文旅企业和文旅项目的金融支持。

（四）实施金融惠企纾困政策。各银行业金融机构继续按市场化原则与中小微企业（含中小微企业主）和个体工商户等自主协商，对其贷款实施延期还本付息，努力做到应延尽延，延期还本付息日期原则上不超过 2022 年底。对于受疫情影响严重的文化、旅游等困难行业 2022 年底到期的普惠型小微企业贷款，应根据实际情况给予倾斜，并适当放宽延期。鼓励在受疫情影响的特定时间内适当提高文化、旅游等行业的不良贷款容忍度，幅度不超过 3 个百分点。对新冠疫情影响暂时失去收入来源的文旅企业和从业人员，可依调整后的还款安排报送征信记录。

（五）创新文化和旅游金融产品。各银行业金融机构要结合文化、旅游行业特点，积极创新景区收益权质押贷款、版权质押贷款、应收账款质押融资等信贷产品，进一步拓宽文化和旅游企业融资渠道。深入挖掘和有效利用涉企信用信息数据，增加对因疫情影响暂时遇困文旅企业信用贷款投放。保险机构要积极发展财产保险、责任保险业务，丰富文旅企业风险分散渠道。

（六）持续向文旅企业减费让利。各银行业金融机构要充分发挥贷款市场报价利率（LPR）改革效能，落实好 LPR 下行政策，推动文旅企业综合融资成本稳中有降。按照"应降尽降"原则，降低文旅小微企业账户管理费、人民币转账汇款手续费、票据业务收费、银行卡刷卡手续费等支付手续费。持续开展旅游服务质量保证金试点工作，通过保险代替旅行社服务质量保证金，降低企业经营成本。

（七）开展多层次银企对接宣传活动。人民银行各市中心支行、各市文化和旅游局等部门要加强沟通协调，结合金融顾问团、金融辅导扩容攻坚等活动载体，组织金融机构开展面向当地文旅市场主体的专项融资对接活动，积极为文旅行业提供政策咨询、产品推荐、融资辅导等综合金融服务，加大各项助企政策宣传力度，扩大政策的惠及面。

（八）深入推进银担业务合作。各银行业金融机构要持续加强与政府性融资担保机构的对接，落实银担风险分担机制，开展"见贷即保""见保即贷"批量业务，优化续贷续保业务，推动抵押担保无缝对接，扩大银担合作业务规模和覆盖范围，加大对受疫情影响市场主体的担保增信力度。

三、行动保障

（一）加强组织领导。人民银行各市中心支行、各市文化和旅游局、各市地方金融监督管理局、各银保监分局要将专项行动纳入山东省金融支持文旅产业高质量发展联动机制，统筹谋划部署推进，鼓励各地结合实际制定富有自身特色的行动实施方案，进一步细化措施和责任分工，形成工作合力。

（二）加强监测调度。人民银行各市中心支行要会同有关部门，加强对专项行动的跟踪监测，定期调度、共同研究解决工作推进中的新情况、新问题，确保各项工作落地见效。

（三）加强总结宣传。各单位、各部门要通过多种渠道和方式，大力宣传专项行动的进展和成效，营造金融支持文旅行业发展的良好舆论氛围。要梳理总结工作中的典型经验，及时向上级部门报送。

中国人民银行济南分行

山东省文化和旅游厅

山东省地方金融监督管理局

中国银行保险监督管理委员会山东监管局

2022 年 6 月 17 日

# 河南省文化和旅游厅关于抓好促进旅游业恢复发展纾困扶持政策贯彻落实工作的通知

豫文旅产业〔2022〕2号

各省辖市、济源示范区、省直管县（市）文化广电和旅游局：

为认真贯彻落实国家发展改革委、文化和旅游部等14部门联合印发《关于促进服务业领域困难行业恢复发展的若干政策》的通知（发改财金〔2022〕271号）、文化和旅游部办公厅《关于抓好促进旅游业恢复发展纾困扶持政策贯彻落实工作的通知》（办产业发〔2022〕55号）精神，把旅游业纾困帮扶作为当前的重要工作任务，切实增强责任感、使命感、主动性，担负起上级纾困扶持政策落实责任，帮助旅游业困难企业渡过难关、恢复发展，稳住旅游业恢复发展基本盘，现就有关事项通知如下：

一、落实好纾困政策

1.做好普惠政策落地服务。积极配合财政、人力资源社会保障、税务等部门，做好普惠性减税降费政策在旅游业领域的落地服务。加强与人力资源社会保障、税务、市场监管等部门的信息共享，落实阶段性缓缴失业保险费和工伤保险费政策"免申即享"。主动对接财政、商务部门和工会组织，完善旅游企业承接机关企事业单位相关活动实施细则。

2.用好旅游服务质量保证金扶持政策。严格执行《文化和旅游部办公厅关于进一步调整暂退旅游服务质量保证金相关政策的通知》（文旅发电〔2022〕61号），符合条件的旅行社，可申请将暂退比例提高至100%，补足保证金期限延至2023年3月31日。

3.形成金融支持合力。要主动对接金融管理部门，积极争取将文化和旅游行业列为当地金融优先支持行业，协调有关部门建立健全推动金融政策有效落实的保障机制，推动普惠金融政策在旅游业领域加快落实。深化与银行、基金等金融机构合作，培育储备文化和旅游产业重点投融资项目，协同创新金融服务和金融产品，积极争取有效信贷供给和基金投资。加强与当地财政、发展改革等部门沟通协调，争取将文化和旅游行业纳入地方政府专项债券重点支持范围，做好重大项目申报和储备工作。

二、优化旅游发展环境

4. 塑造"行走河南·读懂中国"品牌体系。推出 16 条主题文化线路，从中筛选 100 个国家文化公园代表性展示项目，进行重点支持。举办投融资招商活动，培育重点文旅企业上市，加快推进灾后恢复重建，计划投资 52 亿元重点推进只有河南·戏剧幻城、林州红旗渠景区、武陟县嘉应观景区等 2291 个文旅项目。发挥郑汴洛的龙头带头作用，把郑汴洛打造成为具有影响力的国际旅游目的地。与新华社、人民网等融媒体和头条、快手、哔哩哔哩、小红书等新媒体广泛合作，省文化和旅游厅投入 7000 万元补贴文化和旅游企业，重点做好线上宣传推广。

5. 推动数字赋能。省文化和旅游厅、省文物局整合近 2 亿元，对"行走河南·读懂中国"百大标识项目数字化展示进行奖补。实施智慧文旅标杆工程，推动建成一批沉浸式数字体验场馆。与河南开放大学等院校合作，开展线上文旅行业职工技能培训。完善升级河南文旅通，打造方便快捷的智慧化服务平台。

6. 搭建文旅消费平台。推动国家文化和旅游消费示范（试点）城市、国家文化产业和旅游产业融合发展示范区、国家 5A 级旅游景区、国家全域旅游示范区、国家级旅游休闲街区、国家级夜间文旅消费集聚区和省级全域旅游示范区、旅游度假区、文化和旅游消费示范县（市、区）、夜间文旅消费集聚区创建工作。贯彻落实全国"百城百区"文化和旅游消费助企惠民行动计划，开展全省文化和旅游消费季活动，利用新技术创新文化体验，改造文旅消费场景，培育壮大新型文旅消费形态。

7. 全面提速研学旅行。启动"黄河文化千里研学之旅"项目，与世界研学旅游组织合作，召开世界研学旅游大会。引进国内知名专业机构，推动我省研学机构发展，促进传统旅行社转型升级。依托专家团队和省内外优质机构资源，开展常态化线上研学培训。打造一批营地（基地），研发一批精品课程，推出一批精品线路，省文化和旅游厅投入 3000 万元重点对营地（基地）和课程进行奖补。

8. 建设"三山"康养旅游基地。积极发展原乡、旅居、民宿等多种业态，重点打造以伏牛山、大别山、太行山为主的康养产业集群、民宿集群，加快建设全国重要的康养旅游目的地。实施文化产业赋能乡村振兴计划，今年在济源、修武、光山、栾川等首批选择 20 个村开展"乡创实践"。持续推进"民宿走县进村"活动，建设以民宿为核心的微度假综合体。2022年，培育和打造一批乡村旅游特色村、休闲观光园区和特色生态旅游示范镇，省文化和旅游厅、省乡村振兴局推出100—150个A级乡村旅游示范村，每个村安排使用财政衔接推进乡村振兴补助资金500万—1000万元。

9.推动非遗创新活化。持续举办"黄河非遗点亮老家河南"青年乡村营造行动。采取"乡村出题、高校答题、真题真做、成果落地"的闭环模式，通过调研从全省选定栾川县重渡沟景区、浚县古城等8—10个村，引入国内优质团队和创意导师，为企业和高校师生、乡村传承人之间搭建交流合作的桥梁，共同挖掘非遗故事、建设非遗空间，推动乡村振兴和旅游业持续健康发展。省文化和旅游厅投入3000万元用于补贴省级非物质文化遗产代表性项目和代表性传承人传承发展。

三、广泛宣传解读政策

10.各地要结合本地实际，推出具体纾困扶持政策。统筹做好疫情防控和旅游业恢复发展工作，坚决防止和避免"放松防控"和"过度防控"两种倾向。要梳理国家和我省出台的涉及文化和旅游领域的纾困扶持政策，建立政策咨询服务中心，以一图读懂、明白卡等形式推出"政策工具包"，指导企业用好用足各项政策措施。结合"万人助万企"活动，运用网络信息平台和大数据技术手段，针对不同类型市场主体分门别类向企业精准推送政策，扩大政策宣传覆盖面和知晓度，推广政策事项办理途径和方法，确保政策措施"应享尽享"。

省文化和旅游厅将对各地政策落实情况进行跟踪评估，及时总结和推广好的经验做法。各地落实纾困扶持政策情况及成效将作为评价文化产业和旅游产业工作重点内容。各地出台的促进旅游业恢复发展的政策文件、推动纾困扶持政策落实工作进展情况、存在的问题和意见建议等，请及时报送省文化和旅游厅。

附件①：1.国家发展改革委、文化和旅游部等14部门《关于促进服务业领域困难行业恢复发展的若干政策》的通知（发改财金〔2022〕271号）

　　　　2.文化和旅游部办公厅《关于抓好促进旅游业恢复发展纾困扶持政策贯彻落实工作的通知》（办产业发〔2022〕55号）

河南省文化和旅游厅

2022年4月21日

---

① 编者注：附件内容参见本书中相关政策文件。

# 关于印发《关于用好普惠金融政策支持中小微文化企业和旅游企业繁荣发展的若干措施》的通知

武银〔2021〕37 号

人民银行武汉分行营业管理部，湖北辖内各中心支行，各直管市（区）支行；各市州、直管市（区）财政局，文化和旅游局，地方金融工作局；各银保监分局、直管组；国家开发银行湖北省分行，各政策性银行、国有商业银行湖北省分行，各股份制商业银行武汉分行，中国邮政储蓄银行湖北省分行，湖北银行，湖北省农村信用社联合社，汉口银行，武汉农村商业银行，武汉众邦银行；湖北省再担保集团，湖北省农业信贷再担保有限公司：

经省政府同意，人民银行武汉分行、省财政厅、省文旅厅、省地方金融监管局、湖北银保监局联合制定了《关于用好普惠金融政策支持中小微文化企业和旅游企业繁荣发展的若干措施》，现印发给你们，请遵照执行。

请人民银行湖北辖内分支机构告知辖内村镇银行。

附件：关于用好普惠金融政策支持中小微文化企业和旅游企业繁荣发展的若干措施

中国人民银行武汉分行

湖北省财政厅

湖北省文化和旅游厅

湖北省地方金融监督管理局

中国银行保险监督管理委员会湖北监管局

2021 年 5 月 18 日

# 关于用好普惠金融政策支持中小微
# 文化企业和旅游企业繁荣发展的若干措施

为贯彻党的十九大和十九届二中、三中、四中、五中全会精神，落实《文化部 中国人民银行 财政部关于深入推进文化金融合作的意见》（文产发〔2014〕14 号）、《中共湖北省委 湖北省人民政府关于加快全省文化产业高质量发展的意见》（鄂发〔2018〕30 号）、《省人民政府办公厅关于印发支持文化旅游产业恢复振兴若干措施的通知》（鄂政办发〔2020〕17 号）等文件要求，进一步加大普惠金融支持和服务中小微文化企业和旅游企业发展力度，助力全省文化产业和旅游产业高质量发展，特制定本措施。

一、加大金融支持力度

（一）增加文化和旅游信贷投放。将文化和旅游列为金融优先支持行业，积极增加有效信贷供给，进一步提高金融支持文化产业和旅游产业高质量发展的力度和水平。力争中小微文化企业和旅游企业贷款增速不低于各项贷款平均增速、占比不低于上年、贷款户数不低于上年同期户数。推动金融机构加大对文化产业和旅游产业的中长期贷款投放，科学运用阶段性延期还本付息政策以及循环贷款、年审制贷款等业务品种，更好匹配企业资金需求。

（二）创新文化和旅游金融产品。运用科技手段赋能金融服务，鼓励金融机构运用大数据、云计算等建立风险定价和管控模型，优化信贷审批发放流程，扩大信用贷款发放。支持金融机构创新中长期文化和旅游信贷产品，鼓励以"经营性固定资产贷款""景区收益权质押贷"助力文化企业和旅游企业盘活存量资产，以"景区开发贷"支持文化和旅游项目建设，以"民宿贷""农家乐贷"助力乡村文化产业和旅游产业振兴，以"动漫游戏贷"支持数字文化产业聚集发展，以"非遗贷"促进文化传承与发展，以"版权质押贷""应收账款质押贷""产业链融资""非上市公司股权质押融资"等方式进一步拓宽文化企业和旅游企业融资渠道。

（三）优化文化和旅游贷款管理。推动建立普惠小微文化企业和旅游企业贷款授权、授信、尽职免责和受理回告"四张清单"，督促金融机构在规定时间内对外公示授权和授信清单、对内公示尽职免责清单、及时向企业反馈贷款进展。推动省级金融机构合理下放审批权限、改造贷款审批流程，对重点文化企业和旅游企业、文化和旅游项目开通审查审批"绿色通道",推行"预授信""平行作业"。

（四）探索投贷联动。加快推动银行、保险、证券、基金、担保公司以及其他聚焦文化和旅游领域金融机构之间的联动衔接，支持商业银行与天使投资、创业投资、产业投资、融资担保、保险机构等开展合作，积极整合资金、信息和管理优势，通过债权、股权、增信相结合的方式，探索推进"投贷联动"，以投资收益对冲信贷风险，为文化企业和旅游企业提供多元化融资支持。

（五）加强文化和旅游消费的金融服务。支持金融机构发行文化和旅游联名信用卡、借记卡、旅游年卡，宣传全省知名文化和旅游产品、文化和旅游业态，并提供理财、个人消费类贷款等一站式个性化服务。加强与省内文化和旅游消费场所的金融合作，对持卡用户在文化和旅游消费场所进行消费购物，给予一定折扣优惠并同时享受积分兑换旅游行程的活动优惠。

（六）完善融资担保模式。将文化和旅游作为"4321"新型政银担合作体系重点支持行业，加快推动政府、银行、政府性融资担保公司和再担保公司开展深入合作，建立文化产业和旅游产业分险机制，合理分担风险。创新金融产品，设立"再担文旅贷""再担文旅创业贷""农担乡村文旅贷"等新模式，将文化和旅游类企业、工作室、个体工商户纳入服务范围。弱化反担保措施，更多采用专利、版权等知识产权质押、纯信用等担保方式，助力中小微文化企业和旅游企业等获得贷款。

（七）建立多元化、多渠道投入的文化和旅游发展基金。发挥省文化产业投资基金等现有基金作用，鼓励金融机构及社会资本共同出资成立文化和旅游发展基金，积极吸引高水平的文化和旅游投资管理机构落户湖北，投资于省内符合政策发展方向的文化产业和旅游产业，培育一批具有潜质的文化企业和旅游企业，壮大我省上市后备资源。推进文化企业和旅游企业改制，促进重点文化企业和旅游企业并购重组。

**二、完善对接服务机制**

（八）畅通"线上＋线下"金融支持中小微文化企业和旅游企业渠道。依托湖北省文化金融服务中心，采取文化和旅游主管部门推荐和金融机构推荐两种方式，根据项目实际情况、企业诚信记录和运营实际确立省级重点文化企业和旅游企业库。督促金融机构对企业库内的企业或项目对接全覆盖。以云计算、大数据等前沿科技为支撑，积极打造面向文化企业和旅游企业的专业线上金融服务平台。推动专业平台与各类综合性金融服务平台对接，打通银企对接线上渠道。

（九）设立文化和旅游金融服务特色机构。鼓励金融机构在文化和旅游产业园区或要素聚集区设立文化和旅游特色机构、特色支行或专业服务团队，并在财务资源、人力资源等方面给予适当倾斜，扩大业务授权，加大信贷从业人员的绩效激励，提高文化和旅游金融服务专业化水平。

（十）探索建立文化企业和旅游企业首贷和续贷服务中心。推动文化企业和旅游企业首贷中心和续贷中心"两中心"试点创建，利用面向全省文化企业和旅游企业的专业线上金融服务平台，推动金融机构参与"两中心"创建，设立服务窗口、开通服务热线，实施"一对一"培植和融资，提高中小微文化企业和旅游企业首贷、续贷的覆盖面和满足度。

（十一）发挥文化金融服务中心作用。充分发挥湖北省文化金融服务中心的功能作用，加大文化企业和旅游企业与金融机构的对接力度，归集文化和旅游企业（项目）融资需求、金融机构融资产品服务信息，分类别、分行业、分区域、线上线下常态化开展文化和旅游企业投融资对接活动。鼓励有条件的市（州）设立文化金融服务分中心，就近为所在区域文化和旅游企业提供投融资对接、上市培训辅导、专营机构推荐、示范区创建等服务。

（十二）建立文化企业和旅游企业信用评级体系。支持湖北辖内备案信用评级机构参与全省文化企业和旅游企业的信用评价体系建设，建立文化企业和旅游企业信用评价标准，培育企业信用意识。构建多部门联动的文化企业和旅游企业信用信息共享机制。推动文化企业和旅游企业信用评价结果与银行信贷、政府政策扶持挂钩。鼓励各市（州）或县（市、区）政府出台企业评级经费奖励政策，激励文化企业和旅游企业开展社会信用评级，评级结果以县（市、区）为单位在全省文化企业和旅游企业的专业线上金融服务平台进行公示。

三、加大融资政策激励

（十三）创建文化与金融合作示范区。支持有条件的市（州）申请创建国家文化与金融合作示范区，鼓励市（州）选择有条件的县（市、区）作为创建国家文化与金融合作示范区的重要支点，集中优势资源先行先试，探索符合本地区实际的文化金融合作模式。鼓励聚焦服务文化和旅游领域的银行、担保、保险、评估、文化金融服务中心等机构入驻示范区及重要支点，推动再贷款再贴现等货币政策工具、政策性融资担保工具在文化与金融合作示范区及重要支点率先落地，为文化产业和旅游产业高质量发展营造良好的投融资环境。

（十四）实施普惠金融支持重点县（市、区）发展文化产业和旅游产业行动计划。

选择一批当地党委政府高度重视、文化产业和旅游产业发展潜力较大、产业规划和政策支撑较为有力的县（市、区），开展普惠金融支持县（市、区）发展文化产业和旅游产业行动，整合国家普惠金融政策，重点予以扶持，为文化企业和旅游企业提供较低成本资金。实施行动计划的地方政府将文化产业和旅游产业列为重点发展产业，出台财政、金融、人才、土地等相关政策，鼓励金融机构利用自有资源扩大对文化企业和旅游企业的信贷投放，引导金融活水、社会资本源源不断流向文化产业和旅游产业，助力产业高质量发展。

（十五）加大货币政策工具支持力度。人民银行武汉分行单列再贷款再贴现额度，支持文化产业和旅游产业发展，对符合再贷款再贴现政策的金融机构需求给予最大限度满足。建立票据再贴现绿色通道，金融机构申请办理再贴现时，小微及民营文化企业和旅游企业票据占比达到 50% 以上优先办理。在政策有效期内，鼓励金融机构按照市场化原则，对小微文化企业和旅游企业到期本息进行延期，为符合条件的企业发放普惠小微信用贷款。

（十六）加强财政和金融政策联动。鼓励各地统筹安排财政资金，通过建立资本金持续补偿、代偿补偿、降费补助和业务奖补等"四补"机制，提升政府性融资担保体系服务文化和旅游企业融资的积极性和可持续性。用好惠普金融发展专项资金，支持将符合条件的文化和旅游业创业人员、吸纳就业的文化和旅游小微企业纳入创业担保贷款贴息范围，省级财政按照金融机构当年新发放文化和旅游普惠小微首次贷款额度的 0.5‰ 进行奖补。

（十七）提高不良贷款容忍度。要将不良贷款容忍度和授信尽职免责相结合，进一步细化落实措施，准确向基层传递政策导向，切实保护基层积极性。银行业金融机构文化和旅游普惠型小微企业贷款不良率不高于各项贷款不良率 3 个百分点以内的，可免于追责。

**四、强化保障措施**

（十八）加强组织领导。由省文化和旅游厅和人民银行武汉分行牵头建立"普惠金融支持文化产业和旅游产业发展联动机制"，会同省财政厅、湖北银保监局、省地方金融监管局，加强对普惠金融政策支持中小微文化企业和旅游企业繁荣发展工作的统筹协调和督促落实。各部门将促进普惠金融支持文化产业和旅游产业发展作为重要工作任务，共同推进政策措施的落实，形成普惠金融支持文化产业和旅游产业发展的合力。

（十九）建立健全监测和考核机制。对地方及金融机构开展中小微文化企业和旅游企业金融服务情况开展定期监测考核，推动相关措施落地落实。定期监测各地构建融资配套机制情况、试点地区创新举措实施情况，将"增信分险、首贷培育、落实奖补"等重点工作完成情况纳入湖北省金融信用市州县评估。定期监测金融机构对中小微文化企业和旅游企业的服务情况，将"对接授信、审贷获贷、首贷增长"等重点工作完成情况纳入信贷政策导向评估。

# 关于印发《进一步加强湖北省文化和旅游企业金融服务的十项举措》的通知

鄂文旅发〔2021〕35号

各市、州、直管市及神农架林区文化和旅游局；人民银行武汉分行营业管理部、湖北辖内各中心支行、各直管市（区）支行；各市（州）、直管市（区）财政局、地方金融工作局（办）；各银保监分局、直管组；国家开发银行湖北省分行，各政策性银行、国有商业银行湖北省分行，各股份制商业银行武汉分行，中国邮政储蓄银行湖北省分行，湖北银行，湖北省农村信用社联合社，汉口银行，武汉农村商业银行，武汉众邦银行；湖北省再担保集团，湖北省农业信贷担保有限公司，湖北省文化金融服务中心：

为推动普惠金融政策直达文化和旅游行业市场主体，有效缓解中小微文化和旅游企业融资难、融资贵问题，现将《进一步加强湖北省文化和旅游企业金融服务的十项举措》印发给你们，请结合实际认真贯彻落实。

湖北省文化和旅游厅

中国人民银行武汉分行

湖北省财政厅

湖北省地方金融监督管理局

中国银行保险监督管理委员会湖北监管局

2021年10月15日

# 进一步加强湖北省文化和旅游企业金融服务的十项举措

为贯彻落实《湖北省缓解中小微企业融资难融资贵信用培植工程方案》（鄂金组发〔2021〕3号），结合普惠金融支持中小微文化旅游企业和首次贷款拓展专项行动等系列工作安排，充分发挥人民银行、政府部门、金融机构和服务平台的政策合力，优化全省文化和旅游领域中小微企业金融服务，强化金融机构"四张清单"服务机制，缓解中小微文化和旅游企业融资难融资贵问题，特制定如下举措：

一、开展文化和旅游企业信用培植工程

1. 启动文化和旅游企业信用培植。人民银行武汉分行联合省文化和旅游厅以县域为单位，开展文化和旅游企业信用培植工作，每个县（市、区）原则上推荐3-5家有潜力、有市场、有前景、具有区域影响力但面临融资难融资贵的中小微文化和旅游企业名单，经由文化和旅游部门牵头联合当地人民银行确定后，由主办金融机构做好银企对接，相关政府部门进行政策辅导，开展企业信用培植工作。按办理完1家，补充1家的方式，每个县（市、区）保持不低于3家待处理中小微文化和旅游企业存量。被推荐的企业需符合如下条件：

（1）主营业务符合国家文化产业和旅游产业政策，行业类别属于国家统计局发布的《文化及相关产业分类（2018）》《国家旅游及相关产业统计分类（2018）》，且纳入文化产业和旅游产业统计范围的文化和旅游类企业；

（2）没有违法违规行为；

（3）没有被列入失信联合惩戒对象；

（4）信用状况良好；

（5）经营状况良好；

（6）预期发展前景较好，在本地区有一定影响力和带动力；

（7）具有真实融资需求。

二、加大文化和旅游企业首贷户拓展力度

2. 建立文化和旅游小微企业无贷企业库。各地文化和旅游局联合当地人民银行共同建立小微企业无贷户名单，由银行业金融机构为入库无贷户进行辅导、提供首次贷款服务。按照"存量推进+年度补充"思路，以2021年第一次建立的无贷企业名单为基础，今后每年补充小微企业和个体工商户新增注册名单，形成"存量+新增"名单持续滚动拓展首次贷款企业。

### 三、进一步降低文化和旅游企业融资综合成本

3. 合理确定文化和旅游小微企业贷款利率。各银行业金融机构确保2021年新发放的普惠型小微企业贷款利率稳中有降，对受疫情影响生产经营困难的文化和旅游企业主动减费让利。大型银行和股份制银行要认真落实内部转移定价（FTP）优惠力度不低于50个基点的政策要求。地方性法人银行要对文化和旅游小微信贷业务实施内部转移定价优惠或经济利润补贴。政策性银行要积极通过转贷款资金为文化和旅游小微企业提供低成本资金支持。对于小微文化和旅游企业信贷融资，不得在贷款合同中约定提前还款或延迟用款违约金，取消法人账户透支承诺费和信贷资信证明费。

4. 加大续贷支持力度。银行应根据文化和旅游企业续贷申请，在存量贷款到期前，提前做好信贷评估和审核，提高响应速度和审批时效。在文化和旅游企业生产经营、财务状况和外部环境等未发生明显恶化时，不得无故提出导致融资综合成本明显提高的新的增信要求；不得以断贷为由提高贷款利率，确保有资金需求的文化和旅游企业以合理成本获得贷款。

5. 降低文化旅游企业中介收费标准。强化对融资性担保公司、会计师事务所、律师事务所、资产评估公司等中介机构监督管理。降低担保、再担保收费比例，为小微型文化和旅游企业融资提供担保的担保公司，按照不高于1%/年收取担保费。省再担保集团的再担保费由担保公司从担保费中进行列支，单笔金额100万元（含）以内的，免收再担保费；单笔金额100万—500万元（含）的，再担保费率为0.1%/年；单笔金额500万元以上的，再担保费率为0.2%/年。

### 四、发挥"楚天贷款码"融资需求报送绿色通道作用

6. 充分利用"楚天贷款码"提升文化和旅游企业融资对接效率。省文化和旅游厅联合人民银行武汉分行，依托湖北文旅金融服务平台（http：//rz.hbcpre.com/）推广便利企业融资的"楚天贷款码"，为各类文化和旅游类市场主体搭建融资需求发布"绿色通道"。各级文化和旅游部门要结合资质年审、年报和各类登记注册等环节，告知并引导企业通过"楚天贷款码"填报融资需求。对于暂时无法满足融资条件的文化和旅游企业，指导其通过"楚天贷款码"填报意向融资需求，由金融机构及时跟进培植，并通过培植再对接扩大贷款覆盖面。

### 五、支持省级文化和旅游企业首贷服务中心建设

7. 推动湖北文化和旅游企业首贷服务中心建设。依托湖北省文化金融服务中心，设立线上线下的省级文化和旅游首贷服务中心，为首次贷款企业和个体工商户融资提

供"一站式"服务。具体包括：

（1）受理企业贷款咨询、接受贷款申请、征信查询、担保及抵押办理；

（2）组织金融政策及产品宣传、讲座，组织企业金融知识培训，培植更多信用主体；

（3）组织产融对接；开展贴息、担保费补贴、风险补偿、续贷等金融优惠政策集中受理和落实；

（4）对金文种子、银文种子、文瞪种子企业进行挂牌、上市、发债辅导，扩大直接融资。

8. 推动文化和旅游企业信用信息共享。强化涉企政务信息归集、共享和应用，开展文化和旅游企业信用评价，增强企业信用"画像"和融资对接能力，逐步实现全省文化和旅游企业线上全流程一站式融资服务，为企业融资贷款开通"绿色通道"。推进首次贷款拓展行动和文化和旅游企业信用培植行动纵深发展。

9. 支持湖北文旅金融服务平台为首贷户提供更多信用融资产品。针对文化和旅游小微企业和个体工商户"短、小、频、急"的融资需求特点，各级人民银行、文化和旅游部门要加强合作，指导金融机构在湖北文旅金融服务平台上线免抵押的担保类信用贷款产品，对信用状况较好的小微企业和个体工商户发放信用贷款；引导金融机构积极参与"农担乡村文旅贷""再担文旅贷"等新型政银担合作产品模式，合理分担贷款风险。

10. 推动"四张清单"服务机制全面覆盖首贷户。推动金融机构与湖北省文化金融服务中心合作，积极完善小微企业授权、授信、受理回告、尽职免责"四张清单"服务机制，更好的支持无贷户获得首次贷款；各金融机构在风险可控的前提下，简化首贷授信审批流程，公示首贷产品准入条件，及时反馈贷款办理进度，推动银行1天受理融资需求，3天调查首贷资料并向企业发送受理回告清单，初步满足条件的5天内落实授信条件，1天做出贷款审批决定并反馈办理结果，合计10日内可办结的"1351"首贷服务模式。

**六、建立重点文化和旅游企业融资需求库**

11. 建立重点文化和旅游企业融资需求库。各市州文化和旅游部门加强与当地人民银行的沟通协调，认真摸排核查辖区内有融资需求的文化和旅游项目和企业，根据项目实际情况、企业诚信记录和运营实际确立企业融资需求清单，并于10月31日前向人民银行武汉分行、省文化和旅游厅推荐。省文化和旅游厅、人民银行武汉分行指导省文化金融服务中心对各地上报的文化和旅游企业融资需求推荐清单进行核查，形成全省金融支持重点文化和旅游企业推荐名单，并推送到湖北各银行业金融机构有针对性地开展融资需求对接。人民银行武汉分行对湖北各银行业金融机构的对接落实情况进行跟踪考核。

**七、用好湖北文旅金融服务平台**

12.充分发挥湖北文旅金融服务平台线上融资对接作用。各商业银行、各地文化和旅游局要充分用好湖北文旅金融服务平台，发挥平台线上融资对接功能，为中小微企业融资贷款提供更快捷的服务，具体如下：

（1）湖北文旅金融服务平台网址：http：//rz.hbcpre.com/

（2）湖北省文化金融服务中心负责为各银行业金融机构、担保机构开通总账户，并对银行和担保机构录入平台的金融产品进行审核。各银行业金融机构、担保机构等均可在总账户下自主开通子账户供其分支机构使用，受理企业融资申请并线上办理融资贷款业务等。

（3）各银行或担保公司及其相关分支机构需在每月10日前更新本机构上月新增的相关企业授信、放贷结果。

（4）各地文化和旅游局负责平台宣传推广工作，积极组织企业注册平台账户，通过平台提交融资需求办理融资贷款业务。

**八、做好与"鄂融通"的深度对接**

13.加强湖北文旅金融服务平台与"鄂融通"的深度对接。围绕金融支持我省高质量发展抓好行业部门的责任落实，做好行业企业的经营数据和评价数据归集与共享工作，加强湖北文旅金融服务平台与"鄂融通"省中小企业融资信用平台深度对接。省文化和旅游厅与省地方金融监督管理局密切合作，积极推广"互联网＋政务＋金融数据"模式，围绕相关领域规划专区，将更多的金融活水引向中小微文化和旅游企业，不断优化面向中小微企业的金融服务。

**九、报送金融支持文化和旅游企业发展情况**

14.各地文化和旅游部门报送区域内推动文化产业和旅游产业发展的金融政策落地情况。包括支持文化和旅游企业的整体做法及成效、支持文旅金融创新的典型案例、担保贴息政策的执行情况、引导担保机构落实"4321"再担文旅贷为金融机构分险情况、当地开展文旅信用培植工程和首贷拓展工程的进展等。

15.各银行报告金融支持文化产业和旅游产业的有关工作。包括金融产品创新、文化和旅游企业信贷投放余额、贷款增速、再贷款再贴现等金融工具落实成效、基于4321模式的再担文旅贷放款情况、金融支持文化产业和旅游产业的典型案例、开展文旅信用培植工程和首贷拓展工程的进展等。

16.报送渠道和要求。金融机构和文旅部门相关报告内容请于每季度结束后的15日前分别报送至人民银行武汉分行和省文化和旅游厅，报告不限篇幅，以反映实际工作为主要目的。

**十、完善工作保障机制**

17.强化监测考核。省文化和旅游厅、人民银行武汉分行对各地文化和旅游局、各金融机构工作情况按季监测通报，按年考核，并与各项政策激励和评估评比挂钩。各市州县开展普惠金融支持文化产业和旅游产业情况纳入全省金融信用市州县考评，对工作成效显著的地区和金融机构加大政策工具激励力度。

18.加强宣传推广。各级人民银行、文化和旅游部门和省文化金融服务中心要加大宣传力度，通过办公和营业场所、微信公众号、门户网站等多种形式，加强普惠金融支持文化和旅游企业等政策宣传和解读，引导各类文化和旅游类市场主体知晓政策、用好政策，提供政策解读、金融产品咨询、融资申请辅导等综合性服务。积极总结普惠金融支持文化和旅游企业发展的案例和经验做法，通过主流媒体加大推广力度，营造良好的氛围，切实解决中小微文化和旅游企业和个体工商户融资难、融资贵的问题。

# 湖北省文化和旅游厅 湖北省财政厅
# 中国人民银行武汉分行关于印发《旅游企业贴息帮扶实施方案》的通知

鄂文旅发〔2022〕22号

各市、州、直管市、神农架林区文化和旅游局、财政局，人民银行武汉分行营业管理部、湖北辖内各中心支行、各直管市（区）支行：

为贯彻实施《省人民政府关于加快消费恢复提振的若干措施》《湖北省促进服务业领域困难行业恢复发展若干措施》，维护良好的文旅金融生态，最大程度降低疫情对我省旅游产业的冲击，帮助企业挺过去、活下来、发展好；经省人民政府同意，省文化和旅游厅、省财政厅、人民银行武汉分行联合制定了《旅游企业贴息帮扶实施方案》，现印发给你们，请认真遵照执行。

特此通知。

附件：旅游企业贴息帮扶实施方案

湖北省文化和旅游厅

湖北省财政厅

中国人民银行武汉分行

2022 年 6 月 10 日

附件

# 旅游企业贴息帮扶实施方案

为最大程度降低疫情对我省旅游企业的冲击，有效缓解旅游企业面临的资金压力，帮助企业挺过去、活下来、发展好，根据省委、省政府安排，拟采取贴息方式对我省旅游企业给予紧急纾困帮扶，特制定本实施方案。

一、帮扶对象

鼓励全省各市（州）、县（市、区）出台对所辖区域内旅游企业的贴息帮扶政策。帮扶企业范围为：受疫情影响、特别是受"跨省游"中断而收入大幅度减少或基本没有收入，同时需要偿付融资贷款债务的湖北省旅游类企业。主要包括五类：①旅行社类企业。②A级旅游景区类企业。③星级旅游酒店、民宿企业。④具有独立法人资格的旅游演艺类企业。⑤实施并购重组的旅游类企业。

存在以下情况的不予帮扶：① 2021 年度被行业主管部门取消等级资格、纳入征信体系失信惩戒名单或者受到重大行政、刑事处罚的企业。②企业法定代表人或企业股东以个人名义所发生的贷款业务、房地产公司贷款、融资平台公司贷款和企业非生产经营性固定资产投资项目贷款，不纳入本次贴息范围。③拟享受贴息支持的企业贷款资金应全部用于正常的生产经营，未转借他人使用，未用于房地产开发、购买股票、期货等有价证券和从事股本权益性投资，也不得用于国家有关法律、法规明确禁止的事项。④同一企业同一笔贷款，已享受国家和省、市级其他贷款贴息政策帮扶的，不再重复补助。

二、帮扶原则和标准

按照分级负担、应贴尽贴的原则，市县政府使用中小微企业和特困行业纾困资金，对下列旅游企业贷款给予适当财政贴息。

1. 对旅行社类企业、A级旅游景区类企业、星级旅游酒店及民宿企业、具有独立法人资格的旅游演艺类企业截至 2021 年 12 月 31 日的存量贷款对应 2022 年度待付金融机构利息，按照不低于 50% 比例给予贴息。使用用途为 A 级旅游景区的旅游集团公司贷款纳入支持范围核算。

2. 对 2022 年 1 月 1 日至 12 月 31 日期间涉及我省旅行社、A 级旅游景区、星级旅游酒店及民宿企业、旅游演艺企业整合兼并，已完成工商登记并依法纳税，整合兼并涉及交易额 5000 万元及以上，在兼并重组过程中产生的贷款对应 2022 年度待付金融机构利息的，按照不低于 50% 比例给予贴息。

3. 企业贷款实际执行利率不得高于 7%（超过的按 7% 计算）。

各市、州统筹组织实施本地帮扶工作，按照方案要求组织所辖县（市、区）制定当地贴息政策，明确具体贴息比例及单户企业贴息上限（原则上贴息上限不低于 600 万元），并对符合条件的申请企业先行审核办理贴息后完成对贴息情况的统计上报。省财政厅对落实上述贴息政策的市、县按照实际支付贴息金额 50% 比例给予奖补。

三、申报、审核、拨付流程

（一）申报流程

企业申报、受理、审核、资金兑现等由各市、州统筹组织县（区）实施，各地应会同本地人行分支机构对企业申报资料进行核实、测算、评审，并对结果集中公示，公示无异议后向获批企业兑现贴息资金。

（二）申报资料

企业申报资料应包括：贴息资金申请表，申报附件为贷款合同、贷款发放凭证、还款计划表、利息回单、银行等金融机构出具的贷款余额及待付利息金额证明以及其他直接相关的佐证材料。贴息资金申请表应按符合条件的贷款业务按笔填报。

（三）资金拨付

为加快资金下达，各市、县应于 2022 年 6 月 15 日开始，分 2 个左右批次组织申报、评审和兑现贴息，申报一批、审核一批、兑现一批。第一批申报兑现期不晚于 7 月 31 日。2022 年 12 月 20 日前完成全年贴息兑现。

各县（市、区）文化和旅游部门会同同级财政部门对企业申请的贴息兑现情况于每批次结束后 10 日内联合行文上报市文化和旅游局、市财政局审核汇总。市文化和旅游局、市财政局在 2022 年 12 月底前将汇总情况报省文化和旅游厅、省财政厅终审。省财政厅将根据终审结果，对市、县实际支付贴息金额按照 50% 比例给予奖补。

四、工作要求

（一）申请补助资金帮扶的企业应当保证申报材料的真实、准确、完整、无违规违纪问题。人民银行武汉分行将组织对银行等金融机构出具的证明文件按照 10% 的比例进行抽查。

（二）由各市、州文化和旅游部门开展贷款财政贴息的动员、组织工作，严把审核关口，做好企业申报、审核和兑现等相关工作。

（三）财政资金必须专款专用，获得财政资金帮扶的企业，所获得资金要全部用于文化和旅游生产经营活动；要采取得力措施，稳岗稳就业，不裁员或少裁员，确保2022年内参加企业职工养老保险员工人数合理波动，波动幅度向下最高不超过20%；要承诺待市场恢复时，积极参加政府统一组织的促消费活动，按照不低于本次所获得资金补助额度向消费者让利以回馈社会。

（四）获得财政资金帮扶的企业，要主动接受有关部门的监督检查。对多头申报、套取、骗取财政资金，挪用资金用于理财等套利活动，取消财政政策帮扶，追回财政资金予以通报，且在三年内不得再申报文化和旅游发展各类资金，并按有关规定追究相应责任。

# 湖南省文化和旅游厅关于落实纾困扶持政策促进旅游业恢复发展的通知

各市州文化旅游广电（体育）局：

根据文化和旅游部办公厅《关于抓好促进旅游业恢复发展纾困扶持政策贯彻落实工作的通知》（办产业发〔2022〕55号）文件要求，以及湖南省政府办公厅印发的《湖南省促进服务业领域部分困难行业恢复发展的若干政策》文件精神，为切实推动上述政策落实落地落细，帮助旅游行业渡过难关，增强旅游企业政策获得感，稳住行业恢复发展基本盘，现就有关要求通知如下：

一、加大政策宣传解读力度和精准度。各级文旅部门要梳理汇总国家、省和本地区出台的各项适用于旅游业的纾困扶持政策，充分利用电视、报纸、网络等媒体和渠道向企业推送；积极组织媒体、专家、行业组织等广泛宣传解读政策的适用范围、申请条件、办理流程等，扩大政策宣传覆盖面和知晓度；针对不同类型市场主体分门别类开展培训辅导和答疑解惑，指导企业用好用足各项政策措施。

二、落实落细普惠性减税降费政策。各级文旅部门要积极配合财政、人力资源和社会保障、税务等部门，做好服务业增值税加计抵减、扩大"六税两费"减征适用范围、小微企业所得税优惠、中小微企业设备器具税前扣除、阶段性降低或缓缴失业保险和工伤保险费率、失业保险稳岗返还、服务业小微企业和个体工商户房租减免等普惠性政策在旅游业领域的落实服务工作，为企业对接有关部门、申请政策帮扶提供必要帮助。鼓励各级文旅部门在同等条件下，优先向旅游行业社会组织购买公共服务；从专项资金中适当安排，对免收困难会员单位企业会费以及在疫情期间发挥积极作用的旅游行业社会组织予以奖补。

三、落实旅游服务质量保证金扶持政策。严格执行延长旅游服务质量保证金（以下简称"保证金"）暂退期限至2023年3月31日等政策，对符合条件旅行社的暂退比例提高到 100%。加快推进以保险替代保证金试点工作，扩大保险代替保证金试点范围。各级文旅部门要研究出台相关政策，对 2022 年吸收游客人数达到一定规模的旅行社，给予适当资金奖补。

四、落实普惠金融政策。各级文旅部门要完善本级旅游重点项目库，编制项目招商手册；主动对接金融管理部门，积极争取将旅游业列为当地金融优先支持行业；引导金融机构对符合条件的、预期发展前景较好的 A 级旅游景区、旅游度假区、乡村旅游经营单位、星级酒店、旅行社等重点旅游市场主体加大信贷投入，适当提高贷款额度。积极引入担保机构，开展旅游企业信用贷款风险补偿试点工作。

五、支持旅游企业承接机关企事业单位相关活动。各级文旅部门要主动对接财政、商务等部门和地方工会组织，抓紧出台旅行社承接机关企事业单位党建、工会、展会、研学等活动的实施细则，增强旅行社承接相关活动的可操作性；积极协调有关部门对存在以星级、所有制等为门槛限制相关企业参与政府采购的情形及时予以清理，在严格执行经费支出额度规定的前提下，保障相关企业公平参与政府采购的权利。

六、积极开展消费促进活动。各级文旅部门要积极开展"引客入湘""送客入村""十万人游张家界"等旅游消费促进活动。国家文化和旅游消费示范试点城市、国家级夜间文化和旅游消费集聚区要打造一批文旅消费品牌项目，推出一批常态化、特色化、多元化文旅消费产品，适时开展发放文旅消费券等活动，进一步激发文旅消费潜力。

七、加强旅游市场宣传推广。各级文旅部门要组织文旅企业参展参会，推介资源产品，提升品牌影响力；要结合"五一"小长假、中国旅游日、国际博物馆日等节假日开展文旅惠民活动，激发市场活力。要加强与媒体的合作联动，组织新媒体矩阵营销推广，突出重点地区、友好城市、特定群体，深入开展主题营销、驻地营销。

八、严格落实疫情防控措施。各级文旅部门要严格落实服务业行业精准防控要求，统筹做好疫情防控和旅游业恢复发展工作，坚决防止和避免"放松防控"和"过度防控"两种倾向；要加强旅游从业人员健康管理，开展多形式防控知识培训和宣传教育，提高员工和游客自我防护意识和防护能力；要做好应急处置预案，及时妥善处理突发事件。

九、办好各级旅游发展大会。各市州文旅部门要以办好首届全省旅游发展大会和市级旅游发展大会为契机，通过"立标打样"达到"一地举办、全省联动；一花引领、百景争艳"的效果，要结合本地区实际，综合运用财政奖补、金融支持、项目投资、消费促进、政务服务等措施手段，进一步创新推出更多有针对性的惠企政策措施，更大力度帮扶旅游企业降成本、稳经营、保就业。

十、强化组织实施和跟踪评估。各级文旅部门要增强责任感、使命感，切实将思想和行动统一到党中央、国务院和省委省政府的部署要求上来，在当地党委、政府领导下，将帮扶旅游业纾困摆在当前工作重要位置，担负起政策落实落地的重要责任，抓紧联合有关部门出台本地区落实上述政策的专项配套措施，建立完善专项工作机制，确保政策有效传导至市场主体。省文化和旅游厅将加强对各地政策落实情况的跟踪评估，及时总结和推广好的经验做法，对政策落实成效显著的地方在项目支持、品牌创建、人才培养等方面给予重点支持。

各地出台的促进旅游业恢复发展的政策文件、推动纾困扶持政策落实工作进展情况、存在的问题和意见建议等，应及时报送省文化和旅游厅。

特此通知。

湖南省文化和旅游厅

2022 年 4 月 21 日

# 中国人民银行长沙中心支行 湖南省文化和旅游厅印发金融支持文化和旅游行业恢复发展若干措施

9月1日，中国人民银行长沙中心支行、湖南省文化和旅游厅联合印发金融支持文化和旅游行业恢复发展若干措施，充分发挥金融管理部门、文旅行业管理部门、金融机构各方合力，共发布6项金融措施，促进文旅行业恢复发展。

**一、建立重点文旅企业"白名单"，加快授信和贷款投放**

全省各级人民银行、文旅行业管理部门要加强工作联动和信息共享，分层筛选推送重点文旅企业"白名单"，组织银行机构全面摸排名单企业融资需求，通过文化旅游融资服务中心、融资对接会等多种方式加强对接。各银行机构要加大信贷资源配置，因地制宜打造文旅专营机构、专业支行，建立贷款审批"绿色通道"，优化审贷流程，完善资产评估方式，加大信贷产品创新力度，推广景区收益权、专利权、商标权、版权等质押贷款，加快对"白名单"企业的授信和贷款投放。

**二、加大文旅企业及相关从业人员差异化金融支持服务**

各银行机构要积极落实延期还本付息政策，按照市场化原则，通过新发放贷款、展期或续贷、调整还款安排等方式，支持文旅企业抵御疫情影响。对延期贷款坚持实质性风险判断，不单独因疫情因素下调贷款风险分类，不影响征信记录，并免收罚息。对因感染新冠肺炎住院治疗或隔离、受疫情影响隔离观察或失去收入来源的人群，银行机构要及时优化信贷政策，区分还款能力和还款意愿，区分受疫情影响的短期还款能力和中长期还款能力，对其存续的个人住房等贷款，灵活采取合理延后还款时间、延长贷款期限、延迟还本等方式予以支持。受疫情影响相关人群逾期贷款可不作为逾期记录报送，保障公众征信相关权益。

**三、用好用足货币政策工具**

人民银行长沙中心支行每年安排不低于50亿元再贷款再贴现专用额度，引导地方法人银行运用低成本再贷款资金和配套自有资金向文旅企业发放优惠利率贷款，支持各银行机构对文旅产业上下游中小微企业再贴现提供绿色通道、进行优先办理，加大文旅企业金融支持力度。全省各级人民银行要充分发挥再贷款再贴现、普惠小微贷款支持工具等货币政策工具的牵引带动作用，推动企业融资成本进一步降低。

**四、充分发挥债券、基金融资功能，拓宽文旅企业直接融资渠道**

全省各级人民银行要加强银行间市场债券融资政策和产品的宣传辅导，联合文旅行业管理部门摸排企业债券融资需求，引导具备债券承销业务资格的银行机构加强与重大文旅项目实施主体的对接，支持相关企业发行非金融企业债务融资工具、资产支持证券化产品。各银行机构要积极与各类文化和旅游投资基金开展业务合作，探索投贷联动等业务模式，支持文化和旅游产业发展。

**五、完善文旅企业融资配套政策支持**

全省各级文旅行业管理部门要进一步完善文化和旅游发展专项资金管理办法，探索建立多形式、多种类的专项资金补贴办法，充分发挥政府性融资担保公司和再担保公司风险分担作用，积极引导银行机构加大对全省文化和旅游业经营主体信贷支持力度，助力培育更多优质文旅企业。

**六、及时总结，加强政策宣传引导**

全省各级人民银行、文旅行业管理部门、各银行机构要建立信息共享机制，加强沟通协作，及时总结金融支持文旅行业发展的经验模式、工作做法和成效，通过省内主流媒体、门户网站、微信公众号等多种渠道，加大政策宣传力度。

# 关于鼓励机关企事业单位及社会团体委托旅行社开展服务有关事项的通知

粤文旅市〔2022〕119号

各地级以上市文化广电旅游体育局、市直机关工委、市财政局、人力资源社会保障局、国资委，国家税务总局广州、各地级市、横琴粤澳深度合作区税务局，市总工会，团市委：

为贯彻落实国家和省对受新冠肺炎疫情持续影响行业加大扶持的有关决策部署，全力纾困因疫情冲击经营困难的旅行社企业，做好"六稳"工作、落实"六保"任务，促进旅游市场消费，推动我省旅行社等服务行业加快复苏和高质量发展，根据国家发展改革委等14部门联合印发《关于促进服务业领域困难行业恢复发展的若干政策》（发改财金〔2022〕271号）和《广东省人民政府办公厅关于印发广东省促进服务业领域困难行业恢复发展若干政策的通知》（粤办函〔2022〕40号）等文件精神，以及省文化和旅游厅、省财政厅等11部门联合出台的《关于进一步支持旅行社纾困发展的有关措施的通知》（粤文旅市〔2021〕229号），在用好用足当前普惠性扶持政策基础上，结合行业特点，进一步鼓励和规范机关企事业单位及社会团体委托旅行社开展服务活动，现就有关事项明确如下：

一、委托范围

支持和鼓励机关企事业单位及社会团体组织开展的下列活动委托旅行社承办，并支付相应服务费：

（一）党建活动。开展主题党建、现场教学等党建相关活动。

（二）公务活动。调研、重大接待、差旅、节庆及纪念等公务活动。

（三）工会活动。县级以上工会开展的职工疗休养、劳模疗休养等工会活动。基层工会按照规定组织的职工春秋游等文体活动。

（四）教育研学。各级各类学校、培训教育机构开展面向学生的研学、社会实践等校外拓展活动；关心下一代工作委员会组织的相关活动。

（五）会展活动。文化、旅游、经贸等各类会展活动。

（六）适合由旅行社承接的其他业务活动。

旅行社在经营内代办以上活动中交通、住宿、餐饮、会务、布展、票务等辅助性服务。

二、工作要求

（一）机关企事业单位及社会团体委托旅行社企业承接相关业务，应严格执行中央"八项规定"及有关财务管理制度，坚持厉行节约，规范业务流程，完善过程监管，提高经费使用效益。对于国家和省里已明确支出标准和定额的活动项目，不得超出该标准和定额的上限（含服务费）。

各机关企事业单位及社会团体可以结合实际，制定本单位委托旅行社承接相关活动具体清单、操作规范，但不得违反公平竞争，采取预设排他性条款将具备自治旅行社企业排除参与政府采购和市场竞争。

（二）受委托旅行社应具备承接相应业务的资质和能力，有良好信用记录，符合参加政府采购活动前三年内，在经营活动中没有重大违法记录等政府采购基本要求，并及时签订委托服务合同或协议，明确服务事项和双方权利义务。

（三）旅行社按照合同或协议内容和服务清单据实开具发票，并提供与合同或协议内容一致的明细费用清单，作为委托方费用报销依据。

（四）各地文化和旅游主管部门要会同相关部门加强对旅行社企业接受委托服务的监管与指导，维护市场秩序，进一步提升委托服务质量，发现问题及时督促整改。

三、保障措施

各地有关部门要结合工作实际，加强组织领导，认真解读、准确把握好相关政策要求，加强对政策的宣传引导、推广运用，确保政策有效传导至市场主体，支持旅行社企业纾困发展，维护社会稳定，助力我省疫情防控和经济社会发展，进一步提升人民群众的获得感、幸福感。

特此通知。

广东省文化和旅游厅
中共广东省直属机关工作委员会
广东省财政厅
广东省人力资源和社会保障厅
广东省人民政府国有资产监督管理委员会
国家税务总局广东省税务局
广东省总工会
共青团广东省委员会
2022 年 7 月 19 日

# 广西壮族自治区文化和旅游厅印发关于科学精准做好疫情防控加快旅游业恢复发展若干政策措施的通知

桂文旅发〔2022〕67号

各市文化和旅游行政管理部门，厅机关各处室（局）、直属各单位：

现将《关于科学精准做好疫情防控加快旅游业恢复发展的若干政策措施》印发给你们，请认真贯彻落实。党中央、国务院围绕稳住经济大盘作出一系列决策部署，自治区党委、政府研究制定相应政策措施，为我们做好下一阶段旅游经济工作提供了极其重要的窗口期机遇期。全区文化和旅游系统务必提高政治站位，深刻领悟"两个确立"的决定性意义，坚决做到"两个维护"，进一步增强做好经济工作的紧迫感责任感，把旅游业促消费、稳增长作为当下的大事来抓，坚定信心、鼓足干劲，拿出非常之策、使出非常之力、推出非常之举，加快旅游业恢复发展，以实际行动迎接党的二十大胜利召开。

特此通知。

广西壮族自治区文化和旅游厅

2022年6月8日

## 关于科学精准做好疫情防控加快旅游业
## 恢复发展的若干政策措施

为认真贯彻落实全国、全区稳住经济大盘部署，着力提振旅游市场信心和活力，促进旅游市场复苏，加快旅游业恢复发展，制定以下政策措施。

一、科学精准做好疫情防控

1. 严格执行《旅行社新冠肺炎疫情防控工作指南（第四版）》和《旅游景区恢复开放疫情防控措施指南（2021年10月修订版）》等文件要求，确保疫情不通过旅游活动传播扩散。

2. 认真落实文化和旅游部办公厅《关于加强疫情防控科学精准实施跨省旅游"熔断"机制的通知》有关要求，对出现中高风险地区的县（市、区）立即暂停旅行社及在线旅游企业经营进出该地的跨省团队旅游及"机票+酒店"业务，等待无中高风险地区后，业务可逐步恢复。

二、大力开展"广西人游广西"活动

3. 根据各地的年度节庆活动安排和季节性旅游产品特点，安排专项资金联合各市统筹安排全年"广西人游广西"主题月活动，在主题月期间，相关城市以"广西人游××市"为契机，挖掘一批以自驾游、亲子游、乡村游等微旅游线路为主的特色线路产品，在各市因地制宜举办3—4场宣传推广活动。

4. 鼓励和支持当地文化旅游企业推出主题月期间面向区内游客的优惠措施，让"广西人游广西"周周有活动，月月有精彩，季季有高潮。

5. 鼓励各地依托自然和文化遗产资源、公共场馆、科研院所建设研学旅行基地，组织开展研学旅行调研，精心设计研学参观线路和项目，推出一批自治区级研学旅行精品路线，进一步丰富素质教育的内容供给。

6. 认真落实国家和自治区促进服务业领域困难行业恢复发展的政策措施，支持委托旅行社承接业务，支持旅行社承接各级机关、企事业单位、社会团体符合规定的活动。

7. 鼓励职工区内旅游。严格落实带薪休假制度，切实做到应休尽休。鼓励各地文化和旅游部门与工会加强合作，积极将符合疗休养标准的宾馆饭店、民宿、旅游景区等纳入疗休养范围。

三、加大"引客入桂"力度

8. 支持各类主体发挥各种渠道优势，开展广西旅游宣传推介活动。借助区域合作平台，主动与珠三角、长三角等发达地区对接，开展"千万老广游广西"活动，最大限度承接其旅游消费需求。积极加强省际旅游合作，重点加强与相邻省份合作，以及具有差异性、互补性省份合作。

9. 鼓励各类市场主体自主开展促销活动，支持联合开展"吃、住、行、游、购、娱"营销活动。从 2022 年 6 月 15 日—9 月 15 日，鼓励区内各景区对全国现役军人（退役军人）、警察、应急救援、医护人员、教师、全日制在校学生（含研究生）凭职业证件、身份证、学生证实行免首道门票或打折优惠政策。

10. 从 2022 年 6 月 15 日—9 月 15 日，对旅行社实施包机（切位）、专列（包车厢）奖励政策。

（1）对旅游包机（切位）进行奖励。对旅游企业组织的入桂包机或航班切位采取临时性补贴。旅游企业一次性组织游客乘包机 100 人以上，或者同一航班切位 40 人以上，由外省（自治区、直辖市）来桂旅游，在广西境内机场进港，且游客在广西三星级（或同等档次）及以上旅游饭店住宿时间不少于 3 晚的，每架次包机给予 2 万元奖励，切位给予 5000 元奖励。

（2）对旅游专列（包车厢）进行奖励。对旅游企业组织的入桂旅游专列或包车厢采取临时性补贴。旅游企业一次性组织外省（自治区、直辖市）游客 500 人以上乘专列，或组织 200 人以上包车厢来桂旅游，列车在广西区内入站，且游客在广西三星级（或同等档次）及以上旅游饭店住宿时间不少于 3 晚的，专列每车次给予 6 万元奖励，包车厢每车次给予 2 万元奖励。

11. 鼓励各地出台引客入桂政策，针对各旅游团队实行疫情防控便捷通道，并实行核酸检测免费政策。

**四、积极促进旅游消费提质扩容**

12. 开展协会文旅消费行动，以行业协会推动文旅消费。组织自驾游、露营、草地音乐节、沙滩音乐节等文旅活动，联合举办海模、帆船等体育赛事，配套开展促销活动。推广高品质休闲露营装备和水上装备等小型装备，拓宽消费体验场景，打造时尚、休闲城市生活方式。线上线下联动，推广销售广西文旅产品。与"东盟购"网络平台开展合作，将广西的文旅产品推向东盟，并引进东盟优质文旅产品。

13. 积极创建国家文化和旅游消费示范城市，打造一批业态丰富、文化特色鲜明的旅游休闲街区，推出一批常态化、特色化的夜间文化旅游体验项目，建设一批夜间文化旅游消费集聚区，持续推进南宁、桂林、北海、玉林、贵港等市文化旅游消费大夜市系列活动。创新举办全域旅游大集市等活动，全产业链拉动文化旅游消费。

14. 指导各级公共图书馆、文化馆（站）、博物馆（纪念馆）等公共文化服务场馆，做好免费开放工作，有序恢复线下活动开展，开展四季合唱音乐会、"秀甲天下 壮美广西"原创歌曲大家唱大家拍等群众文化活动。鼓励公共文化服务场馆根据实际情况，延时开放、夜间开放。鼓励公共图书馆、博物馆（纪念馆）发挥公共文化场馆资源优势，依托"走读广西"等品牌IP，与旅行社等企业开展研学游、亲子游、家庭游。

15. 鼓励博物馆、文物开放单位积极开展形式多样、规模适当的展览展示、社会教育等线下线上活动。支持博物馆与社会力量打造"博物研学"基地和研学线路。发布和推介全区免费开放的博物馆、纪念馆名单。

16. 充分发挥广西汽车旅游营地联盟作用，指导和鼓励广西星级汽车旅游营地开展系列优惠活动，推出桂林山水文化游、西江生态观光和民族风情游、北部湾滨海休闲度假游等"广西汽车旅游露营精品线路"。

17. 落实"重大产业项目贷""文旅贷"，以金融服务拉动文旅消费。遴选"重大产业项目贷""文旅贷"的文化旅游企业名单，对接广西综合金融服务平台，帮助文化旅游业企业降低融资成本。联合金融机构筹备建立中小微文化旅游企业融资需求库，对文化旅游企业给予贷款支持。以广西文化旅游产业发展基金、广西旅发大健康产业壹号发展基金为母基金，设立关联子基金，撬动社会资本投资文化旅游创新消费项目。

18. 推进文旅重大项目建设，以高质量发展拉动消费。推进长征国家文化公园（广西段）、南宁牛湾文化旅游岛、北海银基滨海旅游度假中心一期、桂林桂海国际旅游度假区、防城港白沙湾国际自然医学度假区等一批重大文旅项目建设。

19. 优化提升"一键游广西"平台服务，进一步完善平台功能，丰富平台产品，组织开展各类旅游营销活动。

**五、加强宣传营销推广**

20. 充分运用网络媒体、平面媒体、电视媒体、移动媒体等各种媒体资源，注重用好传统媒体和今日头条、抖音、快手、B站、小红书等新媒体，全方位、多角度地宣传旅游线路和优惠措施。

本政策措施自印发之日起施行。

# 关于印发《重庆市银行业金融机构支持文化产业和旅游产业高质量发展政策措施》的通知

渝银发〔2021〕52号

人民银行各中心支行、南川支行，各区县（自治县）文化旅游委，各银行业金融机构：

为贯彻落实"十四五"规划、中央经济工作会议有关部署，按照《关于抓好金融政策落实 进一步支持演出企业和旅行社企业等市场主体纾困发展的通知》（文旅产业发〔2021〕41号）文件要求，进一步加大对文化和旅游领域市场主体的融资支持力度，持续推动文化和旅游行业复苏和高质量发展，现结合重庆实际，制定《重庆市银行业金融机构支持文化产业和旅游产业高质量发展政策措施》，印发给你们，请认真贯彻执行。

附件：重庆市银行业金融机构支持文化产业和旅游产业高质量发展政策措施

中国人民银行重庆营业管理部

重庆市文化和旅游发展委员会

2021年6月16日

附件

# 重庆市银行业金融机构支持
# 文化产业和旅游产业高质量发展政策措施

为贯彻落实"十四五"规划、中央经济工作会议有关部署，进一步强化金融与文化产业和旅游产业融合发展，充分发挥银行业金融机构对文化产业和旅游产业的支持作用，推动文化产业和旅游产业高质量发展，现结合我市实际，制定本政策措施。

一、实行重点文旅企业（项目）名单对接制

市文化旅游委负责明确在市级层面需要重点支持的企业（项目）名单及其融资需求信息，重点加大对演出企业（主要包括文艺表演团体、演出场所经营单位、演出经纪机构等）和旅行社两类市场主体的摸排核查力度，形成文旅企业融资需求清单，推送给人行重庆营管部。人行重庆营管部依托"长江渝融通"系统，组织银行业金融机构开展精准对接，满足其融资需求或支持企业纾困发展，定期将融资对接情况反馈市文化旅游委。人行重庆营管部与市文化旅游委建立联动机制，开展专项督导，了解名单中企业（项目）融资中的具体困难和融资难的原因，一企一策地协调解决企业融资中遇到的问题和金融机构的关切。人民银行各级行要与区（县）文化旅游委建立政银企联动机制，明确所在区（县）需要支持的重点企业（项目），推动金融机构精准对接。

二、利用"长江渝融通"搭建文旅融资对接平台

（一）推广"长江渝融通"贷款码（文旅融资平台）。各区（县）文化旅游委要对《"长江渝融通"贷款码（文旅融资平台）使用流程》（见附）加大推广力度，让更多文化旅游企业了解该平台，真正享受该平台给融资带来的便利。人民银行各级行要加大"长江渝融通"系统的宣传推广，鼓励金融机构利用"长江渝融通"系统对接文化旅游企业，同时要加强数据挖掘分析，采取措施精准疏通文旅企业融资堵点。

（二）发挥首贷续贷中心的支持作用。支持有条件的民营小微和个体工商户首贷续贷中心建设文旅金融服务中心，在文旅金融服务中心推广"长江渝融通"贷款码（文旅融资平台）使用，建立线下政策引导、项目对接、信息服务平台，打造文旅企业金融、产业和财政政策直通车，真正提高文旅企业融资对接效率。

### 三、共建文旅金融合作试验区

（一）以文化产业园区为合作载体。人行重庆营管部和市文化旅游委择机选择部分文化产业和旅游产业发展成熟、金融服务基础较好的区县或园区，创建文化金融合作试验区，探索建立政担银保企多方联动工作机制，通过创新地方政府资金投入方式，引导和促进金融机构创新金融产品和服务模式，搭建文旅金融服务平台，完善文旅金融发展政策环境，集中优质资源先行先试，探索文旅金融创新模式。

（二）以知识产权融资为合作载体。加强著作权、专利权、商标权等文化类无形资产的评估、登记、托管、流转服务。以知识产权融资为合作载体，鼓励法律、会计、审计、资产评估、信用评级等中介机构为文旅金融合作提供专业服务，以支持金融机构开发文化产业和旅游产业知识产权产品融资专属产品。

（三）以示范旅游村打造为合作载体。依托人行重庆营管部"1+2+N普惠金融到村"工程，在全市乡村旅游重点村推进货币信贷进村，通过"政保银企村"模式，强化文化产业和旅游产业与金融政策深度融合发展，探索建立文旅与金融合作示范旅游村，为其注入新的发展活力。

### 四、创新文旅特色金融产品和服务

（一）创新特色产品。鼓励金融机构充分发挥各自业务优势，打造适合文旅企业特点的特色贷款产品，积极为国家全域旅游示范区、国家级旅游度假区、国家文旅消费示范城市、国家级文化产业示范园区、市级文化产业示范园区等所在的中小微文旅企业和村镇经营户发放小额信用或担保贷款，推广"旅游经营公司＋景点＋村镇户"等融资模式，为中小微文旅企业和经营户提供联合授信。鼓励金融机构针对文化产业园区的文旅企业融资特点，创新联保贷款、经营性物业抵押等特色融资产品，鼓励在风险可控前提下，多方式增加授信规模。

（二）创新特色服务。促进银行业金融机构与融资性担保机构加强规范合作，为文化旅游企业融资提供增信服务。鼓励银行业金融机构在依法合规前提下，根据文旅企业的财务特征，制定符合文旅企业经营规律的授信标准，拓宽文旅企业贷款抵质押范围，积极开展信用贷、首贷、无还本续贷，适当简化对文旅企业信贷审批流程，持续加大对文旅企业的信贷投放。落实好《关于抓好金融政策落实 进一步支持演出企业和旅行社等市场主体纾困发展的通知》（文旅产业发〔2021〕41号）精神，对吸纳就业多但经营和稳岗压力大的两类主体，做好"点对点"服务，切实支持演出企业和旅行社两类市场主体纾困发展。

## 五、发挥债券融资支持的作用

建立市级和区县文旅企业发债项目储备库，并通过"长江渝融通"系统与中介机构开展对接。创新文旅企业债券融资产品，支持符合条件的企业发行碳中和债、可持续发展挂钩债券、高成长债券、乡村振兴票据、权益出资型票据等创新产品，并积极探索优化发债资金运用渠道。支持地方法人金融机构发行小微金融债券、"双创"金融债券等专项金融债券，用于支持中长期、有稳定现金流的文旅项目和中小微文旅企业。鼓励全国性银行重庆分支机构积极争取将重庆文化产业和旅游产业项目纳入其总行金融债券项目库，对其债券融资给予资金支持。

## 六、发挥货币政策工具的支持作用

（一）运用定向政策予以支持。鼓励地方法人银行充分运用支小支农再贷款政策，围绕文旅企业行业特点、客户需求和区域特色开发"央行再贷款＋"专属文旅信贷产品，进园区、入社区、到企业，重点支持民营、小微类文旅企业。鼓励各银行创新推出"再贴现＋"票据贴现产品，开通文旅企业票据贴现绿色通道，并给予贴现利率优惠。对金融机构为文旅企业签发、收受的票据办理贴现后申请再贴现的，纳入政策优先支持范围，通过优化流程和再贴现申请条件，实现再贴现快速审批、资金快速落地。

（二）运用直达政策予以支持。将普惠小微企业贷款延期还本付息政策和普惠小微企业信用贷款支持政策延续至2021年底。对2021年底前到期的文旅行业普惠小微企业贷款，由银行和企业自主协商延期还本付息，并继续对办理贷款延期还本付息的地方法人银行按规定给予激励，激励比例为贷款本金的1%。对符合条件的地方法人金融机构新发放的文旅行业普惠小微企业信用贷款，继续按本金的40%提供优惠资金支持。推动各银行业金融机构加大政策落实力度，针对性推出、常态化开办延期和信用贷款专属产品，不断提高受惠企业占比，切实缓解文旅行业普惠小微企业资金周转困难问题。

## 七、提升银行业金融机构文旅融资服务专业化水平

鼓励银行业金融机构探索设立文旅金融事业部、特色支行等专业部门或者专营机构，通过优化内部资源配置、差异化绩效考核评价等制度，促进文旅专属金融产品、服务和模式创新，在文旅产品销售、文旅产业融合、文旅项目建设、文旅企业培育、文旅消费升级、文旅服务延伸等领域，为文旅企业提供更优质、便利的金融支持，提高文旅金融服务专业化水平，实现文旅和金融深度融合。鼓励金融机构完善文旅企业利率定价机制和风险管理机制，对文旅贷款实施差别化定价，合理确定贷款期限和还

款方式。鼓励金融机构适当下放文旅企业文旅价值信用贷款审批权限，合理提高文旅企业不良容忍度，落实尽职免职机制。鼓励金融机构按照有关核销政策，适当简化内部认定手续，加大自主核销力度。力争全市文旅企业贷款增速高于各项贷款增速，文旅企业贷款同比多增。

八、加强组织保障

（一）强化沟通协调。人行重庆营管部与市文化旅游委加强沟通合作，建立定期协商机制，完善优化政策，发挥政策合力，促进银行业金融机构支持文化产业和旅游产业发展政策措施落地见效，支持文化旅游行业高质量发展。

（二）加大财政支持。发挥财政政策和财政资金的杠杆和放大作用，完善和落实风险补偿、贴息、债券发行奖励等政策举措，引导金融资本投向文旅产业。探索建立财政资金事前补助引导机制，充分发挥财政政策引领和放大的作用。

（三）完善信用体系。建立多部门联动的文旅企业信息共享机制，加强文旅企业信息采集、使用和共享，推动建立广泛覆盖各类文旅市场主体的综合信用信息体系，支持金融机构依托文旅综合信用信息，探索优化文旅企业授信评级模型，建立文旅企业信用评价结果与银行信贷、政府政策扶持的联动机制。

（四）加强宣传推广。充分利用传统媒体和新媒体，以电视、报纸、广播、网站、微信、微博、抖音等为载体，加大对文旅企业金融支持政策的宣传力度，扩大首贷续贷中心、"长江渝融通"贷款码等融资渠道宣传范围，提升文旅专属金融产品及服务知晓度，加强典型做法和案例宣传推广，为文旅企业营造良好的环境，让更多文旅企业便捷获得金融支持和服务。

附："长江渝融通"贷款码（文旅融资平台）使用流程[1]

---

[1] 编者注：流程图略。

# 四川省文化和旅游厅 四川省财政厅 四川省地方金融监管局 中国人民银行成都分行 中国银行保险监督管理委员会四川监管局关于印发《关于进一步支持文化旅游企业纾困的若干措施》的通知

川文旅发〔2022〕29号

各市（州）文化和旅游行政部门、财政局、金融局、人民银行分支机构、银保监分局：

现将《关于进一步支持文化旅游企业纾困的若干措施》印发你们，请认真遵照执行。

四川省文化和旅游厅

四川省财政厅

四川省地方金融监管局

中国人民银行成都分行

中国银行保险监督管理委员会四川监管局

2022年5月26日

## 关于进一步支持文化旅游企业纾困的若干措施

为贯彻落实党中央、国务院，省委、省政府决策部署，帮助文化和旅游企业渡过难关、恢复发展，根据《四川省贯彻落实促进服务业领域困难行业恢复发展若干政策的实施方案》，特制定以下措施：

## 一、加大省级财政纾困补助力度

（一）支持旅行社恢复发展。对依法在四川设立，且在保工保产、恢复发展中做出积极贡献的骨干旅行社，根据2021年度营业收入、安全运营、诚信经营和2022年一季度从业人员数等指标进行综合考评，每家给予一次性纾困补助20万元。（责任单位：文化和旅游厅、财政厅）

（二）支持民营文艺表演团体发展。对依法在四川设立，疫情常态化防控期间坚持演出、服务我省人民群众文化生活，在保就业保稳定等方面做出积极贡献的民营文艺表演团体，根据2021年度营业收入、演出场次、从业人员数、社会效益贡献等指标进行综合考评，对排名前30位的给予一次性纾困补助20万—50万元。（责任单位：文化和旅游厅、财政厅）

（三）支持民营A级旅游景区发展。对全省仍在接待游客的3A级及以上民营旅游景区，根据2021年度接待游客人次、实现门票收入和服务质量及安全管理等指标进行综合考评，对排名前40位的按景区等级给予一次性纾困补助10万—40万元。（责任单位：文化和旅游厅、财政厅）

（四）支持天府旅游名宿发展。对2021年度被命名为天府旅游名宿的，每家给予一次性纾困补助10万元。（责任单位：文化和旅游厅、财政厅）

## 二、加大金融政策帮扶力度

（五）降低小微文旅企业融资成本。实施"支小惠商贷"财政金融互动政策，对使用支小再贷款资金向文旅企业发放的普惠小微贷款，给予1.5%的贴息支持，贴息后贷款利率不超过LPR+0.15个百分点。提升贷款市场的报价利率（LPR）下行、支农支小再贷款利率下调效果，引导金融机构将优惠利率传导至文旅小微企业。大型银行和股份制银行积极落实总行的内部转移定价（FTP）优惠力度相关要求。（责任单位：人行成都分行、四川银保监局、财政厅）

（六）做好文旅企业延期还本付息政策接续和贷款期限管理。发挥好普惠小微贷款支持工具作用，对地方法人金融机构向文旅等普惠小微企业发放的贷款，按照余额增量的1%提供激励资金，引导金融机构加大对文化和旅游企业的倾斜力度。加大续贷政策落实力度，主动跟进文旅小微企业融资需求，对符合续贷条件的正常类小微企业贷款积极给予支持。对确有还款意愿和吸纳就业能力、存在临时性经营困难的文旅小微企业，统筹考虑展期、重组等手段，按照市场化原则自主协商贷款还本付息方式。避

免出现行业性限贷、抽贷、断贷。（责任单位：人行成都分行、四川银保监局、省地方金融监管局）

（七）创新文化和旅游金融产品供给。组织开展多种形式的信用贷款提升行动，增强金融机构信用贷款产品研发和推广能力，增加对文旅小微企业的信用贷款投放，推动信用贷款比重继续提升。（责任单位：人行成都分行、四川银保监局、省地方金融监管局）

（八）完善金融监管支持文旅市场主体政策。各银行业金融机构要将不良贷款容忍度和授信尽职免责相结合，准确向基层网点传达政策导向。（责任单位：四川银保监局、人行成都分行）

（九）提升金融服务文旅企业精准度。定期收集文旅企业有效信贷需求，推送至金融机构。持续召开政银企对接活动，提升金融服务质效和政策传导的精准度。（责任单位：文化和旅游厅、人行成都分行）

**三、加大政务服务保障力度**

（十）推动演艺企业恢复发展。对演出举办单位（演出经纪机构、演出场所经营单位或文艺表演团体）提交的参演文艺表演团体、演员、演出内容等进行预审，审核通过的，出具预审合格函；在参演文艺表演团体、演员、演出内容不变的前提下，演出举办单位在举办演出活动前，向文化和旅游行政部门提供场地、安全、消防等证明材料，实行现场办结、立等可取。（责任单位：文化和旅游厅）

（十一）加大政策宣传和解读力度。加强统筹已有纾困政策措施，组织媒体、专家、行业组织等各方力量，精准开展政策宣贯、培训辅导、专家访谈和答疑解惑，指导企业用好用足各项政策措施。及时跟踪评估政策落实效果，积极协调推动相关部门解决政策落实过程中的难点堵点问题，了解掌握行业情况和企业需求，加强政策研究储备，及时调整、完善和优化助企纾困政策措施。（责任单位：文化和旅游厅）

# 关于印发《云南省关于支持文旅行业的纾困帮扶措施》的通知

云文旅联发〔2022〕4号

各州（市）文化和旅游局、教育体育局、财政局、人力资源和社会保障局、商务局、市场监督管理局、体育局、金融办、能源局、总工会、人民银行分支机构、银保监分局：

文化旅游业是现代服务业的重要组成部分，在扩内需、促消费、稳增长、保就业等方面发挥着"一业带百业"的重要作用。新冠肺炎疫情发生以来，我省文旅行业受到较大冲击和影响，一些市场经营主体面临较多困难。为深入贯彻中央经济工作会议精神，认真落实省第十一次党代会精神和省委经济工作会议安排部署，帮助支持文旅行业稳岗就业、纾困解难，推动文化旅游业稳步发展，我们制定了《云南省关于文旅行业的纾困帮扶措施》，现印发给你们，请结合实际认真贯彻落实。

云南省文化和旅游厅 云南省教育厅

云南省财政厅 云南省人力资源和社会保障厅

云南省商务厅 云南省市场监督管理局

云南省体育局 云南省地方金融监管局

云南省能源局 云南省总工会

人民银行昆明中心支行 云南银保监局

2022年1月29日

# 云南省关于文旅行业的纾困帮扶措施

为深入贯彻中央经济工作会议精神，认真落实省第十一次党代会精神和省委经济工作会议安排部署，帮助支持文旅行业稳岗就业、纾困解难，推动文化旅游业稳步发展，制定以下纾困帮扶措施。

**一、实施以奖代补措施**

（一）旅行社。以全国旅游监管服务平台的统计数据为基础，根据 2021 年接待游客数量、从业人员数、纳税金额、诚信经营等指标，对全省旅行社进行综合考评。按排名位序分别给予前 100 位的旅行社纾困补助，第 1—10 名补助 100 万元，第 11—30 名补助 80 万元，第 31—50 名补助 50 万元，第 51—70 名补助 30 万元，第 71—100 名补助 10 万元。补助资金由省级财政保障。（责任单位：省文化和旅游厅、省财政厅）

（二）旅游演艺企业。对在云南省依法设立且独立运营管理，并在疫情期间不裁员或少裁员的旅游演艺企业，根据 2021 年累计接待游客数量、从业人员数、纳税金额等指标，对全省旅游演艺企业进行综合考评。按排名位序分别给予前 20 位的旅游演艺企业纾困补助，第 1—5 名补助 100 万元，第 6—10 名补助 50 万元，第 11—20 名补助 30 万元。补助资金由省级财政保障。（责任单位：省文化和旅游厅、省财政厅）

**二、持续推进纾困解难**

（三）降低用电成本。支持有条件的文旅企业直接参与市场化交易。对于执行两部制电价的文旅企业，提高两部制电价的灵活性，用户可自愿按季选择变压器容量、合同最大需量缴纳电费或实际最大需量缴纳电费。（责任单位：省能源局、省文化和旅游厅）

（四）缓缴社会保险费。对符合条件的不裁员或少裁员参保缴费文旅企业，继续给予失业保险稳岗返还。受疫情影响较大、缴纳社会保险费有困难的文旅企业，可按规定申请缓缴养老、失业和工伤保险费，缓缴期间免收滞纳金。（责任单位：省人力资源和社会保障厅、省文化和旅游厅）

（五）退还保证金。继续执行保证金退还政策，对暂退 80% 保证金的旅行社，允许企业补足保证金期限延至 2022 年 12 月 31 日。积极争取，开展使用保险代替现金或银行保函缴纳旅游服务质量保证金试点工作。（责任单位：省文化和旅游厅）

**三、强化金融信贷支持**

（六）扩大信贷投放。加大再贷款、再贴现、普惠小微贷款等政策工具运用力度。

鼓励和引导银行金融机构针对文旅企业融资需求，创新推广随借随还、信用贷款、融资顾问、常态化融资对接等更多金融产品和服务，持续加大对文旅企业续贷、首贷支持力度。（责任单位：人民银行昆明中心支行、云南银保监局、省地方金融监管局）

（七）接续贷款延期支持。对受疫情影响较大、经营受困的文旅企业，银行等金融机构不得盲目抽贷、断贷、压贷。对于实施延期还本付息的贷款，银行金融机构坚持实质性风险判断，不因疫情因素下调贷款风险分类，不影响企业征信记录。对受疫情影响严重、到期还款困难的企业，可予以展期或续贷，通过适当降低利率、调整还款计划等方式，减轻信贷偿付压力。（责任单位：人民银行昆明中心支行、云南银保监局、省地方金融监管局）

（八）降低综合融资成本。银行机构要合理确定中小微文旅企业贷款利率。鼓励银行机构对因疫情影响遇到困难的中小微文旅企业主动减免服务收费。鼓励政府性融资担保机构为有贷款需求的文旅企业提供担保服务，对单户担保金额 500 万元及以下的文旅企业收取的担保费率不超过 1%，对单户担保金额 500 万元以上的文旅企业收取的担保费率不超过 1.5%。（责任单位：省地方金融监管局、人民银行昆明中心支行、云南银保监局）

（九）加大贷款贴息力度。对文旅企业 2022 年新增流动资金贷款，按企业实际获得贷款利率的 50% 予以贴息，贴息利率不高于 5%。同一企业同一笔贷款，已享受国家和省级其他贷款贴息政策支持的，不再重复补助。（责任单位：省文化和旅游厅、省财政厅、云南银保监局、人民银行昆明中心支行）

**四、促进文化旅游消费**

（十）发放专项文旅消费券。通过"游云南""支付宝""携程网"等线上平台分批分期发放涵盖旅游景区、旅游民宿、旅游演艺、旅游交通、旅游线路产品等领域的文旅消费券不低于 1 亿元，支持文旅消费券在全省通用。（责任单位：省文化和旅游厅、省商务厅、省财政厅）。

（十一）鼓励"云南人游云南"。落实带薪休假制度，支持旅行社企业与各级基层工会、教育机构加强合作，积极组织开发形式多样、内容丰富并符合政策要求的旅游线路产品，更好满足旅游市场多样化需求。基层工会可使用会员会费组织工会会员开展春游秋游、观看文艺演出和体育比赛、购买当地景区门票。鼓励各级国家机关、企业事业单位、社会团体等组织开展的参观学习、红色教育等活动，委托旅行社代理安排旅游交通、住宿、餐饮、会务等相关事项。鼓励省内高等学校、中小学校组织学生

开展研学实践活动。（责任单位：省教育厅、省总工会、省文化和旅游厅）

（十二）开展自驾游送油券活动。联合省内油企共同出资发放电子油券，自驾游客可通过"游云南""支付宝""加油彩云南""加油云南"等平台申领使用，经有关油企终端核销并经省财政"阳光云财一网通"公示后结算。（责任单位：省文化和旅游厅、省商务厅、省财政厅）

（十三）拓展多元化消费渠道。鼓励旅行社企业在现有经营许可规定的业务经营范围内，顺应"旅游＋"发展趋势，经相关部门依法审核备案后，增加承揽专业性会议、会展、节庆、赛事等非包价旅行业务经营范围。（责任单位：省市场监管局、省文化和旅游厅、省商务厅、省体育局）

涉及支持市场主体资金，省文化和旅游厅等牵头实施责任部门按规定和流程，在"阳光云财一网通"开展通知、审核、公示等工作。本纾困帮扶措施未明确实施时限的，自发文之日起执行至 2022 年 12 月 31 日止。鼓励各州（市）参照省级纾困帮扶措施，自行制定相应帮扶措施，共同支持文旅行业纾困解困。国家和我省具体政策措施另有规定的，从其规定。本措施由省文化和旅游厅会同省有关部门制定具体实施方案并负责解释。

# 云南省人民政府办公厅印发关于精准做好疫情防控加快旅游业恢复发展若干政策措施的通知

云政办发〔2022〕10号

各州、市人民政府，省直有关部门：

《关于精准做好疫情防控加快旅游业恢复发展的若干政策措施》已经省人民政府同意，现印发给你们，请认真抓好贯彻落实。

云南省人民政府办公厅

2022年3月4日

## 关于精准做好疫情防控加快旅游业恢复发展的若干政策措施

为深入贯彻落实习近平总书记关于统筹推进疫情防控和经济社会发展的系列重要指示精神，按照党中央、国务院决策部署，坚持战疫情、促发展两手抓两手硬，紧扣精准做好疫情防控、加快促进旅游市场恢复、切实保障和改善民生，以有效的疫情防控为前提，着力提振旅游市场信心和活力，促进旅游业及有关产业快速回暖复苏，推动旅游业转型升级，制定以下政策措施。

一、**总体要求**

旅游业是我省主导产业，面对疫情防控常态化下云南旅游业发展的特殊严峻形势，要正视困难、主动作为，充分发挥市场决定性作用，更好发挥政府作用，引导旅游企业主动适应疫情防控常态化条件下的市场需求变化，及时调整生产经营策略，坚持供需双侧发力、长短有机结合，制定强有力的激励政策和综合措施，着力提高疫情防控精准性、有效性，积极有效扩大旅游消费，支持旅游业各类市场主体克服困难、改善经营状况，尽最大可能减少疫情对旅游业的冲击和就业的影响；主动适应疫情防控常态化下旅游消费新趋势、满足新需求，加快推进旅游业供给侧结构性改革，积极推进旅游业转型升级、高质量发展。在疫情趋稳可控的前提下，力争2022年底恢复到2019年水平。

二、主要措施

（一）强化疫情精准防控

1.严格科学精准落实疫情防控措施。压实属地、部门、单位（企业）、个人四方责任，坚决防止和避免"放松防控"和"过度防控"两种倾向，将精准科学防控疫情要求贯彻到旅游业各环节、各领域，用更有效的疫情防控措施保障安全的环境，用更安全的环境保障市场的繁荣。建立精准监测机制。对餐厅、商业超市、景点、交通场站、旅行社等重点区域、重点行业建立从业人员信息库，落实重点人员和高风险岗位人员规范防护、个人健康监测日报告制度，按照定期核酸检测要求应检尽检。接待旅游团队的导游、驾驶员上岗前须持48小时内核酸检测阴性报告，各地要及时提供免费核酸检测服务。文化旅游业从业人员要做到疫苗应接尽接。提升精准识别能力。强化场所防疫管理，旅游景区、酒店、餐饮、文化、娱乐场所有关企业（含个体工商户）要严格执行扫码、测温、消毒、"一米线"、督促戴口罩等规定，留存人员进出、消毒记录、视频录像、消费记录等原始数据，一旦发生疫情为精准流调溯源提供支撑保障，确保疫情在文化旅游场所发生时全力以赴抓好流调"黄金24小时"。对有关文化旅游场所、企业（含个体工商户）安装红外测温、购置消杀物品给予奖补。强化精准管控隔离。文化旅游场所发生本土疫情时，要科学精准确定文化旅游业重点、高风险人员，严格按照风险等级分类管理。口岸城市文化旅游场所要严格落实"预约、限流、错峰"要求，科学精准控制人流量。推广精准防护理念。提高公众疫情防控意识，特别是文化旅游从业人员对防控知识的掌握，自觉落实各项防控措施。发生疫情时，要精准发布风险提示。边境县、市实行差别化防控措施，口岸城市要严格落实《国务院应对新型冠状病毒感染肺炎疫情联防联控机制关于加强口岸城市新冠肺炎疫情防控工作的通知》（国办发明电〔2021〕14号）要求。境外输入风险高的口岸城市要精准划定疫情防控缓冲区，实行提级管理，严格人员流动管控，非必要不进不出，严守疫情外传底线，以缓冲区的严格管控换取全省经济社会发展的安全环境。非口岸城市要执行常态化疫情防控政策，落实"四早"措施，强化监测预警、定期核酸检测、重点场所和重点人群防控等要求，在保障安全的前提下，促进文化旅游业加快恢复发展。（责任单位：省应对疫情工作领导小组指挥部办公室、省卫生健康委、省文化和旅游厅、省商务厅、省交通运输厅，各州、市人民政府）

2. 清理层层加码等不合理规定。各地、有关部门要严格执行国务院联防联控机制关于防疫政策"五个不准"要求，不得随意扩大中、高风险地区范围，不得随意将限制出行范围由中、高风险地区及所在县、市、区扩大到所在州、市，不得擅自对低风险地区人员采取集中隔离管控、劝返等措施，不得随意延长集中隔离观察期限。在此基础上，落实"三个不得"要求（不得突破疫情防控相应规定进行封城、封区，不得非必要、不报批中断公共交通；不得非经流调、无政策依据对文化旅游场所实施关停措施、延长关停时间；不得在国务院联防联控机制政策要求基础上擅自增加对文化旅游业的疫情防控措施）。各地、有关部门要认真清理不符合国家和省委、省政府有关疫情防控规定的政策，建立疫情防控措施层层加码问题反映、核实、纠正专项工作机制。各级教育主管部门不得自行加码制定限制学生、教师出行等规定和要求。各地、有关部门确有必要在现行基础上加强疫情防控力度的，须报省应对疫情工作领导小组指挥部审核、国务院联防联控机制批准后实施。（责任单位：省应对疫情工作领导小组指挥部办公室，省直有关部门，各州、市人民政府）

**（二）大力开展"云南人游云南"活动**

3. 积极服务公务出行。鼓励各级机关、企事业单位、社会团体进行的党建活动和公务活动，委托旅行社代理安排交通、住宿、餐饮、会务等事项。鼓励机关、企事业单位将符合规定举办的工会活动、会展活动等的方案制定、组织协调等交由旅行社承接，明确服务内容、服务标准等细化要求，加强资金使用管理，合理确定预付款比例，并按照合同约定及时向旅行社支付资金。支持各类文艺院团在红色景区（点）驻场演出优秀红色剧目，所在州、市根据接待人次给予适当奖补。（责任单位：省文化和旅游厅、省财政厅、省审计厅，各州、市人民政府）

4. 鼓励开展研学活动。中小学、大专院校要积极组织学生开展科普、研学、党史、社会实践、劳动实践等主题活动，制定方案并予以实施。各地、有关部门要积极支持学校开展活动，精心设计参观线路和项目，严格执行门票减免等优惠政策，鼓励农业、工业等企业提供观摩体验场所，支持旅行社承接有关研学活动。（责任单位：省教育厅、省工业和信息化厅、省农业农村厅、省文化和旅游厅、省乡村振兴局，各州、市人民政府）

5. 鼓励职工省内旅游。各级机关、企事业单位、社会团体要严格落实带薪休假制度，切实做到应休尽休。政府采购住宿、会议、餐饮等服务项目时，严格执行经费支出额度规定，不得以星级、所有制等为门槛限制有关企业参与政府采购。鼓励基层工会利用会员会费购买符合规定的文旅产品和服务，组织会员观看文艺演出、体育比赛等，开展春游秋游，为会员购买当地公园年票。（责任单位：省直各部门，各州、市人民政府）

6. 鼓励企业开展促销活动。鼓励各类市场主体自主开展促销活动，支持联合开展"吃、住、行、游、购、娱"营销活动。鼓励航空、铁路实施"首飞、首乘＋家庭游"等票价优惠活动。鼓励执行政府指导价的 A 级旅游景区开展门票降价促销活动，由省财政按照减免额度给予 50% 补贴。（责任单位：省文化和旅游厅、省发展改革委、省财政厅、省商务厅、云南机场集团、中国铁路昆明局集团有限公司，各州、市人民政府）

7. 发放文旅消费券。整合各类资金资源，针对住宿、餐饮、文创、娱乐、体育、百货、成品油销售等项目，免费发放不低于 2 亿元文旅消费券，支持有关政策落地。组织非边境 8 个州、市共同发放通用旅游消费券，整合优化旅游线路。（责任单位：省文化和旅游厅、省财政厅、省商务厅，各州、市人民政府）

**（三）积极吸引省外游客**

8. 鼓励各类主体"引客入滇"。满足游客多样化需求，积极探索跨省团队游通过闭环方式开发"点对点"的个性化旅游线路和产品。对年内招徕省外入滇过夜游客数 1000 人以上的省内组团旅行社（含省外旅行社驻滇分支机构），省财政按照每接待 1 名游客 5 元的标准给予奖励。通过包机、专列等方式，组织省外游客入滇且上座率达 50% 以上的旅行社，省财政按照每架（趟）次给予一次性 3 万元奖励。鼓励省内旅行社驻外营销，对在省外有固定办公场所、有固定员工，且每个营销机构年内招徕入滇游客数 1 万人以上的，省财政分别给予一次性 10 万元奖励。支持旅行社集团化发展，对整合 10 家以上旅游企业共同成立旅行社集团，签订劳动合同从业人员数 300 人以上，2022 年度招徕省外入滇游客数 20 万人以上的，省财政给予一次性 200 万元奖励。（责任单位：省文化和旅游厅、省财政厅，各州、市人民政府）

9. 加大省际合作力度。支持各类主体发挥各种渠道优势，开展云南旅游宣介活动。借助沪滇合作等平台，主动与上海市、广东省等发达地区对接，最大限度承接其旅游消费需求。对参加省、州市组织的赴省外开展市场营销推广活动的旅游协会和企业，省财政按照每次每家补助 1 万元，同一协会和企业最多每年累计补助 5 万元。积极加强省际旅游合作，重点加强与相邻省份合作，以及具有差异性、互补性省份合作。（责任单位：省文化和旅游厅、省财政厅，各州、市人民政府）

10. 鼓励开展大型活动。聚集性活动要按照国务院联防联控机制有关要求执行。按程序批准的以州、市人民政府名义举办的节庆活动，对游客参与度较高的，省财政给予每个活动50万元补助。办好省第十六届运动会、第十二届少数民族传统体育运动会、省级足球联赛。鼓励各地开展各具特色的体育赛事，并积极向国家争取承办有关赛事活动。主动争取承办国际性、全国性会议和会展活动，省财政对入滇参展单位按照摊位费的10%予以补助。鼓励举办各类演唱会、音乐会。对入滇开展大型团建活动的单位和企业，通过赠送文旅消费券等方式，在住宿、餐饮、租用会场等方面给予适当补贴，并提供优质服务。（责任单位：省文化和旅游厅、省民族宗教委、省公安厅、省财政厅、省商务厅、省卫生健康委、省体育局、省投资促进局，各州、市人民政府）

**（四）促进旅游业加快转型升级**

11. 推动旅游业高质量发展。要把握疫情发展态势，立足长远，大力推进旅游产品创新、业态创新，推动文化和旅游深度融合，完善现代旅游业体系。支持企业开展低碳、零碳旅游产品和模式创新，打造云南绿色旅游名片；支持打造文化旅游超级 IP，充分运用动漫游戏、网络文学、网络音乐、数字艺术、文创产品等产业形态，推动文旅 IP 创造性转化、创新性发展；支持亲子游产品开发，积极打造"博物研学"等特色研学基地和研学营地；支持旅游及有关企业针对游客需求进行"消费链"整合，优化游客在滇"全程体验"；支持科技赋能旅游项目开发和升级，鼓励利用人工智能、虚拟现实、机甲装置等新技术增强旅游体验；支持自驾游配套设施等建设，适应客户结构变化。在全省遴选50个创意水平高、市场反响好的项目，省财政按其策划方案实际投入经费的30%给予补助，最高不超过30万元。（责任单位：省文化和旅游厅、省财政厅，各州、市人民政府）

12. 积极实施"云南服务"提升工程。深入实施"30天无理由退货"，优化完善诚信评价体系，构建以信用为基础的文旅行业新型监管机制，营造旅游市场"优胜劣汰、奖优罚劣"的竞争格局。充分发挥行业协会作用，引导旅游业各类市场主体充分参与，对标国际国内一流水平，制定云南旅游服务统一标准，实施文明旅游"彩云行动"3年计划，增强从业人员职业荣誉感，让游客获得难忘的"云南服务"体验记忆。（责任单位：省文化和旅游厅、省商务厅、省市场监管局，各州、市人民政府）

13. 加大文旅项目建设支持力度。认真落实各项招商引资支持政策。积极争取和安排各级财政预算内投资、地方政府专项债券资金 100 亿元以上支持文旅项目建设。省预算内经费安排 5000 万元用于旅游项目前期工作。对年度实际完成投资 2 亿元以上的重大文旅项目，省财政按其完成投资额的 3% 给予奖励。列入省级重点项目库的文旅项目，优先给予用地等要素保障。（责任单位：省文化和旅游厅、省发展改革委、省财政厅、省自然资源厅、省生态环境厅、省林草局、省投资促进局，各州、市人民政府）

（五）高水准策划宣传推广

14. 切实提高宣传策划水平。委托专业公司对年度旅游宣传推广活动进行高水准策划，邀请国内知名团队利用全省自然、人文、风俗、民族特色等旅游资源，打造高质量短视频和旅游宣传片。（责任单位：省文化和旅游厅、省财政厅，各州、市人民政府）

15. 加大媒体宣介力度。积极争取中央广播电视总台等主流媒体支持，加大宣传力度。鼓励充分运用"两微一端"等新媒体开展营销推广，按季度根据流量贡献、话题贡献、内容美誉度等指标开展评比活动，对有重大推广传播贡献的账号，省财政给予一次性最高 5 万元奖励；对有现象级推广传播贡献的账号，省财政给予一次性最高 100 万元奖励。（责任单位：省文化和旅游厅、省财政厅、省政府新闻办，各州、市人民政府）

（六）强化配套政策支撑

16. 落实好国家和我省减税降费政策。落实服务业所得税减免政策；针对餐饮、零售、旅游、交通运输等特殊困难行业落实好阶段性税收减免政策；对减免租金的房屋业主，按规定减免 2022 年房产税、城镇土地使用税；免征 2022 年公交和长途客运、轮客渡、出租车等公共交通运输服务增值税。（责任单位：省税务局、省财政厅，各州、市人民政府）

17. 加大金融支持力度。鼓励银行业金融机构合理增加旅游业有效信贷供给。对符合续贷条件的文旅企业按正常续贷业务办理，不得盲目惜贷、抽贷、断贷、压贷。建立健全重点旅游企业项目融资需求库，引导金融机构对符合条件的、预期发展前景较好的 A 级旅游景区、旅游度假区、乡村旅游经营单位、星级酒店、旅游演艺单位、旅行社等重点文化和旅游市场主体加大信贷投入，适当提高贷款额度。鼓励有条件的金融机构设立文旅特色支行并发挥积极作用。鼓励符合条件的旅游企业发行公司信用类债券，拓宽旅游企业多元化融资渠道。对文旅企业 2022 年新增的流动资金贷款，按企业实际获得贷款利率的 50% 予以贴息，贴息利率不高于 5%。协调金融机构面向中小微文旅企业创新设计文旅金融产品。引导银行机构对因疫情影响遇到困难的中小微文旅企业主动减免银行账户服务收费、人民币转账汇款手续费、银行卡刷卡手续费等服务收费，合理降低新发放贷款利率。对符合条件的、预期发展良好的旅行社、旅游演艺等领域中小微企业加大普惠金融支持力度。建立中小微文旅企业融资需求库。鼓励银行业金融机构对旅游有关初创企业、中小微企业和主题民宿等个体工商户分类予以小额贷款支持。（责任单位：省地方金融监管局、省财政厅、省文化和旅游厅、人民银行昆明中心支行、云南银保监局）

18.创新保险服务产品。支持保险公司依法依规对暂停跨省团队游政策导致停团、退团、行程中止引发的团费损失增设保险产品，降低旅行社经营风险；对游客出行受疫情变化导致被隔离，探索开发相应保险产品，减轻游客负担，解除游客出行后顾之忧。（责任单位：云南银保监局、省文化和旅游厅）

19.加大旅游服务质量保证金扶持力度。2022年，继续实施旅行社暂退旅游服务质量保证金扶持政策，对符合条件的旅行社维持80%的暂退比例，鼓励有条件的州、市进一步提高暂退比例。加快推进保险代替保证金试点工作。（责任单位：省文化和旅游厅、云南银保监局，各州、市人民政府）

20.加大旅游从业人员培训力度。加大线上职业培训支持力度，开设针对性、专业性强的课程，对按规定完成培训课程的培训对象，省财政给予适当培训补贴。积极推进旅游人才"薪火计划"，对重点人才专项扶持，对特需人才专项引进，对金牌导游发放特殊津贴，保障旅游市场复苏后人才不断档，持续提升云南旅游管理、开发、服务水平。鼓励国内知名旅游企业与省内院校合作建设"旅游产业学院"，为实战型旅游人才培养提供创新平台。（责任单位：省文化和旅游厅、省教育厅、省财政厅、省人力资源社会保障厅，各州、市人民政府）

各地、有关部门要提高政治站位，立足当前、着眼长远，充分认识当前和今后一个时期精准做好疫情防控、加快旅游业恢复发展的特殊重要意义，切实提升统筹能力，强化担责尽责意识，既要避免放松疫情管控要求盲目开展旅游活动，又要避免层层加码阻碍旅游业正常恢复，以时不我待的紧迫感，创新工作方式方法，推动政策措施落实到位。各州、市、县、区人民政府要主动部署研究、主动带头落实、主动问效推动，认真制定符合当地实际的政策措施和保障落实的硬措施、细办法，确保落实省级政策方向不偏、力度不减，齐心协力推动旅游业及有关产业快速回暖复苏。行业协会要充分发挥行业自律、宣传推广、沟通协调等方面作用。由省文化和旅游厅牵头，省直有关部门积极配合，各州、市人民政府抓好具体落实，制定政策落实的分工方案和时间表、路线图，细化工作任务清单、责任清单，按月调度有关工作进展情况，及时发现问题、提出对策建议。

# 陕西省财政厅等部门关于印发《支持文化和旅游企业发展财税金融政策措施》的通知

各市（区）委宣传部、网信办，各市（区）财政局、发展改革委（局）、国资委、文化和旅游局、商务局、工信局、税务局、金融办（局、服务中心），人民银行陕西省各中心支行、各银保监分局，省级有关部门，有关文化旅游企业：

《支持文化和旅游企业发展财税金融政策措施》已经省政府同意，现印发你们，请认真组织实施。

陕西省财政厅 中共陕西省委宣传部

中共陕西省委网络安全和信息化委员会办公室

陕西省发展和改革委员会

陕西省人民政府国有资产管理委员会

陕西省文化和旅游厅 陕西省商务厅

陕西省工业和信息化厅

国家税务总局陕西省税务局

陕西省地方金融监督管理局

中国人民银行西安分行

中国银行保险监督管理委员会陕西监管局

2022 年 6 月 8 日

# 支持文化和旅游企业发展财税金融政策措施

为贯彻落实省委省政府关于推动文化旅游高质量发展安排部署，强化文化和旅游企业（以下简称"文旅企业"）引领作用，切实帮助文旅企业恢复发展，高质量建设万亿级文化旅游产业，现提出财税、金融等资源向文旅企业倾斜的政策措施，请结合本部门（单位）职责，抓好相关落实工作。

一、省级财政专项资金向文旅企业倾斜。统筹用好省级文化产业、旅游发展专项资金，结合财力逐步增加投入，优先支持文旅企业承担的黄河、长城、长征国家文化公园建设项目以及纳入《国家文化产业发展项目库》《陕西省"十四五"文化发展改革规划》《陕西省打造万亿级文化旅游产业实施意见》的重大文化旅游产业项目。基本建设投资、国企改革发展专项资金等对文化旅游基础设施建设、文旅企业改革发展方面给予倾斜支持。省属文旅企业纳入国有资本经营预算编制范围，对文旅企业通过资本金注入、补助等方式给予支持。加大政府专项债支持力度，对符合政府专项债券发行条件的重大文化旅游项目给予支持。省级各相关财政专项资金对受疫情影响严重的文旅企业给予倾斜支持，积极争取国家相关资金支持，推动全省文化旅游业加快恢复发展。（省财政厅、省发改委、省委宣传部、省文化和旅游厅、省国资委等按职责分工负责）

二、加大对文旅企业创新绩效奖补力度。对入选"全国文化企业30强""中国旅游集团20强"的文旅企业给予最高300万元的一次性奖励，对入选省文化产业"十百千"工程领军型文旅企业给予最高100万元的一次性奖励。对营业收入首次突破200亿元、100亿元、50亿元、10亿元大关的文旅企业，分别给予最高800万元、500万元、300万元、100万元的一次性奖励。对符合条件的国家及省级"专精特新"中小文旅企业分别给予50万元和20万元奖励。对达到省级相关部门认定标准，且纳入省级数据库的独角兽种子文旅企业、成长文旅企业和独角兽文旅企业分别给予最高30万元、50万元、100万元的一次性奖励。对列入国家文化出口重点企业名录且具有较好服务出口业绩的文化企业，按出口额的一定比例给予奖励。（省委宣传部、省委网信办、省文化和旅游厅、省商务厅、省工信厅、省国资委、省财政厅等按职责分工负责）

三、支持发展壮大文化旅游产业投资基金。充分发挥陕西省政府投资引导基金、陕西文化产业投资基金、陕西旅游产业投资基金等作用，支持文旅企业发起设立以文化、旅游产业为重点投资方向的私募股权投资基金、创业投资基金、天使投资基金。

支持文旅企业申请中国文化产业投资基金参股设立文化旅游产业类投资子基金，对成功争取中国文化产业投资基金的文旅企业，省政府投资引导基金及相关专项资金给予优先支持。（省财政厅、省委宣传部、省文化和旅游厅等按职责分工负责）

四、支持文旅企业在多层次资本市场上市挂牌融资。对成功在上海证券交易所、深圳证券交易所、北京证券交易所和香港证券交易所上市的文旅企业，一次性奖励500万元。对借壳上海证券交易所、深圳证券交易所、北京证券交易所和香港证券交易所的外省上市公司，并将注册地和纳税地迁入我省后稳健经营满2年的文旅企业，一次性奖励200万元。对在全国中小企业股份转让系统成功挂牌的文旅企业，一次性奖励50万元。将满足条件的文旅企业及时纳入省级上市后备企业，加强联合培育。鼓励中小微文旅企业在陕西股权交易中心"科技创新专板""曲江文化企业专区"等特色板块或专区挂牌。在陕西股权交易中心挂牌并完成股票非公开发行（包括首次及增发）的文旅企业，按照不高于实际融资额的3%予以一次性融资奖励，最高不超过50万元。（省财政厅、省地方金融监管局、省委宣传部、省文化和旅游厅、省工信厅等按职责分工负责）

五、加大对文旅企业的信贷投放。鼓励银行保险机构设立文旅金融事业部等专营机构，提升文旅金融服务质效。支持金融机构针对文旅企业需求开发特色信贷产品、保险产品，在风险可控、商业可持续的前提下，扩大知识产权质押贷款、景区门票收益权质押贷款等业务规模，探索开展保险替代现金或银行保函缴纳旅游服务质量保证金试点工作。在有效控制风险的前提下，鼓励银行业金融机构开发并持续完善无还本续贷、随借随还等产品，提升用款便利度，降低文旅企业的综合融资成本。鼓励银行业金融机构根据文旅企业特点和资产特性，优化信贷业务流程，提高融资便利度。运用再贷款、再贴现、保费补贴、普惠小微贷款支持工具等对小微文旅企业融资给予支持，对合作银行发放的小微文旅企业贷款，给予不良贷款本金余额10%—30%的风险补偿。对符合条件的、预期发展良好的旅行社、旅游演艺等领域中小微企业加大普惠金融支持力度，鼓励银行业金融机构按照市场化、法治化原则，对旅游相关初创企业、中小微企业和主题民宿等个体工商户分类予以小额贷款支持。引导金融机构合理降低新发放贷款利率，对受疫情影响生产经营困难的文旅企业主动让利。鼓励金融机构对符合续贷条件的文旅企业按正常续贷业务办理，不得盲目惜贷、抽贷、断贷、压贷，保持合理流动性。在省级财政资金竞争性存放的综合评审中，将商业银行对文旅企业贷款情况纳入综合评分体系，引导激励商业银行贷款投放向文旅企业倾斜。（陕西银保

监局、人民银行西安分行、省地方金融监管局、省财政厅等按职责分工负责）

六、支持文旅企业开展债券融资。发挥"陕西省债券市场合作机制"作用，支持困难文旅企业通过发行债券募集资金，引导债券市场发展与实体经济需求相匹配。鼓励符合条件的文旅企业发行公司信用类债券，拓宽文旅企业多元化融资渠道。对成功发行公司债、企业债、非金融企业债务融资工具的文旅企业，债券存续期内按照融资金额给予分档分段贴息，融资金额在1亿元（含）以内部分，贴息比例最高为实际付息额的10%；融资金额在1亿元以上5亿元（含）以下的部分，贴息比例最高为实际付息额的8%；融资金额在5亿元以上10亿元（含）以下的部分，贴息比例最高为实际付息额的5%；融资金额在10亿元以上的部分，贴息比例最高为实际付息额的1%。每年累计贴息不超过500万元，贴息期限不超过3年。（省财政厅、省委宣传部、省文化和旅游厅等按职责分工负责）

七、支持文旅企业提升融资能力。采取资本注入、以投代补、交叉持股等方式，优化省属文旅企业的资本结构和资金规模。支持文旅企业以商标权、专利权等无形资产和项目未来收益权提供质押担保以及第三方公司提供增信措施等融资。对文旅企业的文化旅游产业贷款，按照当年新增贷款利息的30%—50%贴息、最高不超过500万元贴息。对风险投资机构所投的文旅企业项目，退出时按净损失额的10%—30%、最高不超过300万元给予补偿。对政府性融资担保机构开展符合条件的文化旅游产业担保项目产生损失的，按照风险补偿比例给予补偿。（省财政厅、省地方金融监管局、省委宣传部、省文化和旅游厅等按职责分工负责）

八、全面落实各项税收优惠政策。文化制造业按照规定享受增值税及企业所得税优惠政策；对按规定认定为高新技术企业或技术先进型服务企业减按15%的税率征收企业所得税；经认定的动漫企业自主开发、生产动漫产品可享受国家现行鼓励软件产业发展的企业所得税优惠政策；2019年1月1日至2023年12月31日经营性文化事业单位转制为企业，自转制注册之日起5年内免征企业所得税；对经营性文化事业单位转制中资产评估增值、资产转让或划转涉及的企业所得税、增值税、城市维护建设税、契税、印花税等，符合现行规定的享受相应税收优惠政策。按国家相关规定减征或免征文化事业建设费。2022年，对生产、生活性服务业纳税人当期可抵扣进项税额继续分别按10%和15%加计抵减应纳税额，符合条件的文旅企业可以享受50%税额幅度内减征"六税两费"政策，对符合条件的纳税人缴纳房产税、城镇土地使用税确有困难的给予减免，加大中小微文旅企业设备器具税前扣除力度。（省税务局、省财政厅等

按职责分工负责）

九、政府购买文化服务向文旅企业倾斜。扩大政府购买文化服务的范围，将文旅企业的产品和服务纳入政府购买服务目录。增发陕西文化和旅游惠民卡（券），促进文化旅游消费。实施陕西文化和旅游惠民卡（券）消费配额制，原则上文化和旅游惠民平台上文旅企业供应内容不少于总量的80%。通过政府购买服务及发放图书卡等方式促进全民阅读，扩大出版发行市场的消费。对承担各级公共文化设施运营的文旅企业，按不高于年度运营经费总额的10%、最多不超过200万元的标准给予补助。支持旅行社等文旅企业积极参与承办机关、企事业单位举办的节庆、会展及公务、研学、培训等活动。严格执行政府采购住宿、会议、餐饮等服务项目经费支出额度规定，不得以星级、所有制等为门槛限制相关企业参与政府采购。（省委宣传部、省文化和旅游厅、省财政厅等按职责分工负责）

十、为文旅企业PPP项目提供贴息补助。对规范落地的PPP项目从银行类金融机构获得固定资产投资贷款、且项目首笔贷款在2022—2025年提取的，按结算年度最后一次公布的5年期以上贷款市场报价利率（LPR）的50%给予文旅企业建设期贷款贴息，贴息期限不超过2年，单个项目年度贴息最高不超过200万元。对文旅企业PPP项目在2022—2025年期间通过发行企业债、公司债、项目收益票据及资产证券化产品等方式实现市场化直接融资的，按照年度实际发行金额的1.5%给予一次性补助，单个项目补助最高不超过200万元。（省委宣传部、省文化和旅游厅、省财政厅等按职责分工负责）

十一、支持重点文旅产业园区基地发展壮大。对新获批的国家级文化产业相关园区给予最高300万元的一次性奖励，对新获批的国家级文化产业示范基地给予最高100万元的一次性奖励。对新获批的省级文化产业示范园区给予最高100万元的一次性奖励，对新获批的省级文化产业重点园区给予最高50万元的一次性奖励，对新获批的省级文化产业示范基地给予最高20万元的一次性奖励。对获评国家级、省级夜间文化和旅游消费集聚区单位分别给予最高50万元、20万元的一次性奖励。对在我省设立总部（区域总部）或投资20亿元以上重大文旅项目的中国500强文旅企业给予最高300万元的一次性奖励。（省委宣传部、省文化和旅游厅、省财政厅等按职责分工负责）

十二、支持做强龙头文旅企业和特色文化品牌。统筹资金资源，通过注入资本金、划拨文旅资产、注入省内上市壳资源等方式，对重点文旅企业给予倾斜支持，多渠道吸引中央文旅企业参与，支持龙头企业做大做强。省属重点文化企业经省政府批准，

2023 年年底前可免缴国有资本收益。采取以奖代补等方式，对获得国际国内大奖以及现象级热播热演的影视剧、舞台剧、网络剧等精品剧目给予一次性奖励，对经典图书出版、精品艺术展览、获奖文学艺术作品给予一次性奖励，对陕西文学作品影视化、舞台化改编取得重大影响的给予一次性奖励，支持做强文学陕军、长安画派、西部影视、陕西戏剧等特色文化品牌。（省委宣传部、省文化和旅游厅、省广播电视局、省国资委、省财政厅等按职责分工负责）

十三、加大文化旅游业市场主体培育力度。加强文旅与科技融合，支持文旅企业设立科技创新平台、开展科技创新活动，符合条件的给予科技创新券、研发奖补、减税降费等政策支持。支持文旅企业利用秦创原创新驱动平台孵化科技型文旅企业，对进驻以及在秦创原创办的文旅企业优先给予项目资金支持，加大对高新技术文旅企业和技术先进型文旅企业的奖补力度。支持影视版权交易市场建设，根据版权交易额度给予一定奖补资金支持。鼓励文旅企业跨行业、跨区域、跨所有制兼并重组和股份制改造，对文旅企业兼并重组本辖区外文旅企业所发生的评估、审计、法律顾问等前期费用，按照实际发生费用的 50% 予以补助，单个项目最高不超过 200 万元。（省委宣传部、省委网信办、省文化和旅游厅、省科技厅、省财政厅等按职责分工负责）

十四、支持文旅企业引进培养高层次人才。支持文旅企业引进和培育一批有艺术专长、懂经营、擅管理、能创新的文化旅游产业复合型人才和团队，对引进高层次人才的文旅企业给予补助或奖励，对文旅企业中入选文化名家暨"四个一批"人才给予一次性项目资助。探索实行弹性吸引人才工作机制，对来陕与陕西文旅企业、事业单位合作的紧缺及高层次人才给予项目资助。鼓励具备条件的文旅企业采取股权激励、期权分配、技术入股等方式吸引人才，实现其科技成果转化。支持省内高等院校设置文化旅游产业相关专业，支持高等院校、培训机构与文旅企业合作建设文旅产业人才教育培训基地、大学生就业实践基地等。（省委宣传部、省文化和旅游厅、省财政厅等按职责分工负责）

十五、优化文化旅游市场营商环境。积极推行文化和旅游主管部门权责清单制度，精简文化旅游行政审批事项和程序。在国家许可范围内，鼓励和引导民营企业参与重大文化旅游产业项目和文化旅游产业园区建设，参与国有文化旅游企业改革发展。深化税收领域"放管服"改革，持续开展税收政策宣传，优化办税缴费程序，提升服务效能和质量。建立文旅企业"结对子"服务制度，"一对一"跟踪协调解决文旅企业发展中的实际问题。设立陕西秦创原路演中心，促进天使投资、风险投资、创业投资、产业投资与文旅企业开展常态化路演对接。创新文化市场监管机制，加大文化旅游市场综合执法力度，加强文化旅游领域知识产权保护和服务，依法严厉打击侵权行为。（省委宣传部、省委网信办、省文化和旅游厅、省税务局、省地方金融监管局、省市场监管局等按职责分工负责）

省级有关部门和单位要依据本文件精神，结合职责分工制定具体实施细则或项目指南。各市、区要对照本文件制定相应的配套措施。

本文件自 2022 年 6 月 8 日起施行，有效期至 2027 年 6 月 7 日。

# 陕西银保监局 陕西省文化和旅游厅关于稳住经济大盘扎实做好金融服务文化旅游企业工作的通知

各银保监分局，各设区市（杨凌示范区、韩城市）文化和旅游局，各政策性银行陕西省分行、大型银行陕西省分行、股份制银行西安分行，外资银行西安分行，长安银行、西安银行、各城市商业银行西安分行，陕西省农村信用社联合社、陕西秦农农村商业银行，西安辖内各村镇银行，各金融资产管理公司陕西分公司，各信托公司，各财务公司，比亚迪汽车金融有限公司，陕西长银消费金融有限公司，永安财产保险股份有限公司，瑞华健康保险股份有限公司，各保险公司省级分公司，各保险专业中介机构：

为贯彻落实党中央、国务院决策部署，深入推进全省稳住经济大盘会议精神，高效统筹疫情防控和经济社会发展，进一步加大银行保险机构对受新冠肺炎疫情影响严重的文化和旅游企业（含个体工商户，下同）的金融支持力度，帮助文旅企业渡过难关，加快恢复发展，现将有关要求通知如下。

一、增强大局服务意识

受新冠肺炎疫情影响，文化旅游等涉众性服务业受到较大冲击。陕西作为文化旅游资源大省，文化旅游企业是银行保险机构重要的客户资源，各银保监分局、各市（区）文化和旅游局、各银行保险机构要着眼长远，增强社会责任感，全力做好统筹疫情防控和经济社会发展工作。正确处理服务实体经济与防控金融风险的关系，支持暂时性遇困文旅企业主体渡过难关、恢复发展，助力经济稳定运行。

二、加大信贷投放力度

银行保险机构要着眼文旅产业长远发展，充分利用银企对接会等各种形式，加强与文旅企业的沟通交流，及时满足合理信贷需求，不盲目抽贷、断贷、压贷，努力实现文旅等受疫情影响严重行业信贷余额持续稳步增长。对于符合条件的信贷申请，要加快审批进度、优化审批流程，确保信贷资金及时发放到位。持续支持文化和旅游产业基础设施和重大项目建设，鼓励政策性开发性银行在坚守职能定位和业务范围的前提下投放更多更长期限贷款，商业银行增加中长期信贷支持力度，保险公司发挥长期资金优势，对接文旅行业建设发展需要。鼓励银行机构在受疫情影响的特定时间内适当提高文旅行业不良贷款容忍度，幅度不超过 3 个百分点，在依法合规的前提下，落实尽职免责制度。

**三、突出普惠金融服务**

银行业金融机构要充分利用普惠小微贷款支持工具、支小再贷款等政策，加大对文旅上下游中小微企业客户的金融支持，围绕文旅产业链挖掘优质客户主体，积极开拓首贷户，做好文旅行业普惠金融服务工作。对暂时遇困还款困难的文旅中小微企业和个体工商户，在按照市场化原则进行自主协商的基础上对其贷款实施延期还本付息，努力做到应延尽延，延期还本付息日期原则上不超过 2022 年底。对于疫情影响严重的文旅等困难行业 2022 年底前到期的普惠型小微企业贷款，应根据实际情况适当放宽延期期限。对文旅企业员工受疫情影响收入暂时性下降的，金融机构对其存续的个人住房、消费等贷款，灵活采取合理延后还款时间、延长贷款期限、延期还本等方式提供必要的纾困措施。

**四、加强保险服务保障**

鼓励保险机构加大文旅相关产品研究开发，在传统财产险、意外健康险等的基础上，通过增设附加条款等方式，为文化企业、旅游景区、星级旅游饭店、旅行社及从业人员、游客等提供丰富多样的保险保障服务。保险机构要进一步提高营业中断险、财产损失险、雇主责任险、员工失业险等在文化旅游企业的覆盖范围，鼓励推广演艺活动取消险、旅行取消险等保险产品，积极拓展保险在文旅行业的应用和保障功能。主动了解投保企业和客户的损失情况，做到应赔尽赔快赔。

**五、继续实施减费让利**

银行保险机构要严格落实各项金融服务收费政策，鼓励加大对因疫情暂时遇困文旅企业金融服务收费的优惠减免力度。鼓励银行业金融机构通过调整信贷种类、变更还款方式、提供财务顾问等方式，助力文旅企业降低融资成本。鼓励保险机构针对受疫情影响严重的文旅企业通过适当延长保单到期日或延期收取保费等方式减轻企业资金负担。

**六、丰富融资担保方式**

银行业金融机构要立足文旅企业轻资产、重创意、高风险的特征，深入挖掘和有效利用涉企信用信息数据增加信用贷款投放，加强与政府性融资担保机构的合作，围绕文旅企业拥有的知识产权、版权等无形资产创新担保方式、丰富增信措施。鼓励银行业金融机构充分利用地方政府推出的纾困帮扶基金、风险补偿、财政贴息、财政奖补等纾困政策安排，增加风险缓释措施。

### 七、创新金融服务方式

银行业金融机构要针对文旅企业特点，强化科技赋能，依法合规运用人工智能、大数据、区块链、云计算等新技术开展文旅金融服务创新，围绕户外露营、亲子游等新型旅游业态开展灵活便捷的金融服务。鼓励保险业金融机构积极开展并逐步扩大旅游服务质量保证金履约保证保险产品试点，通过保险替代现金或银行保函交纳旅游服务质量保证金减轻企业资金压力。

### 八、加强宣传推介引导

各银保监分局、各市（区）文化和旅游局、各银行保险机构要加大金融服务文化旅游企业及从业人员的宣传力度，充分利用银企对接会、线上渠道和开展上门服务等方式加大宣传推介，有效提升产品服务知晓度。加强金融知识宣传，提高企业诚信经营和金融风险防范意识，积极帮助企业运用金融工具规避经营风险。通过官网、App或小程序等帮助文旅企业宣传推介相关营销活动，促进文旅企业发展。

### 九、强化贯彻落地实施

各银行保险机构要落实主体责任，处理好稳增长和防风险的关系，按照市场化、法制化原则，完善配套机制建设，对受疫情影响严重的文化旅游企业提供有效金融支持。各银保监分局要结合辖区实际，加强窗口指导和监管督导，及时掌握辖内银行保险机构工作推进情况，推动各项措施落细落实。各市（区）文化和旅游局要主动加强与当地银保监分局的沟通联系，建立长效合作机制，采取有效措施，进一步深化政银企对接，更好满足文旅企业融资需求。

中国银行保险监督管理委员会陕西监管局

陕西省文化和旅游厅

2022 年 6 月 17 日

附 录

# 2020年惠及文化和旅游行业纾困帮扶政策文件索引

1. 文化和旅游部办公厅关于暂退部分旅游服务质量保证金支持旅行社应对经营困难的通知（文旅发电〔2020〕33号）

2. 文化和旅游部办公厅关于积极应对疫情影响保持导游队伍稳定相关工作事项的通知

3. 国家发展改革委办公厅关于疫情防控期间采取支持性两部制电价政策 降低企业用电成本的通知（发改办价格〔2020〕110号）

4. 国家发展改革委关于阶段性降低非居民用气成本支持企业复工复产的通知（发改价格〔2020〕257号）

5. 国家发展改革委关于阶段性降低企业用电成本支持企业复工复产的通知（发改价格〔2020〕258号）

6. 财政部关于支持金融强化服务 做好新型冠状病毒感染肺炎疫情防控工作的通知（财金〔2020〕3号）

7. 关于支持新型冠状病毒感染的肺炎疫情防控有关税收政策的公告（财政部 税务总局公告2020年第8号）

8. 关于支持个体工商户复工复业增值税政策的公告（财政部 税务总局公告2020年第13号）

9. 关于电影等行业税费支持政策的公告（财政部 税务总局公告2020年第25号）

10. 人力资源社会保障部 教育部 财政部 交通运输部 国家卫生健康委关于做好疫情防控期间有关就业工作的通知（人社明电〔2020〕2号）

11. 人力资源社会保障部 全国总工会 中国企业联合会／中国企业家协会 全国工商联关于做好新型冠状病毒感染肺炎疫情防控期间稳定劳动关系支持企业复工复产的意见（人社部发〔2020〕8号）

12. 人力资源社会保障部 财政部 税务总局关于阶段性减免企业社会保险费的通知（人社部发〔2020〕11号）

13. 人力资源社会保障部 财政部 税务总局关于延长阶段性减免企业社会保险费政策实施期限等问题的通知（人社部发〔2020〕49号）

14. 住房和城乡建设部 财政部 人民银行关于妥善应对新冠肺炎疫情实施住房公积金阶段性支持政策的通知（建金〔2020〕23号）

15. 中国人民银行 财政部 银保监会 证监会 外汇局关于进一步强化金融支持防控新型冠状病毒感染肺炎疫情的通知（银发〔2020〕29号）

16. 国家税务总局关于充分发挥税收职能作用 助力打赢疫情防控阻击战若干措施的通知（税总发〔2020〕14号）

17. 国家税务总局关于优化纳税缴费服务配合做好新型冠状病毒感染肺炎疫情防控工作的通知（税总函〔2020〕19号）

18. 市场监管总局 国家药监局 国家知识产权局支持复工复产十条（国市监综〔2020〕30号）

19. 市场监管总局 发展改革委 财政部 人力资源社会保障部 商务部 人民银行关于应对疫情影响加大对个体工商户扶持力度的指导意见（国市监注〔2020〕38号）

20. 中国银保监会办公厅关于进一步做好疫情防控金融服务的通知（银保监办发〔2020〕15号）

21. 银保监会 人民银行 发展改革委 工业和信息化部 财政部关于对中小微企业贷款实施临时性延期还本付息的通知（银保监发〔2020〕6号）

22. 国家医保局 财政部 税务总局关于阶段性减征职工基本医疗保险费的指导意见（医保发〔2020〕6号）

# 2021 年惠及文化和旅游行业纾困帮扶政策文件索引

1. 国务院办公厅关于进一步加大对中小企业纾困帮扶力度的通知（国办发〔2021〕45 号）

2. 文化和旅游部 中国人民银行 中国银行保险监督管理委员会关于抓好金融政策落实进一步支持演出企业和旅行社等市场主体纾困发展的通知（文旅产业发〔2021〕41 号）

3. 文化和旅游部关于加强政策扶持 进一步支持旅行社发展的通知（文旅市场发〔2021〕60 号）

4. 文化和旅游部办公厅关于进一步加强政策宣传落实支持文化和旅游企业发展的通知（办产业发〔2021〕171 号）

5. 文化和旅游部办公厅关于用好旅游服务质量保证金政策进一步支持旅行社恢复发展的通知（办市场发〔2021〕195 号）

6. 关于延续实施应对疫情部分税费优惠政策的公告（财政部 税务总局公告 2021 年第 7 号）

7. 关于明确增值税小规模纳税人免征增值税政策的公告（财政部 税务总局公告 2021 年第 11 号）

8. 关于实施小微企业和个体工商户所得税优惠政策的公告（财政部 税务总局公告 2021 年第 12 号）

9. 人力资源社会保障部 国家发展改革委 教育部 财政部 中央军委国防动员部关于延续实施部分减负稳岗扩就业政策措施的通知（人社部发〔2021〕29 号）

10. 人力资源社会保障部办公厅 财政部办公厅 国家税务总局办公厅关于 2021 年社会保险缴费有关问题的通知（人社厅发〔2021〕2 号）

11. 中国人民银行 银保监会 财政部 发展改革委 工业和信息化部关于进一步延长普惠小微企业贷款延期还本付息政策和信用贷款支持政策实施期限有关事宜的通知（银发〔2021〕81 号）

# 2022 年 1—9 月惠及文化和旅游行业纾困帮扶政策文件索引

1. 国务院办公厅关于进一步释放消费潜力促进消费持续恢复的意见（国办发〔2022〕9 号）

2. 国务院关于印发扎实稳住经济一揽子政策措施的通知（国发〔2022〕12 号）

3. 国务院办公厅关于进一步优化营商环境降低市场主体制度性交易成本的意见（国办发〔2022〕30 号）

4. 文化和旅游部办公厅关于抓好促进旅游业恢复发展纾困扶持政策贯彻落实工作的通知（办产业发〔2022〕55 号）

5. 文化和旅游部办公厅关于进一步调整暂退旅游服务质量保证金相关政策的通知（文旅发电〔2022〕61 号）

6. 文化和旅游部办公厅关于加强疫情防控科学精准实施跨省旅游"熔断"机制的通知（文旅发电〔2022〕113 号）

7. 文化和旅游部办公厅关于稳定市场主体开展"延期办"工作的通知（办市场发〔2022〕104 号）

8. 文化和旅游部办公厅关于将旅游专列业务纳入跨省旅游"熔断"机制统一管理的通知（文旅发电〔2022〕148 号）

9. 文化和旅游部办公厅关于做好行政审批过程中新冠肺炎疫情防控提示提醒工作的通知（办市场函〔2022〕182 号）

10. 国家发展改革委等部门印发《关于促进服务业领域困难行业恢复发展的若干政策》的通知（发改财金〔2022〕0271 号）

11. 关于推广疫情防控保险 助力做好保市场主体保就业保民生工作的通知（发改办财金〔2022〕598 号）

12. 关于印发加力帮扶中小微企业纾困解难若干措施的通知（工信部企业函〔2022〕103 号）

13. 财政部 商务部 文化和旅游部 海关总署 税务总局关于调整疫情期间口岸进、出境免税店经营和招标期限等规定的通知（财关税〔2022〕3 号）

14. 财政部 税务总局关于进一步实施小微企业"六税两费"减免政策的公告（财政部 税务总局公告 2022 年第 10 号）

15. 财政部 税务总局关于促进服务业领域困难行业纾困发展有关增值税政策的公告（财政部 税务总局公告 2022 年第 11 号）

16. 财政部 税务总局关于中小微企业设备器具所得税税前扣除有关政策的公告（财政部 税务总局公告 2022 年第 12 号）

17. 财政部 税务总局关于进一步实施小微企业所得税优惠政策的公告（财政部 税务总局公告 2022 年第 13 号）

18. 财政部 税务总局关于进一步加大增值税期末留抵退税政策实施力度的公告（财政部 税务总局公告 2022 年第 14 号）

19. 财政部 税务总局关于对增值税小规模纳税人免征增值税的公告（财政部 税务总局公告 2022 年第 15 号）

20. 财政部关于发挥财政政策引导作用支持金融助力市场主体纾困发展的通知（财金〔2022〕60 号）

21. 财政部 税务总局关于进一步持续加快增值税期末留抵退税政策实施进度的公告（财政部 税务总局公告 2022 年第 19 号）

22. 关于进一步加大政府采购支持中小企业力度的通知（财库〔2022〕19 号）

23. 财政部 税务总局关于扩大全额退还增值税留抵税额政策行业范围的公告（财政部 税务总局公告 2022 年第 21 号）

24. 人力资源社会保障部办公厅 国家税务总局办公厅关于特困行业阶段性实施缓缴企业社会保险费政策的通知（人社厅发〔2022〕16 号）

25. 人力资源社会保障部 财政部 国家税务总局关于做好失业保险稳岗位提技能防失业工作的通知（人社部发〔2022〕23 号）

26. 人力资源社会保障部 国家发展改革委 财政部税务总局关于扩大阶段性缓缴社会保险费政策实施范围等问题的通知（人社部发〔2022〕31 号）

27. 人力资源社会保障部办公厅关于开展人力资源服务机构稳就业促就业行动的通

知（人社厅函〔2022〕105 号）

28. 人力资源社会保障部办公厅 国家发展改革委办公厅 财政部办公厅 国家税务总局办公厅关于进一步做好阶段性缓缴社会保险费政策实施工作有关问题的通知（人社厅发〔2022〕50 号）

29. 住房和城乡建设部 财政部 人民银行关于实施住房公积金阶段性支持政策的通知（建金〔2022〕45 号）

30. 住房和城乡建设部等 8 部门关于推动阶段性减免市场主体房屋租金工作的通知（建房〔2022〕50 号）

31. 中国人民银行 国家外汇管理局关于做好疫情防控和经济社会发展金融服务的通知（银发〔2022〕92 号）

32. 中国人民银行关于推动建立金融服务小微企业敢贷愿贷能贷会贷长效机制的通知（银发〔2022〕117 号）

33. 中国人民银行 文化和旅游部关于金融支持文化和旅游行业恢复发展的通知（银发〔2022〕165 号）

34. 关于中央企业助力中小企业纾困解难促进协同发展有关事项的通知（国资发财评〔2022〕40 号）

35. 国家医保局 国家发展改革委 财政部 国家税务总局关于阶段性缓缴职工基本医疗保险单位缴费的通知（医保发〔2022〕21 号）

36. 中国银保监会办公厅关于进一步做好受疫情影响困难行业企业等金融服务的通知（银保监办发〔2022〕64 号）

37. 中国证监会关于进一步发挥资本市场功能支持受疫情影响严重地区和行业加快恢复发展的通知（证监发〔2022〕46 号）

38. 国家知识产权局关于知识产权政策实施提速增效促进经济平稳健康发展的通知（国知发运字〔2022〕25 号）

39. 中华全国总工会办公厅关于进一步规范全民健身等相关工会经费使用管理的通知（总工办发〔2022〕12 号）

**策划统筹：** 王　丛

**责任编辑：** 张　旭

**责任印制：** 冯冬青

**封面设计：** 路　平

---

**图书在版编目（CIP）数据**

文化和旅游企业纾困帮扶政策汇编 / 本书编写组编
. -- 北京 ： 中国旅游出版社，2022.10
ISBN 978-7-5032-7032-1

Ⅰ．①文… Ⅱ．①本… Ⅲ．①文化产业－产业政策－
政策支持－中国②旅游业－产业政策－政策支持－中国
Ⅳ．①G124②F592.0

中国版本图书馆CIP数据核字(2022)第169811号

---

**书　　名：** 文化和旅游企业纾困帮扶政策汇编

---

**作　　者：** 本书编写组　编

**出版发行：** 中国旅游出版社

（北京静安东里6号　邮编：100028）

http://www.cttp.net.cn　E-mail:cttp@mct.gov.cn

营销中心电话：010-57377108，010-57377109

读者服务部电话：010-57377151

**排　　版：** 北京旅教文化传播有限公司

**经　　销：** 全国各地新华书店

**印　　刷：** 三河市芝兰印刷有限公司

**版　　次：** 2022 年 10 月第 1 版　2022 年 10 月第 1 次印刷

**开　　本：** 787 毫米 ×1092 毫米　1/16

**印　　张：** 18.5

**字　　数：** 320 千

**定　　价：** 68.00 元

**ＩＳＢＮ**　978-7-5032-7032-1

---